Christian Tanzmann

# Im Windschatten der Mutter

Christian Tanzmann

# Im Windschatten der Mutter

## Beziehungsstrukturen und Beziehungsprobleme in Gottfried Kellers „Der grüne Heinrich“

Tectum Verlag

Christian Tanzmann

Im Windschatten der Mutter.
Beziehungsstrukturen und Beziehungsprobleme in Gottfried Kellers „Der grüne Heinrich“
Zugl.: Georg-August-Universität-Göttingen, Diss. 2008
ISBN: 978-3-8288-9945-2
Umschlagabbildung: *Mutter und Sohn* von Thomas Sully, 1840. Metropolitan Museum of Art © Die virtuelle Galerie. 25.000 Meisterwerke, DVD-Rom. Directmedia, 2000.


Besuchen Sie uns im Internet
www.tectum-verlag.de

**Bibliografische Informationen der Deutschen Nationalbibliothek**
Die Deutsche Nationalbibliothek verzeichnet diese Publikation in der Deutschen Nationalbibliografie; detaillierte bibliografische Angaben sind im Internet über http://dnb.ddb.de abrufbar.

## Inhaltsverzeichnis

*„O! Unabhängigkeit! wie bist du so schön!“*[1]

# I Methodische Prämissen

## I.1 Rekonstruktion versus Dekonstruktion

Die Keller-Forschung der letzten fast drei Jahrzehnte wurde besonders durch die psychoanalytischen Studien von Adolf Muschg[2] bzw. Gerhard Kaiser[3] beeinflusst. Beide Arbeiten orientieren sich mit ihren Deutungen des Lebens und Werkes Gottfried Kellers an Sigmund Freuds Triebtheorie, deren populärster Teil das ödipale Konfliktmodell darstellt. Im Fokus beider Untersuchungen steht die mangelnde Verarbeitung verbotener Inzestwünsche. Ein Ziel der vorliegenden Arbeit besteht darin, dieses Kellerbild zu erschüttern und einen Gegenentwurf anzubieten. Das triebtheoretische Konstrukt Freuds, das Prokrustesbett und das Mutterbett, in das sie Gottfried Keller und den Protagonisten des Romans *Der grüne Heinrich* zwingen, verstellt den Blick auf das Leiden des Schriftstellers und des Helden.

Freuds triebtheoretisches Denkmodell wird unter Psychoanalytikern seit langem infrage gestellt, sodass ein daraus abgeleitetes Kellerbild folglich einer Überprüfung bedarf. Vor allem wird in Zweifel gezogen, dass Freuds Vorstellungen von der psychischen Entwicklung des Menschen zutreffen, der der ödipalen Phase die größte Bedeutung für die Gestaltung des Liebeslebens zumisst. In Kapitel I.2 wird diese Kritik am Begründer der Psychoanalyse referiert, dem vorgeworfen wird, die Außenwelt und reale Beziehungen für die Strukturierung der seelischen Innenwelt gering zu schätzen. Das ist die Sichtweise Horst Eberhard Richters. Daneben gehe ich vor allem auf die Position Alice Millers ein, die in Freuds Ödipuskomplex ein Dogma und eine Reaktion auf das biblische Gebot der Elternliebe erkennt, das die Machtausübung der Erwachsenen über das Kind verdeckt.[4] Bestätigt werden die Thesen Richters und Millers, wenn man Freuds Interpretation des

---

1 Aus Kellers Tagebuch vom 20. Juli 1837. Einen Tag nach seinem 18. Geburtstag zeichnete der Autor diesen Gefühlsausbruch auf, der besondere Bindungen an die Mutter zu verraten scheint. Allerdings täuschte er sich wohl im jugendlichen Überschwang in Bezug auf die Realisierung des Freiheitswunsches.

2 A. Muschg: Gottfried Keller, München 1977.

3 G. Kaiser: Gottfried Keller. Das gedichtete Leben, Frankfurt a. M. 1981.

4 Vgl. A. Miller: Du sollst nicht merken. Variationen über das Paradies-Thema, Frankfurt a. M. 1981.

Dramas *Rosmersholm* von Ibsen untersucht, die erhebliche Wahrnehmungsverzerrungen des Begründers der Psychoanalyse offenbart.

Die Auseinandersetzung um Freuds Triebtheorie innerhalb der Psychoanalyse dauert bis heute an, und die These von ihrer universalen Gültigkeit findet nach wie vor Anhänger.[5] Muschgs bzw. Kaisers Kellerbild jedoch ist nicht haltbar; Ödipus lässt sich durch den fiktionalen grünen Heinrich nicht erden. Einen kurzen Abriss der Position beider Forscher und ihres Einflusses auf die Kellerrezeption, die sich nur vereinzelt von dem von ihnen entworfenen Bild dieses bedeutenden Schriftstellers des 19. Jahrhunderts zu lösen scheint, gebe ich in Kapitel I.3. Darin wird dieser psychoanalytische Deutungsansatz einer ersten Kritik unterzogen, die im Verlauf der Untersuchung im Dialog vor allem mit Muschg und Kaiser vertieft wird.

Der Eindruck, dass mit dem Deutungsmodell Muschgs und Kaisers dem grünen Heinrich und seinem Autor eine Theorie übergestülpt wird, deckt sich mit der von Walter Schönau und Joachim Pfeiffer formulierten Methodenkritik an der psychoanalytischen Literaturinterpretation, die den Ruf hat, „spekulativ" und „beliebig"[6] zu sein. Ihr wird vorgeworfen, „ihre Ergebnisse nicht konsequent aus der Gegenübertragungsanalyse der Rezeption zu entwickeln."[7] Wie in der psychoanalytischen Therapie und Praxis die Interaktion zwischen Analysand und Analytiker, d. h. die Analyse der Übertragungs- und Gegenübertragungsprozesse als wichtigste Erkenntnisbasis gelte, wird dafür plädiert, die kommunikative Dimension der Beziehung von Leser und Text und nicht den Text als solchen zum eigentlichen Gegenstand des Deutungsverfahrens zu erheben. In der Praxis folgt daraus, „daß mehr als sonst die eigene Rezeption in ihren Gegenübertragungsaspekten, soweit bewußtseinsfähig und mitteilbar, zum Ausgangspunkt literarischer Deutung gemacht werden sollte [...]."[8] Die Aufgabe des psychoanalytischen Interpreten ist die kontrollierte und reflektierte Bewusstmachung unbe-

---

5 Vgl. V. Sigusch/I. Quindeau (Hg.): Freud und das Sexuelle. Neue psychoanalytische und sexualwissenschaftliche Perspektiven, Frankfurt a. M. 2005. Dieser Sammelband fasst die Diskussion um Freuds Sexualtheorie zusammen.

6 W. Schönau/J. Pfeiffer: Einführung in die psychoanalytische Literaturwissenschaft, 2., aktualisierte und erweiterte Auflage, Stuttgart 2003, S. 99.

7 Ebd., S. 52.

8 Ebd. Diesen Paradigmenwechsel von der Traumdeutung zur Gegenübertragungsanalyse begründet C. Pietzcker ausführlich, in: Lesend interpretieren. Zur psychoanalytischen Deutung literarischer Texte, Würzburg 1992.

wusster Rezeptionsprozesse. Er sollte durch die sorgfältige Beobachtung seiner Gegenübertragung, die ihm beim Lesen aufgezwungene Rolle erkennen und für die spezifische unterschwellige Rhetorik des Textes hellhörig werden.[9] Diese Anforderung soll in dieser Arbeit erfüllt werden.[10]

Bedeutsam ist die Reflexion der Gegenübertragung vor allem in einem zweiten Problembereich der Keller-Forschung, der die Idealisierung Elisabeth Lees, der Mutterfigur im Roman, und die Streitfrage betrifft, ob Keller mit dem *Grünen Heinrich* seiner Mutter Elisabeth Keller ein Denkmal setzen wollte.[11] Alice Millers These, dass das Vierte Gebot, das zur Idealisierung der Eltern führen kann und Freuds Theorie vom Ödipuskomplex beeinflusste, auch unsere Wahrnehmung hinsichtlich der Rolle der Eltern bei der Verursachung psychischer Erkrankungen einschränken kann, ist auch in Bezug auf die Rezeption des *Grünen Heinrich* erkenntnisfördernd. Die Idealisierung der sich für ihren Sohn aufopfernden Mutter Lee, die die Rezeptionsgeschichte des *Grünen Heinrich* durchzieht und möglicherweise ihre Ursache in einer mangelnder Reflexion der Gegenübertragung hat, verhindert eine kritische Auseinandersetzung mit ihrem unbewusst gesteuerten erzieherischen Handeln.

Die vorliegende Arbeit wird ebenfalls von einem psychologischen Erkenntnisinteresse geleitet. Zunächst gehe ich davon aus, dass *Der grüne Heinrich* eine fiktionale Modellierung eigenen Erlebens darstellt, das psychoanalytisch erhellt werden soll. Dabei ist es notwendig, auf den autobiographischen Charakter des Romans einzugehen, was in Kapitel I.4 geschieht. Zur Bedeutung des Autors beim Interpretieren literarischer Texte verweise ich auf methodische Überlegungen, die Heinrich Detering in seiner Untersuchung über die „literarische Pro-

9 Vgl. W. Schönau/J. Pfeiffer: Einführung, S. 53.

10 Dass ich unbewusste Rezeptionsprozesse analysiert habe, muss allerdings eine Behauptung bleiben, die so lange bestehen kann, bis andere in dieser Arbeit Wahrnehmungsverzerrungen oder mögliche Projektionen entdecken. Die Reflexion meiner Elternbeziehungen öffentlich zu machen, verbietet sich, denn *Der grüne Heinrich* steht im Zentrum des Interesses. Im Übrigen behält der Psychoanalytiker Wünsche und Ängste, die ein Klient auslöst, ebenfalls für sich.

11 Vgl. R. Selbmann: Gottfried Keller. Romane und Erzählungen, Berlin 2001, S. 19 ff.

duktivität des Verbotenen"[12] angestellt hat.[13] Darin beleuchtet er das Verhältnis von Literatur und Leben, und er setzt sich mit der Kritik am positivistischen Biographismus, die vor allem durch Roland Barthes und Michel Foucault einsetzte, und der Infragestellung der Geschlossenheit des Textes und der damit verbundenen Zurückdrängung des Autors durch die Rezeptionsästhetik Jauß'scher Prägung auseinander. Diese Auseinandersetzung ist auch an anderer Stelle in Annegret Heitmanns feministischer Arbeit zur skandinavischen Frauen-Autobiographik *Selbst schreiben*[14] und in dem von Fotis Jannidis u. a. herausgegebenen Band zur *Rückkehr des Autors*[15] geführt worden. Dort wird vor allem der poststrukturalistische Diskurs mit seiner rigorosen Absage an Wahrheit, spezifische Merkmale von Literarizität, Genre und Tradition in seiner Absolutheit zurückgewiesen. Zum positivistischen Biographismus dürfe man nach Detering aber nicht wieder zurückkehren; er hält es für möglich und vernünftig, eine pragmatische Verwendung der Begriffe „Autor" und „Werk" beizubehalten. Unter „Autor" versteht er den „personal faßbare[n] Schnittpunkt der [...] ‚lebensgeschichtlichen, wirtschafts- und sozialgeschichtlichen, geistes- und kulturgeschichtlichen' [mit diesen Begriffen bezieht er sich auf Albrecht Schöne] Verhältnisse und Diskurse", unter „Werk" ihr „textuell fixiertes Objekt"[16]. Der Autor „ist zugleich Rezipient von (und Teilhaber an) den Diskursen seiner Zeit und Produzent von Texten – eine Art produktiver Filter", dem eine „bedingte Intentionalität" zugeordnet wird. „Zur Rekonstruktion des aktiven und zielgerichteten ‚Filterungsprozesses', dessen Ergebnis der literarische Text ist, bietet sich nun die Zuwendung zu demjenigen Ort an, an dem die verschiedenen

12 H. Detering: Das offene Geheimnis. Zur literarischen Produktivität eines Tabus von Winckelmann bis zu Thomas Mann. Studienausgabe, Göttingen 2002, S. 9.

13 Vgl. H. Detering: Zur Fiktionalisierung homoerotischer Erfahrungen. Methodische Überlegungen. In: G. Härle/M. Kalveram/W. Popp (Hg.): Erkenntniswunsch und Diskretion. Erotik in biographischer und autobiographischer Literatur. 3. Siegener Kolloquium Homosexualität und Literatur, Berlin 1992, S. 51-68.

14 A. Heitmann: Selbst schreiben. Eine Untersuchung der dänischen Frauenautobiographik, Frankfurt a. M. (u. a.) 1994. (Beiträge zur Skandinavistik, 12)

15 F. Jannidis/G. Lauer/M. Martinez/S. Winko (Hg.): Die Rückkehr des Autors. Zur Erneuerung eines umstrittenen Begriffs, Tübingen 1999. (Studien und Texte zur Sozialgeschichte der Literatur. Bd. 71. Hg. von Wolfgang Frühwald u. a.)

16 H. Detering: Zur Fiktionalisierung, S. 53.

Strömungen zusammenlaufen – also Lebensverhältnissen und Lebensgeschichte des Autors"[17].

Analog zu Deterings Vorgehen setze ich für „Autor" mutterfixierter Schriftsteller und für das „Werk" eines, das symbiotische Erfahrungen und Empfindungen ausdrückt.[18] Der Begriff, auf den Kellers Lebensgeschichte hier gebracht wird, leitet sich von einem Bild ab, das aus dem Roman, den Tagebüchern und den Briefen gewonnen wurde. Es lässt sich im strengen Sinne allerdings nicht verifizieren, weil auch die Psychographie eine Konstruktion, nämlich eine Deutung eines Lebenszusammenhangs ist.[19] In dieser Arbeit geht es ebenfalls um die Rekonstruktion der Entstehungsbedingungen – das sind in erster Linie die psychologischen – und des Wirkungspotenzials des Romans als intentional ästhetisches Gebilde.[20]

Weiterhin wird in Kapitel I.4 eingehend begründet, warum für eine Interpretation, die einen psychologisch orientierten Akzent setzt, die erste Fassung des autobiographischen Romans von 1854/55 interessantere Einblicke bietet. Sie ist unmittelbarer und deshalb hauptsächlich Gegenstand der Untersuchung. Die zweite Fassung wird zur Markierung signifikanter Unterschiede herangezogen.

„Die Geschichte der Kindheit ist eine Kette von immer engeren Beziehungen zwischen dem Erwachsenen und dem Kind"[21]; die symbiotische Beziehung[22] bildet den Endpunkt in dieser Entwicklung, das Ende der Geschichte. Gottfried Kellers *Grüner Heinrich* verdeutlicht, welche Folgen sich aus der Verringerung psychischer Distanz – hier zwischen Mutter und Sohn – ergeben. Die Hauptthese dieser Studie lautet, dass die mütterliche Sozialisation für das Scheitern Heinrichs bestimmend ist. In der übermäßigen Bindung durch die Mutter und der misslungenen Loslösung aus dieser engen Beziehung liegt die Ursache dafür, dass der Protagonist wesentliche Lebensanforderungen

17 Ebd., S. 54.
18 Vgl. ebd.
19 Vgl. dazu W. Schönau/J. Pfeiffer: Einführung, S. 89.
20 Vgl. dazu H. Detering: Zur Fiktionalisierung, S. 68.
21 L. de Mause (Hg.): Hört ihr die Kinder weinen: eine psychogenetische Geschichte der Kindheit, Frankfurt 1980, S. 15.
22 Diesen Begriff verstehe ich nicht triebtheoretisch, sondern in Anlehnung an Martin Dornes, der nicht-sexuelle Motive für die Lust- und Unlustempfindungen des Kindes in der Beziehung zur ersten Bezugsperson, die in der Regel die Mutter ist, unterstellt (siehe Kapitel I.2.5).

nicht bewältigen kann. Die symbiotische Enge zwischen Mutter und Sohn führt dazu, dass sich Heinrichs Realitätssinn mangelhaft entwickelt, sodass er als Künstler scheitert. Zum anderen leidet seine Beziehungsfähigkeit gegenüber Frauen, die von einer tiefen und unüberwindbaren Bindungsangst geprägt ist.

Statt sich dem Roman und dem Leben Kellers wie Muschg und Kaiser von einem theoretischen Modell her zu nähern, das verhindert, zu dem dort erzählten Leiden vorzudringen,[23] greift diese Untersuchung Kellers im Roman erkennbar werdende Vorstellung von menschlicher Sozialisation auf, die in Kapitel I.5 erläutert wird. Ein Schwerpunkt liegt dabei in dem Versuch der Rekonstruktion protopsychoanalytischer Kategorien, mit denen im *Grünen Heinrich* menschliche Sozialisation beschrieben und gedeutet wird. Folglich wird die Untersuchung immer dicht am Text geführt, und sie ist von der Phantasie geprägt, als Psychoanalytiker den auf einer Couch liegenden Erzähler, den ein ausgeprägtes Introspektionsvermögen und ein hoher Grad an Bewusstheit charakterisiert, vor mir zu haben.[24] Ich folge dabei den Vorstellungen des amerikanischen Psychologen Carl Rogers, dessen Methode sich dadurch auszeichnet, dass der Analytiker, statt zu deuten, verdeutlichende Worte benutzt. Er spiegelt die Gefühle des Analysanden wider und nähert sich ihm in einfühlendem Verständnis, d. h., ich werde den Erzähler im Sinne von Rogers „begleiten".[25] Verdeutlichende Worte zu benutzen, heißt, dass versucht wird, die im Roman gewählten Begriffe in psychologische Termini zu übersetzen, soweit sie nicht schon für sich verständlich sind. Weite Teile der Interpretation haben dabei einen werkimmanenten Charakter. Weil der Erzähler besondere Fähigkeiten der Selbstreflexion zeigt, kann sich der Interpret zudem mit kommentierenden Bemerkungen zurückhalten. Trotzdem nehme

---

23 In diesem Sinne qualifiziert Alice Miller das Konstrukt von der ödipalen Entwicklung ab, wenn es um die therapeutische Praxis geht. Vgl. A. Miller: Das verbannte Wissen, Frankfurt a. M. 1988, S. 231 ff.

24 Diese Phantasie hat allerdings auch einen realen Hintergrund. Während meines Zivildienstes in der psychiatrischen Tagesklinik der Medizinischen Hochschule Hannover hatte ich fast zwei Jahre lang die Chance, als Laien-Therapeut an Einzel- und Gruppentherapien mitzuwirken, deren Ziel es war, die Selbstexploration der Menschen zu unterstützen. Ausgangspunkt dabei waren immer die realen Erlebnisse der Klienten.
Selbstverständlich bin ich mir bewusst, dass die Ergebnisse meiner Deutung „in absentia" des Klienten gewonnen wurden und nicht aus einer echten Therapiesituation stammen.

25 Vgl. C. Rogers.: Eine Theorie der Psychotherapie, der Persönlichkeit und der zwischenmenschlichen Beziehungen, 3. Auflage, Köln 1991.

ich in Anlehnung an Freud, dessen Verdienste nur in Bezug auf den Ödipuskomplex bestritten werden, die Familientherapie, Michael Balints Konzept der „Grundstörungen“[26] und verschiedene andere Psychoanalytiker Einordnungen vor, die die Interpretation absichern und vertiefen sollen. Ich bin mir allerdings bewusst, dass diagnostische Kategorien immer nur Hilfsmittel zum Verständnis des Menschen sind. Ähnlich wie die Beziehung zwischen Analytiker und Analysand nicht in erster Linie auf eine klassifizierende Beobachtung gerichtet ist, sondern auf Interaktion, steht in dieser Arbeit die Interaktion mit dem Werk im Vordergrund.[27]

Ausgangspunkt der Selbstexploration Kellers im *Grünen Heinrich* ist der Eindruck, dass es dem Protagonisten daran gefehlt hat, von der Mutter Grenzen gesetzt bzw. Widerstände geboten zu bekommen. Im Familiennamen Lee wird dieses Gefühl auf den Punkt gebracht: Heinrich wächst im Windschatten der Mutter auf. Zudem hat der Erzähler die Vorstellung, dass die Psychogenese des Menschen vor allem in Beziehungen stattfindet, d. h., sie wird durch Bindungen geprägt, die in der Fadenmetaphorik des Romans versinnbildlicht werden.

Welche besondere Bedeutung Widerstände für die psychische Entwicklung eines Menschen haben, davon hat der Erzähler des Romans eine dezidierte Vorstellung, die er im „Geheimnis aller Erziehung“ (267)[28] entfaltet. In der Auseinandersetzung mit Habersaat, bei dem Heinrich in die Lehre geht, verrät der Erzähler sein pädagogisches Ideal, an dem er Erziehungsprozesse misst. Dieses „Geheimnis“, auf das ich in Kapitel II.1 eingehe, besteht darin, dass ein Erzieher fähig sein muss, eine Balance zwischen dem Versagen und Gewähren der Bedürfnisse des Kindes zu finden. Erfolgreich verläuft dieser Prozess, wenn es dem Erwachsenen gelingt, aus einer liebevollen Beziehung heraus Grenzen zu setzen, an denen sich ein Ich abarbeiten und Stärke gewinnen kann. Misst man Elisabeth Lee an diesem Ideal, stellt man fest, dass es ihr nicht gelungen ist, dem Sohn Widerstände zu bieten. Ihre unbewussten Bindungswünsche haben sie daran gehindert. Es ist daher notwendig, der Wirkung der mütterlichen Sozialisation nachzuspüren.

---

26 M. Balint: Therapeutische Aspekte der Regression. Die Theorie der Grundstörungen, Stuttgart 1970.

27 Vgl. W. Schönau/J. Pfeiffer: Einführung, S. 95. Sie betrachten die Analyse der eigenen Leseerfahrung als einzig legitime Form der psychoanalytischen Literaturdeutung.

28 Zitate aus der ersten Fassung folgen der dtv-Dünndruck-Ausgabe, hg. von Clemens Heselhaus, München 1978.

In dieser Arbeit werde ich allerdings im Gegensatz zum Erzähler weniger den Begriff „Erziehung" benutzen, der sich auf bewusste Prozesse in der Auseinandersetzung zwischen dem Erwachsenen und dem Kind bezieht. Erziehung ist aber mehr als rationales Wollen, sodass ich stattdessen von Beziehungen oder Beziehungsproblemen spreche. Damit werden auch die unbewussten Wünsche der Interaktionen erfasst, die rationalen Erziehungszielen zuwiderlaufen können. Diesen Widerspruch kann man auch bei der Mutter des grünen Heinrich beobachten. Ihr unbewusster Bindungswunsch ist so dominant, dass ich mich in dieser Untersuchung vor allem darauf konzentriere. Wenn ich die Ursachen der Schwierigkeiten des grünen Heinrich aus den ihn prägenden Kindheitserfahrungen deute, wird der „genetische Aspekt"[29] einer Literaturdeutung berücksichtigt.

Im Mittelpunkt dieser Arbeit steht die Untersuchung der Beziehungsstrukturen und Beziehungsprobleme des „melancholischen grünen Heinrich" (559). Dabei wird besonders sein Ich betrachtet, das sich aus der Symbiose mit der Mutter herausdifferenziert. Freud nennt einige Gefahren, denen das Ich unterliegt. Er bezeichnet es als ein „armes Ding, welches unter dreierlei Dienstbarkeiten steht und demzufolge unter den Drohungen von dreierlei Gefahren leidet, von der Außenwelt her, von der Libido des Es und von der Strenge des Über-Ichs."[30] Diese Bedrohungen, denen auch Heinrichs Ich unterliegt, versuche ich zu beschreiben. Damit wird der „topische Aspekt"[31] in die Deutung einbezogen.

In Kapitel II.1 wird zudem dargestellt, wie der Wunsch Heinrichs nach Schutz bei Konflikten mit der Außenwelt und der Fürsorge- bzw. Bindungswunsch der Mutter zusammenfallen, sodass die Symbiose aufrechterhalten bleibt. Die Folgen für die Entwicklung seines Realitätssinnes und die Entwicklung typischer Abwehrmechanismen, mit denen er sein Ich vor schmerzlichen Situationen schützt, gilt es aufzuzeigen. Beginnend mit der Adoleszenz, treten die Wünsche der Mutter und des Sohnes zunehmend auseinander. Ich betrachte die Schwierig-

29 W. Schönau/J. Pfeiffer: Einführung, S. 77. Sie stellen fünf Aspekte der Literaturdeutung dar, die der psychoanalytischen Theoriebildung in ihren verschiedenen Phasen entstammen. Diese Aspekte stellen eine Art Checkliste für den Interpreten dar, der einen Text einer integrativen Deutung unterziehen will.

30 S. Freud: Das Ich und das Es. GW Bd. XIII, S. 286.

31 W. Schönau/J. Pfeiffer: Einführung, S. 78.

keiten, diesen Gegensatz aufzulösen, und die Ängste, die durch Heinrichs Loslösungsbestrebungen entstehen.

Der grüne Heinrich hat nicht nur während seiner primären Sozialisation wenig Widerstände geboten bekommen, sondern auch seine sekundäre Sozialisation, also vor allem die Zeit seiner künstlerischen Ausbildung, ist von diesem Mangel geprägt. Sie stellt gleichzeitig eine Suche nach Ersatzvätern dar, die jedoch bei ihrer Aufgabe, Heinrich Grenzen zu setzen, ebenso versagt haben. Darauf geht Kapitel II.2 ein.

Kapitel II.3, das Heinrichs Abschied von der Mutter zum Thema hat, zeigt seinen unbedingten Wunsch und gleichzeitig die Angst, sich aus dieser engen Bindung zu lösen. Zudem gibt es in jeder Beziehung Dissonanzen, die sich zu mühsam kontrollierten Aggressionen auswachsen können, wenn sie nicht ausgelebt werden. In Heinrichs Auseinandersetzung mit der idealisierten Mutter entstehen solche Aggressionen. Damit komme ich zu den Gefahren, die dem Ich durch das Über-Ich drohen, welches verbietet, solche Gefühle gegen das geliebte Elternteil zu hegen. Heinrich richtet seine Wut statt gegen die vermeintliche Verursacherin seiner Leiden vor allem gegen sich selbst. Neben diesen autoaggressiven Tendenzen sind jedoch im *Grünen Heinrich* in vielen Textpassagen, gegen die Forderungen des Über-Ich verstoßend, bewusst Aggressionen gegen die Romanmutter eingeflochten. Diese geben gleichzeitig einen weiteren Hinweis auf den Ursprung literarischer Produktion. „Die kreative Energie ist offenbar nicht nur sublimierte Libido, sondern enthält oft auch starke aggressive Anteile. Im Kunstschaffen werden zerstörerische Impulse nach außen gewendet."[32] Diese in den Roman eingearbeiteten Aggressionen gegen die Romanmutter verdeutlichen, dass der Erzähler die Schuld für sein Scheitern bei der Mutter suchte, die für ihr erzieherisches Versagen bestraft werden sollte. Diese Bestrafungswünsche mussten jedoch camoufliert werden.[33]

32 Ebd., S. 5. Diese Erkenntnis trifft sicher auf ein Tabu, und man hat Verständnis für den Erzähler aus *Der Tod in Venedig*: „Es ist sicher gut, daß die Welt nur das schöne Werk, nicht auch seine Ursprünge, nicht seine Entstehungsbedingungen kennt: denn die Kenntnis der Quellen, aus denen dem Künstler Eingebung floß, würde sie oftmals verwirren, abschrecken und so die Wirkungen des Vortrefflichen aufheben." Th. Mann: Der Tod in Venedig, GW VIII, 1974, S. 493.

33 Zum Begriff und Konzept der „Camouflage" siehe auch H. Detering: Zur Fiktionalisierung, S. 65 f. und S. 339.

Die Heimkehr des grünen Heinrich nach seinem Scheitern in der Kunststadt, auf die ich in Kapitel II.4 eingehe, vermittelt noch einmal einen Eindruck davon, welche Auswirkungen die mütterliche Sozialisation hat. Statt sich aktiv mit seinen beruflichen Möglichkeiten und Beschränkungen auseinanderzusetzen, zeigt der Protagonist eine passive Erwartungshaltung bei der Lösung seiner Schwierigkeiten. Doch als das Versagen nicht mehr zu leugnen ist, lässt sich sein psychisches Gleichgewicht nur noch durch schwere Regressionen, die ihren Ursprung nicht in erotischen Bindungen haben, aufrechterhalten. Diese Regressionen bestimmen den Rückweg. Unterbrochen wird der Heimweg durch den Aufenthalt auf dem Schloss des Grafen. Keller, der den *Grünen Heinrich* am Paradigma des Bildungsromans ausrichtete,[34] ließ sich bei dieser Episode besonders von intertextuellen Einflüssen leiten. Der Aufenthalt auf dem Schloss ist das poetische Spiel mit der Frage, wie weit der mütterliche Einfluss auf die Entwicklung des Protagonisten reicht. Ihn beschäftigte, ob nach einer verfehlten Sozialisation Lebenserfüllung möglich ist, die den Romanhelden trotz der aus der Kindheit stammenden Defizite in beruflichen Dingen und in der Liebe erfolgreich sein lässt. Der Roman legt nahe, dass - defizitär ausgestattet - eine Entwicklung zu einem erfolgreichen Maler möglich ist, der es auch versteht, seine mit Fleiß gemalten Bilder zu vermarkten. Zu einem zuverlässigen Kanzleischreiber - wie in der zweiten Fassung des Romans - kann man es ebenfalls bringen. In der Liebe hingegen gelingt eine Emanzipation von der Mutter nicht, sodass der Protagonist des Romans stirbt, oder sie gelingt nur sehr eingeschränkt, was wiederum die zweite Fassung verdeutlicht, die einen entsagenden Protagonisten überleben lässt. Mit der Feststellung, dass der grüne Heinrich ohne die Mutter nicht lebensfähig ist und dass er folglich keine wesentliche Entwicklung durchmacht, berührt die Arbeit die Diskussion um die Einordnung des Romans in das Genre des Bildungsromans.[35]

Welche psychosozialen Bedingungen das Verhalten der Mutter geprägt haben könnten und verstehbar machen, wird in Kapitel II.5 beleuchtet. Nicht nur Heinrichs Verhalten soll vor dem Hintergrund seiner Sozialisationserfahrungen erklärt werden, sondern auch die Ursachen für das übersteigerte Bindungsverhalten der Mutter müssen erhellt werden.

---

34 Vgl. R. Selbmann, Gottfried Keller, S. 26 ff.

35 Eine Zusammenfassung der Diskussion und der Forschungsgeschichte gibt R. Selbmann: Zur Geschichte des Bildungsromans, Darmstadt 1988.

In Kapitel II.6 werden Heinrichs Beziehungen zu Frauen und eine Jugendfreundschaft analysiert. Von seiner ersten Jugendliebe Anna bis zu Dorothea zeigt sich, dass es Heinrich nicht gelingt, eine Liebesbeziehung einzugehen, da er unbewusst in jeder sich anbahnenden Liebesbeziehung die Gefahr einer erneuten Symbiose spürt, der er um jeden Preis entfliehen muss, d. h., es existiert ein Zusammenhang zwischen Heinrichs Bindungsangst gegenüber Frauen und der als erdrückend erlebten Nähe zur Mutter. In diesen Teilen der Untersuchung geht es um den „adaptive[n] Aspekt"[36] der Interpretation. Es handelt sich dabei um die Frage, wie sich das Ich den Anforderungen der Außenwelt, dem Drängen der Triebwünsche und den Normen des Über-Ich anpasst. So steht dem Ich ein ganzes Repertoire von Abwehrmechanismen zur Verfügung, das der Analyse bedarf. Der grüne Heinrich muss vor allem die Angst vor der Selbsthingabe in Bindungen abwehren, die er als Auflösung der Ich-Grenzen und Abhängigkeit bzw. Verlust der Freiheit erlebt.[37] Durch sein erotisches Erleben drohen dem Protagonisten weitere Gefahren. Es ist die Angst vor der Überflutung des Ich durch das Es. Diese Interpretation stützt sich auf Siegmund Freuds Kategorien des psychischen Apparats und ist inspiriert von Klaus Theweleit.[38] Wenn es um die Deutung solcher Textstellen geht, ist diese Studie im oben kritisierten Sinn psychoanalytisch, d. h., der Text wird zum Gegenstand des Deutungsverfahrens gemacht, sodass diese Passagen etwas spekulativer sind.

Im *Grünen Heinrich* spiegelt sich Kellers Anthropologie, „der Glaube an einen, zumindest potentiell, vernünftigen, des rationalen Handelns fähigen Menschen. Andererseits aber sieht Keller den Menschen als ein bloß von blindem Instinkt, reiner Naturnotwendigkeit getriebenes Wesen."[39] Siegmund Freud drückt diesen Konflikt durch die Erkenntnis aus, dass des Menschen (Willens-)Freiheit nur begrenzt und das Ich „nicht [...] Herr ist im eigenen Hause"[40]. Mit diesen Worten hätte auch Keller diese „große Kränkung" der menschlichen „Größen-

---

36 W. Schönau/J. Pfeiffer: Einführung, S. 79.

37 Inspiriert wurden diese Teile der Deutung durch F. Riemann: Grundformen der Angst. Eine tiefenpsychologische Studie, 12. überarbeite und erweiterte Auflage, München 1977. Die Angst vor Nähe bzw. Distanz ist danach eine der vier Grundformen der Angst, die der Mensch zu bewältigen hat.

38 K. Theweleit: Männerphantasien, Bd. 1 und 2, Reinbek b. Hamburg 1980.

39 E. Swales: Gottfried Kellers (un)schlüssiges Erzählen, in: Wysling, Hans (Hg.): Gottfried Keller. Elf Essays zu seinem Werk. München 1990, S. 96.

40 S. Freud: Vorlesungen zur Einführung in die Psychoanalyse, GW Bd. XI, S. 295.

sucht"[41] formulieren können, der die Einsicht, dass das Ich kein Akteur ist, im *Grünen Heinrich* vorwegnimmt und vor allem in dessen Versuchen, Liebesbeziehungen einzugehen, fiktional gestaltet.

In Kapitel III.1 sollen biographische Parallelen belegt werden. In dieser Untersuchung wird zwar in erster Linie „die Phantasiestruktur des Werks, dessen ‚psychodramatisches Substrat'"[42] erfasst, da der Roman aber autobiographisch ist, sollte es auch möglich sein, Ähnlichkeiten in der psychischen Struktur des Autors zu entdecken. Die Streitfrage, ob die Biographie des Autors literaturwissenschaftliche Relevanz besitzt und ob die Beziehung zwischen Autor und Werk legitimer Forschungsgegenstand ist, erübrigt sich bei einem autobiographischen Roman zwar teilweise, aber Schönau/Pfeiffer sind grundsätzlich der Auffassung, dass nur für den Leser eines Romans die Lebensumstände des Autors relativ irrelevant seien[43], die Literaturwissenschaft jedoch versage sich bei der Interpretation des literarischen Produkts wesentliche Einsichten, wenn sie auf die Frage nach den privat-subjektiven Bedingungen der Entstehung verzichte.[44] In dieser Arbeit sollen die herausgearbeiteten Gemeinsamkeiten zwischen dem Autor und seinem Protagonisten die Thesen zur Interpretation des *Grünen Heinrich* stützen. Es geht also nicht darum, die Grauzone zwischen Wirklichkeit und Fiktion aufzulösen oder ein vollständiges Psychogramm Kellers zu entwickeln, das im Übrigen auch komplexer als das des fiktiven grünen Heinrich wäre. Das ist einem Biographen vorbehalten.[45]

Muschg und Kaiser haben in ihren Studien auch Aussagen zum Produktionsprozess von Literatur gemacht, womit der „dynamische Aspekt"[46] der Literaturdeutung berührt wird. Ödipales Begehren habe Gottfried Keller und den Erzähler des *Grünen Heinrich* zum Schreiben getrieben (siehe Kapitel I.3). Diese Sicht „versteht das Kunstwerk als Ergebnis eines Konflikts zwischen bewußten und unbewußten Wünschen, die nach Mitteilung und Befriedigung streben und zugleich von anderen Kräften abgewehrt werden."[47] Ohne den Schaffensprozess,

---

41 Ebd., S. 294 f.

42 W. Schönau/J. Pfeiffer: Einführung, S. 95.

43 Vgl. ebd., S. 11.

44 Vgl. ebd. S. 28.

45 Zum grundsätzlichen Problem der Einbeziehung und Vermischung textinterner und -externer Erkenntnisse siehe auch S. Winko: Einführung: Autor und Intention, in: F. Jannidis u. a. (Hg.): Die Rückkehr, S. 40.

46 Ebd., S. 77.

47 Ebd.

der immer von „vielfältigen und widersprüchlichen unbewußten Motivationen"[48] geprägt ist, vollständig erfassen und monokausal erklären zu wollen, wird in dieser Arbeit die These vertreten, dass - neben der Verarbeitung der Aggressionen gegen die Mutter - Kellers Bindungsangst ein Antrieb zur literarischen Produktion war. Im *Grünen Heinrich* wollte er sich in der Auseinandersetzung mit diesen Ängsten auf die Spur kommen. Für Kellers Novellen jedoch trifft zu, was einige Literaturwissenschaftler behaupten, „daß das Phantasieren sich als halluzinatorisches Wunscherfüllungsverfahren beim Übergang von der Herrschaft des Lustprinzips zu der des Realitätsprinzips entwickelt, als Reaktion auf Versagungsunlust also."[49] Nach Freud ist das Reich der Phantasie eine „Schonung", „die beim schmerzlich empfunden Übergang vom Lust- zum Realitätsprinzip eingerichtet wurde, um einen Ersatz für Triebbefriedigung zu gestatten, auf die man im wirklichen Leben hatte verzichten müssen."[50] Phantasien sind daher „Korrekturen der unbefriedigenden Wirklichkeit", sie kompensieren reale Versagungen. Kellers Novellenproduktion, auf die ich in Kapitel III.2 eingehe, belegt diese Erkenntnis Freuds. Somit wird der „ökonomische Aspekt"[51] literarischer Interpretation in den Blick genommen.

Außerdem setzt sich in vielen Novellen Kellers die Modellierung eigenen Erlebens fort. Immer wieder kreisen die Texte um ähnliche Themen und Motive wie im *Grünen Heinrich.* Die Auseinandersetzung mit dem „Geheimnis aller Erziehung" wird fortgesetzt und auch die Bindungsangst des Autors wird in vielen Novellen erkennbar, sodass die Thesen zum *Grünen Heinrich* eine weitere Bestätigung finden. Damit ist die Beschäftigung mit dem weiteren Werk Kellers im Rahmen dieser Arbeit gerechtfertigt.[52] Die Erweiterung der Materialbasis der Inter-

48 Ebd., S. 92. Da es in dieser Arbeit vor allem um den *Grünen Heinrich* geht, soll auch nicht über andere Ursprünge der Produktivität spekuliert werden, auch wenn diese Untersuchung Ansatzpunkte dafür liefert. So sehen D. W. Winnicott und die Selbstpsychologie unter dem Einfluss von H. Kohut die Wurzeln der Kreativität in der symbiotischen Phase. Vgl. ebd., S. 6 ff.

49 Ebd., S. 23.

50 S. Freud: Das Unbehagen in der Kultur, GW Bd. XIV, S. 90.

51 W. Schönau/J. Pfeiffer: Einführung, S. 78 f.

52 Durch ebd., S. 147-149, wurde ich auf den französischen Literaturpsychologen Charles Mauron (1899-1966) aufmerksam, der in Deutschland kaum rezipiert wird. In dem von ihm entwickelten psychoanalytischen Deutungsverfahren, das er psychocritique nannte, werden mehrere Werke eines Autors miteinander verglichen, um latente individuelle Strukturelemente und -muster sichtbar zu machen, die am Ende im Rekurs auf die Autorbiographie überprüft werden. Seine Methode zur Freilegung unbewusster

pretation ist ein Weg, ihre Plausibilität und Evidenz zu erhöhen, damit „die Gefahr eines zu hohen Anteils der Projektionen des Interpreten verringert [wird]."[53]

## I.2 Freuds Triebtheorie und ihre Kritik

### I.2.1 Freuds Triebtheorie und der Bruch in seinem Denken

Im Rahmen meiner Untersuchung ist Freuds Beschäftigung mit der Ätiologie von Neurosen bedeutsam. Sein Wechsel in der theoretischen Auffassung wird in der psychoanalytischen Literatur als von der „Trauma-Theorie" zur „Trieb-Theorie" beschrieben.[54] Anfangs maß der Entdecker der Psychoanalyse den traumatischen Erlebnissen seiner Patientinnen besondere Bedeutung bei. In seiner Auseinandersetzung mit den - zusammen mit Joseph Breuer 1895 herausgegebenen - *Studien über Hysterie*[55] und der 1896 publizierten Arbeit *Zur Ätiologie der Hysterie*[56] vermutete Freud zunächst, dass sich die Symptome seiner hysterischen Patientinnen auf sexuelle Missbrauchserfahrungen in der Kindheit zurückführen ließen. In seiner „Verführungstheorie" behauptete er, dass ein traumatisches Erlebnis - ein sexuelles Trauma - den Ursprung jeder Neurose bilde. 1897 wendete Freud sich von dieser Theorie ab, und mit der „Entdeckung" des Ödipuskomplexes - also der unbewussten sexuellen Liebe der Kinder zu ihren Eltern, die später verdrängt werden müsse - begründete er die Psychoanalyse. In diesem Zusammenhang entwickelte er in der Zeit nach 1897 seine Ansichten von der „infantilen Sexualität", was zur Folge hatte, dass die äußere Realität in den Hintergrund gedrängt wurde: Verführung und traumatische Erlebnisse, an die sich die Klienten während der Analyse erinnerten, wurden nicht mehr als wirkliches Geschehen gedeutet. Sie galten als aus dem Unbewussten stammende perverse Phantasien des Analysanden. Nicht mehr die „Verführung" durch einen Erwachsenen, sondern das Triebleben des Kindes wurde als Ursache für spätere Neurosen gesehen. Freud stellte die Ideen über die Sexualtriebe

---

Phantasmen führt schließlich zum „persönlichen Mythos" des betreffenden Autors, zur privaten und individuellen konflikthaften Urszenen der Kindheit, die ständig nach Ausdruck streben und die somit den kreativen Prozess antreiben. Ich bin zwar in dieser Untersuchung anders vorgegangen, aber die Hereinnahme von Teilen des übrigen Werks Kellers bei der Deutung wird legitimiert.

53 Ebd., S. 100.

54 Vgl. A. Miller: Du sollst nicht merken, S. 138 ff.

55 S. Freud (zus. mit J. Breuer): Studien über Hysterie, GW Bd. I.

56 S. Freud: Zur Ätiologie der Hysterie, GW Bd. I.

vor allem 1905 in den *Drei Abhandlungen zur Sexualtheorie*[57] dar. In den Trieben erkannte er die wichtigsten Determinanten des Verhaltens, sie seien die primären Kräfte im Seelenleben.[58]

Die „infantile Sexualität", die er als polymorph-pervers bezeichnete, bildet die Grundlage seiner im Laufe der folgenden Jahre entstandenen Entwicklungspsychologie. Darin behauptet er, dass es ab der Geburt eine menschliche Sexualität gebe. Die Entwicklung der Libido finde in aufeinanderfolgenden Phasen statt. Der Mensch durchlaufe zunächst eine orale und danach eine anale Phase. Darauf folge die phallische oder ödipale Phase, die für den Menschen von besonderer Bedeutung sei. Das Kind entdecke in dieser Zeit durch die Stimulation von Penis und Klitoris Lustgewinn und werde sich der Geschlechtsunterschiede bewusst. Die libidinöse Energie richte sich in der Regel auf den gegengeschlechtlichen Elternteil, dessen Liebespartner das Kind sein möchte. Diese Wünsche würden jedoch bestraft, und es komme beim Jungen zur Kastrationsangst und beim Mädchen zum Penisneid. Diese Situation wird als Ödipuskomplex zusammengefasst, dessen Untergang die Latenzphase einleite, in der das sexuelle Interesse scheinbar verschwinde. Die libidinösen Energien würden durch Sublimierung auf intellektuelle und kulturelle Gebiete gerichtet. Mit der Pubertät beginne die genitale Phase, in der die Partialtriebe unter das Primat der Genitalität gestellt würden.[59]

In der Geschichte der Psychoanalyse gab es allerdings immer wieder Therapeuten, die mit Freuds analytischem Instrumentarium und seinen Ansichten über die Ätiologie psychischer Erkrankungen nicht arbeiten konnten und eigene Vorstellungen entwickelten.

### I.2.2 Freuds Selbstkritik

„Freud betrachtete den Ödipuskomplex als einen ‚Grundpfeiler' der Psychoanalyse."[60] Doch der Schöpfer der Triebtheorie stand den eigenen Ideen offenbar von Anfang an skeptisch gegenüber. Sein diesbezügliches Unbehagen brachte Jeffrey M. Masson 1984 ans Licht. Der

---

57 S. Freud: Drei Abhandlungen zur Sexualtheorie, GW Bd. V.

58 Vgl. H. Nagera (Hrsg.): Psychoanalytische Grundbegriffe. Eine Einführung in Sigmund Freuds Terminologie und Theoriebildung, Frankfurt a. M. 1974, S. 23 ff.

59 Zur genaueren Bedeutung der einzelnen Phasen und ihrer Auswirkungen auf das spätere Leben vgl. ebd., S. 126 ff.

60 Ebd., S. 151.

amerikanische Psychoanalytiker veröffentlichte die Ergebnisse seiner Recherchen im Londoner Freudarchiv, in dem es sehr viele unveröffentlichte Notizen gebe, die Zweifel am Ödipuskomplex belegten. Im Laufe der Jahre habe Freud seine Ideen immer wieder infrage gestellt. Masson resümiert: „Ich bin der Überzeugung, daß Freud seine Entdeckung aus dem Jahre 1896 - daß Kinder in vielen Fällen in ihren eigenen Familien sexueller Gewalt und sexuellem Mißbrauch ausgesetzt sind - als so belastend empfand, daß er sie buchstäblich aus seinem Bewußtsein tilgen mußte."[61]

### I.2.3 Horst Eberhard Richters Kritik an Freud

Kritik an Siegmund Freuds Entwicklungspsychologie kommt zum Beispiel von Horst Eberhard Richter, einem wichtigen Vertreter der Familientherapie in Deutschland. Er konstatiert, dass Freud zu wenig in wechselseitigen Beziehungen denke. Die Mutter sei für ihn beispielsweise nur „Empfängerin von Versorgungswünschen und Objekt für Trieb- und Identifizierungsbedürfnisse"[62]. Dass die Mutter durch eigene Erwartungen und Phantasien mit dem Kind in einen Austausch eintrete, habe er nicht untersucht. In Freuds Vorstellungen sei das kindliche Ich von Anfang an und durchgängig der bestimmende Akteur. Es erwache mit einem primären Narzissmus und besetze mit seiner Libido nur das eigene Ich; der Außenwelt bedürfe es am Anfang überhaupt nicht. Das Kind sei der Gestalter seines eigenen Weges. Es „introjiziert, projiziert, besetzt mit seiner Libido Objekte, verschafft sich orale, anale, phallische Befriedigung, bedient sich des Vaters und der Mutter zur Ausgestaltung seine Ödipuskomplexes, erbaut aus elterlichen Ge- und Verboten sein Über-Ich."[63] Das Kind bahne sich seinen Weg durch eine Landschaft voller Angebote und Hindernisse, sodass die den Weg säumenden förderlichen oder behindernden Figuren nur als „statische Repräsentanten eines kulturell vorgegebenen Szenarios erscheinen, als Vollzieher allgemeiner Erziehungsprinzipien oder als Vermittler einer konventionellen Sexualmoral. Der eigentliche Akteur in dem Drama ist jedenfalls das kindliche Ich."[64] Freud zufolge sei es nicht wichtig, was dem Kind tatsächlich widerfahren sei, sondern was es sich für Phantasien gebildet habe. Nach Richters Ansicht geht Anna

61 J. M. Masson: Was hat man dir, du armes Kind, getan? Reinbek b. Hamburg 1984, S. 12.

62 H. E. Richter: Das Ende der Egomanie. Die Krise des westlichen Bewusstseins, Köln 2002, S. 91.

63 Ebd., S. 78.

64 Ebd.

Freud sogar noch über diese Vorstellungen hinaus. Sie „lehrte rundweg: Es sei unerheblich, welche besondere Umgebung auf ein Kind einwirke. Entscheidend sei, wie sich das Kind mit unvermeidlichen inneren und äußeren Faktoren auseinandersetze: mit seiner angeborenen Bisexualität, seiner Triebstärke, dem Abstillen, der Geschwisterrivalität, dem Inzest-Tabu, dem ödipalen Konflikt."[65]

Richter schließt mit der Feststellung, dass der „so genannte Familienroman des Kindes aus der Sicht Freuds kaum etwas davon [enthält], was die Familie mit dem Kind macht, sondern nur das, was das Kind seinerseits mit der Familie in seinem Inneren macht."[66] Folglich bestreitet Richter die Gestaltungsmacht des Kindes, über die es in diesem Ausmaß real nicht verfüge, denn es lebe von Geburt an in einer Wechselbeziehung, in der es selber lange Zeit der schwächere Teil sei. „Vieles, was sich in seinem Innern abbildet, wird von den sehr viel mächtigeren Erwachsenen, zunächst von der Mutter, in es hineingelegt. In dem gegenseitigen Anpassungsverhältnis mit der Mutter ist das vergleichsweise ohnmächtige Kind sehr viel mehr genötigt, sich nach ihren Erwartungen zu richten als umgekehrt. Und die Mutter ist eben nicht nur indifferente Repräsentantin schematischer Pflege- und Erziehungsnormen, sondern ein Individuum mit spezifischen Eigenheiten und Konflikten, die aus ihrem persönlichen Erziehungsschicksal stammen"[67], aber selbstverständlich auch aus ihren sonstigen Lebenserfahrungen.

Richters Familientherapie fußt auf der Erkenntnis, dass die meisten psychischen Störungen oder Krankheiten aus Beziehungskonflikten entstehen, sich also zwischen Menschen abspielen. Er habe die von ihm behandelten Kinder nur verstehen können, wenn er aus ihren Problemen ursächlich häusliche Konflikte herausgelesen habe. Oft sei dabei der Dialog zwischen Mutter und Kind schwerwiegend gestört gewesen, etwa dadurch, dass die Mutter das Kind unbewusst dafür in Anspruch genommen habe, sich selbst von ungelösten Konflikten entlasten zu wollen.[68] Somit habe der Therapeut „nicht mehr allein Freuds so genannten psychischen Apparat eines Individuums vor sich, sondern eine Beziehungsstörung."[69] Die klassische Modellvorstellung

65 H. E. Richter: Die Chance des Gewissens, Reinbek b. Hamburg, 1986, S. 105.
66 H. E. Richter: Das Ende, S. 78.
67 Ebd., S. 79.
68 Vgl. ebd., S. 24.
69 Ebd., S. 30.

Freuds von einem Konfliktgeschehen, das in der geschlossenen Innenwelt des Einzelnen abläuft, stößt in der Familientherapie an Grenzen.

### I.2.4 Alice Millers Kritik an Freud

Mit ihrer Studie *Du sollst nicht merken* distanziert sich auch Alice Miller von Freuds Triebtheorie, dem sie aber trotzdem wegen seiner Entdeckung der Kindheitsgeschichte im Unbewussten des Erwachsenen und des Phänomens der Verdrängung diese Veröffentlichung widmet.[70] Miller vertritt die Ansicht, dass das, was wir heutzutage über die Kindheit wissen, zu einer „grundsätzlichen Revision der Triebtheorie [hätte] führen müssen, wenn diese nicht im Dogma erstarrt gewesen wäre. Doch Dogmen bleiben gegen neue Erkenntnisse und Entwicklungen immun."[71] Den Grundstock des „neuen Wissens" bilden „Mitteilungen der erwachsenen Patienten über ihre Phantasien und Handlungen, die ihren eigenen Kindern gelten. [...] Sie zeigen, wie stark und intensiv das Kind Objekt narzißtischer Bedürfnisse, sexueller Wünsche und aufgestauter Haßgefühle sein kann."[72] Wie die Familientherapie fordert auch sie eine Konzentration auf die Analyse der elterlichen Einflüsse auf das Kind. Bestätigung für ihre Sichtweise findet Miller auch bei Psychohistorikern, wie zum Beispiel Phillipe Ariés und Lloyd de Mause, die „mit einer erschütternden Deutlichkeit [zeigen], wozu Erwachsene die Kinder gebracht haben."[73] Des Weiteren stellt sie sich in die Tradition von Psychoanalytikern wie Reneé Spitz, John Bowlby, Margret S. Mahler, Donald W. Winnicott und der Familientherapie, die Mühe hätten, die Symptome des Kindes auf die „Abwehr der „sexuellen und aggressiven Triebe" zurückzuführen. Diese Psychoanalytiker würden zwar den Dogmencharakter der Triebtheorie durchschauen, aber durch die Abwendung von der Einzelbehandlung und Hinwendung zur Familien- und Gruppentherapie verlören sie die Dimension der einzelnen frühen Kindheit aus den Augen, sodass sie nicht mit Freud zu brechen brauchten.[74] Der andere Teil der Psychoanalytiker verschanze sich gegen jede neue Erkenntnis der früh-

70 Vgl. A. Miller: Du sollst nicht merken, S. 7 f.

71 Ebd., S. 248.

72 Ebd.

73 Ebd., S. 248 f. Am Beispiel der berühmten Darstellung des Falles Schreber zeigt Miller meines Erachtens besonders eindringlich, dass Freud die väterlichen Erziehungsmaßnahmen des Patienten ignoriertet und dessen Verfolgungsängste auf die Abwehr seiner homosexuellen Liebe zum Vater zurückführte. Vgl. ebd., S. 250 f.

74 Vgl. ebd., S. 249

kindlichen Realität mit dem Dogma der infantilen Sexualität und des Ödipuskomplexes.[75] Miller resümiert:

> *„In der Weigerung vieler Analytiker, in der ‚psychischen Realität' ihrer Patienten, auf die sie sich beschränken wollen, die psychische Realität von deren Eltern zu sehen, ist der Rest einer rigiden behavioristischen Haltung zu erkennen, die der Psychoanalyse eigentlich fremd sein müßte."*[76]

Freuds Abkehr von der „Verführungstheorie", der in *Zur Ätiologie der Hysterie* den sexuellen Missbrauch seiner Patienten richtig erkannt habe, interpretiert sie mit der Wirkung des Gebots der Elternliebe. Die in unserer Gesellschaft vom Vierten Gebot geforderte Verdrängung der frühkindlichen Traumatisierungen führe zu einer kollektiven Verdrängungshaltung, die auch vor dem Sprechzimmer des Analytikers wirksam sei.[77] Diese konstatiert sie auch bei Freud im Jahr 1897, als er in dem berühmten Brief an Wilhelm Fließ die Abkehr von der Verführungstheorie begründete. Freud wagte sich in diesem Brief hinsichtlich der tabuisierten Gedanken meines Erachtens sehr weit vor, als er schrieb: „Dann die Überraschung, daß in sämtlichen Fällen der Vater als pervers beschuldigt werden mußte, mein eigener nicht ausgeschlossen."[78] Nach Miller sei Freud - und ebenfalls der Wiener Gesellschaft um das Ende des 19. Jahrhunderts - der Gedanke unerträglich gewesen, dass Eltern imstande seien, ihr Kind sexuell zu missbrauchen. Als Reaktion darauf habe Freud seine Vorstellungen von der kindlichen Sexualität entwickelt.[79] Wie belastend die Vorstellung von missbrauchenden Eltern sei, werde auch darin deutlich, dass zum Beispiel noch die Herausgeber der gebundenen Ausgabe der Briefe an Fließ von 1950 Freuds Nebengedanken „mein eigener nicht ausgeschlossen" durch „(...)" ersetzt hätten. Miller erkennt darin die Schonung einer verinnerlichten Respektsperson.[80] Die Triebtheorie komme solchen

---

75 Vgl. ebd., S. 254 f.

76 Ebd., S. 251.

77 Vgl. ebd., S. 278.

78 S. Freud: Aus den Anfängen der Psychoanalyse 1887-1902. Briefe an Wilhelm Fließ, Frankfurt a. M. 1975, S. 187.

79 Vgl. A. Miller: Du sollst nicht merken, S. 256 f.

80 Vgl. ebd., S. 279. Auch der Bindungstheoretiker K. H. Brisch interpretiert Freuds Abwendung von seinen ursprünglichen Vorstellungen ähnlich wie Miller: „Es kann vermutet werden, daß Freuds Theorien von der realen frühkindlichen Traumatisierung durch sexuellen Mißbrauch so brisant war, daß er um seine Anerkennung als Wissenschaftler fürchten mußte." K. H.

Abwehrmechanismen entgegen, wenn sie in den infantilen, sexuellen Phantasien und Konflikten den Ursprung der Neurose sehe, weil so die geforderte Idealisierung der Eltern erhalten bleiben könne.[81]

Die Einsicht, dass auch unsere täglichen Wahrnehmungen und folglich auch die Lektüre eines Werkes wie *Der Grüne Heinrich* durch das Vierte Gebot beschränkt werden können, verdanke ich im Übrigen auch Alice Miller; und ebenso wie sie bei der Therapie nicht von Theorien ausgeht, sondern sich mit den Gefühlen der Klienten auseinandersetzt, lasse ich mich bei der Interpretation des Romans von den Gefühlen und Phantasien Kellers bzw. des Erzählers leiten.

### I.2.5 Martin Dornes Kritik an Freud

Aufschlussreiche Deutungen zum Eltern-Kind-Verhältnis bietet auch Martin Dornes, der zum Ausdruck bringt, was ich in dieser Untersuchung unter Symbiose verstehe. Er betont die Ungleichheit kindlicher und erwachsener Lust. Für die Lust- und Unlustempfindungen von Kindern werden durchgängig nicht-sexuelle Motive, sondern seelische Bedürfnisse nach Bindung, Kommunikation oder Weltbeherrschung angenommen.[82] Das Neugeborene befinde sich in einem Zustand, in dem es den anderen als quasi natürlich Ausdehnung seiner selbst erlebe; es lebe in einem *„fraglose[n] Verhältnis zur Welt"*[83]. Mit der Gewahrwerdung der Trennung sei es damit zu Ende. Die Selbstverständlichkeit des Weltbezugs zerbreche. Das Kind sei mit der emotionalen Anerkennung der Unabhängigkeit oder der Unverfügbarkeit der Interaktionswelt überfordert. Deshalb finde die Sehnsucht nach dem fraglosen Zustand ihren Ausdruck in symbiotisch zu nennenden Bedürfnissen, und deren Befriedigung schaffe die Fähigkeit, Enttäuschungen zu ertragen.[84] „Symbiotische Bedürfnisse sind [...] deshalb unausrottbar, weil sie eine temporäre Entlastung von der Überforderung ermöglichen, die mit der Wahrnehmung der eigenen Angewiesenheit auf den anderen verbunden ist."[85] In dieser Sichtweise nimmt die Trennung sozialontologisch die Stellung der Triebe ein. „Nicht die

---

Brisch: Bindungsstörungen. Von der Bindungstheorie zur Therapie, Stuttgart 1999, S. 24.

81 Vgl. A. Miller: Du sollst nicht merken, S. 143.

82 Vgl. M. Dornes: Infantile Sexualität und Säuglingsforschung, in: V. Sigusch/ I. Quindeau (Hg.): Freud und das Sexuelle, S. 127.

83 Ebd., S. 126 (Hervorhebung im Original).

84 Vgl. ebd., S. 125 f.

85 Ebd., S. 126.

Triebe, sondern die Trennung und deren Bewältigung beschäftigt den Menschen von der Wiege bis zur Bahre."[86]

Bis heute dauert der Streit innerhalb der Psychoanalyse um „Trauma oder Trieb" an. Psychoanalytiker, die jahrelang ihre Patienten - wenn man Alice Miller glauben darf - falsch behandelt haben, indem sie realen sexuellen Missbrauch in Inzestwünsche umdeuteten, fällt es daher schwer, sich von einem Teil ihrer beruflichen Glaubenssätze zu trennen.

### I.2.6 Kritik an Freuds Interpretation des Dramas *Rosmersholm* von Ibsen

Siegmund Freud, der in *Einige Charaktertypen aus der psychoanalytischen Arbeit* auf die Bedeutung der Literatur für die exemplifizierende Modellierung psychologischer Grundeinsichten hinweist, benutzt Ibsens *Rosmersholm*, um den Einfluss ödipaler Konflikte auf menschliches Verhalten zu belegen.[87] Seine Studie wird als Musterbeispiel psychoanalytischer Analyse literarischer Figuren betrachtet. Er entschlüssele darin das Verhalten Rebekka Wests, das jedem Leser Rätsel aufgebe.[88]

Hier dient Freuds Studie als Beleg für die in den vorigen Unterpunkten angeführten Thesen, dass das ödipale Konfliktmodell dazu führt, die Vaterfigur zu idealisieren bzw. sie als statischen Repräsentanten des kulturell vorgegebenen Szenarios zu betrachten und die Folgen realer Traumata zu ignorieren; Freud zeigt sich als Gefangener seiner Triebtheorie.

Rebekka zieht nach dem Tod ihres vermeintlichen Adoptivvaters als Gesellschaftsdame nach Rosmersholm. Dort treibt sie die Ehefrau des Gutsbesitzers Rosmer in den Tod und lebt mit ihm in platonischer Liebe auf dem Herrensitz. Nach einem Jahr gemeinsamen Zusammenlebens macht Rosmer ihr zweimal vergeblich Heiratsanträge. Auf den ersten reagierte Rebekka zunächst euphorisch, lehnte dann aber unter Hinweis auf ein früheres sexuelles Verhältnis ab. Freud mutmaßt, dass sich auf dem Herrenhof die ödipale Situation ihrer Kindheit wieder-

86 Ebd.

87 S. Freud: Einige Charaktertypen aus der psychoanalytischen Arbeit, GW Bd. X, S. 363 - 391.

88 Vgl. L. Rühling: Verfahren der Textanalyse. Psychologische Zugänge, in: H. L. Arnold/H. Detering (Hg.): Grundzüge der Literaturwissenschaft, 6. Auflage, München 2003, S. 482 f.

holt habe. Rebekkas Zurückweisung im Moment der Erfüllung ihres Wunsches deutet er als Selbstbestrafung für den Inzestwunsch mit dem Vater.

Schon der Eingangssatz Freuds zu *Rosmersholm* zeigt die Idealisierung der Vaterfigur: „Rebekka Gamvik, die Tochter einer Hebamme, ist von ihrem Adoptivvater Doktor West zur Freidenkerin und Verächterin jener Fesseln erzogen worden, welche eine auf religiösem Glauben gegründete Sittlichkeit den Lebenswünschen anlegen möchte."[89] Statt Dr. West als „vermeintlichen" Adoptivvater einzuführen bzw. sich und dem Leser bewusst zu machen, dass es sich um den wirklichen Vater handelt, wird dessen Einfluss auf die Tochter und seine Erziehungsleistung idealisiert. Die Verherrlichung der „Freidenker" mag vor dem Hintergrund der damals herrschenden sexuellen Zwangsmoral verständlich erscheinen, muss aber nicht Ibsens Absichten widerspiegeln, dessen Sympathie - das zeigen seine Dramen - ohne Zweifel ebenfalls freieren Lebensformen gilt. Man muss jedoch kritisch fragen, ob es für den „Freidenker" Dr. West keine Tabus gab bzw. ob für ihn keine Grenzen in Bezug auf sexuelle Freizügigkeit existierten? Lebte er das Begehren der eigenen Tochter „freizügig" aus? In dem Drama stellt Ibsen zwei extreme Weltanschauungen gegenüber, eine, die amoralisch ist und alles erlaubt und jene andere, die in ihrer Tugendhaftigkeit Sexualität unterdrückt.[90] Beide wirken auf die Dramenfiguren gleich zerstörerisch, sodass sie keine „Lebensfreude"[91] - so das Motto in *Gespenster* - empfinden. Rebekka und Rosmer sind Opfer der jeweiligen Denkungsart, deren negative Gleichrangigkeit auch dadurch deutlich wird, dass beide zur Lebensauffassung des anderen „konvertieren" möchten. Die Missbrauchte sucht Schutz in asexueller Tugendhaftigkeit, der Unterdrückte strebt nach freien Entfaltungsmöglichkeiten.

Freud vermeidet offensichtlich den Gedanken, dass der Vater die Tochter gegen ihren Willen missbraucht hat: „[...] sie war nicht nur die Ad-

89 S. Freud: Einige Charaktertypen, S. 380. Käte Hamburger idealisiert den Vater ähnlich: „Sie [Rebekka] war aufgewachsen als Pflegetochter des Dr. West, eines Freidenkers, der sie mit emanzipatorischen Ideen erzogen hat." K. Hamburger: Ibsens Drama in seiner Zeit, Stuttgart 1989, S. 111.

90 Ähnlich auch Käte Hamburger: Ibsens Drama, S. 115. Ibsen stelle beides infrage, „das Recht des Lebens mit seiner Immoralität, aber auch das Moralsystem, das das Christentum dagegen aufgerichtet hatte [...]".

91 Zitiert wird nach H. Ibsen: Dramen in zwei Bänden, Winkler Verlag, München 1973.

optivtochter, sondern auch die Geliebte dieses Mannes."[92] Mit „Geliebte dieses Mannes" romantisiert und verharmlost Freud das Verhältnis, das er als partnerschaftlich betrachtet. Dass Rebekka bereits den ersten Heiratsantrag Rosmers abgelehnt hat, als sie noch nicht wusste, dass Dr. West ihr Vater war, erklärt Freud scharfsinnig mit der Wirkung des Unbewussten:

> *„[...] sie kann nicht ohne Ahnung der intimen Beziehung zwischen ihrer Mutter und dem Doktor West gewesen sein. Es muß ihr einen großen Eindruck gemacht haben, als sie die Nachfolgerin der Mutter bei diesem Manne wurde, und sie stand unter der Herrschaft des Ödipus-Komplexes, auch wenn sie nicht wußte, daß diese allgemeine Phantasie in ihrem Falle zur Wirklichkeit geworden war."*[93]

Mit „Nachfolgerin der Mutter bei diesem Manne" wird verschleiert, wie es zu der sexuellen Beziehung gekommen ist. Freud unterstellt Rebekka, dass sie ahnt, ihren Vater vor sich zu haben. An das Innenleben des Vaters wagt er aber offensichtlich nicht zu denken, der, als es zur sexuellen Beziehung kam, genau wusste, dass Rebekka seine Tochter ist. Offenbar traute Freud ihm nichts anderes als Gutes zu. Er schaut nicht hinter die Fassade bürgerlichen Anstands. Damit gleicht der Begründer der Psychoanalyse den vielen Menschen, über die Frau Alving in *Gespenster* bezüglich der Einschätzung einer anderen hochgeachteten Vaterfigur, ihres Ehemannes, der sein Dienstmädchen vergewaltigt hat, sagt: „Kein Mensch traute ihm andres als Gutes zu." (29) Frau Alving fragt sich auch, ob ihr Sohn Osvald seinen Vater trotzdem „achten und lieben" solle und ob Osvald die Wahrheit über ihn wissen dürfe. Pastor Manders versucht, den Erkenntnisgewinn zu verhindern und produziert Schuldgefühle: „Ist denn keine Stimme in Ihrem Mutterherzen, die Ihnen verbietet, die Ideale Ihres Sohnes zu zerstören?" (36) Die Wahrheit muss verdrängt, Eltern müssen geschont, der äußere Anschein muss aufrecht erhalten werden. Osvald weist solch eine Forderung jedoch später radikal zurück, als er von der Mutter gefragt wird, ob ein Kind nicht „unter allen Umständen Liebe für seinen Vater fühlen" solle:

> *„Wenn ein Kind seinem Vater nichts zu verdanken hat? Ihn gar nicht gekannt hat? Hältst du denn wirklich noch fest an dem alten Aberglauben, du, die doch sonst so aufgeklärt ist?" (63)*

---

92 S. Freud: Einige Charaktertypen, S. 385.
93 Ebd.

Wie es zu der Beziehung zwischen Dr. West und seiner Tochter kam, wird im Drama verschwiegen. Es gibt mehrere Möglichkeiten: Soll man vermuten, dass Rebekka den Vater, der um die Familienbande wusste, verführt hat und er sich nicht wehren konnte? Möglich ist auch, dass beide im Einverständnis handelten. Am wahrscheinlichsten ist jedoch, dass er seine Tochter gegen ihren Willen missbraucht hat. Freud übersieht, dass Dr. West im Sinne Horst Eberhard Richters die „Gestaltungsmacht" über die Beziehung hatte. Freud fragt nicht, warum der Vater seine Tochter später so hart behandelt, sie enterbt und ihr nichts als eine Kiste Bücher hinterlässt. Was bewegt diesen vermeintlich emanzipierten Mann dazu? Wer nichts erbt, muss sich „falsch" verhalten haben und sich daher schuldig fühlen. Darin zeigt sich, was Täter im Allgemeinen - das gilt für realen Missbrauch abseits des Fiktionalen - offenbar gut beherrschen: Sie sorgen dafür, dass sich das Opfer schuldig fühlt. Wie das Spiel solcher Väter funktioniert, weiß Thomas Manns Hauptfigur Grimald in dem „Anti-Ödipus-Roman" *Der Erwählte*, als der seine Tochter „in der Nische [...] corteisierte", d. h. vergewaltigte:[94] „[...] du darfst, Allerliebste, nicht vergessen, daß Grimald dein Vater ist, dem du Rührung schuldest und großen Dank, daß er dich in die Welt gesetzt, und der früh sein Trutgemahl verlor."[95] So bringt er sie zum Schweigen. Einen „Anti-Ödipus" verkörpert auch Erhard, der Sohn zweier Mütter (der biologischen und der Pflegemutter), aus Ibsens *John Gabriel Borkmann*, dessen Begehren sich doppelt erfüllen könnte, der sich jedoch vehement von den Ansprüchen beider und denen des Vaters befreit: „Diese ganze krankhafte Fürsorge und - und Vergötterung - oder was es sonst sein mag. Ich halt es nicht mehr aus!" (680)

Die nach Freud „zur Freidenkerin" erzogene Rebekka erscheint im Drama - auch wenn sie Böses tut - als unfrei und Opfer. Wie ist das Verhalten Rebekkas gegenüber Frau Rosmer zu erklären, das Freud als ödipale Rivalität deutet? Da er einen sexuellen Missbrauch ausgeblendet hat, versucht er auch nicht zu ergründen, welche Auswirkungen das Trauma auf Rebekkas Handeln hat. Was geschieht mit einem Men-

94 Thomas Mann spielt hier das Thema sexueller Beziehungen zwischen Eltern und Kindern sowohl in der Mutter-Sohn-Konstellation als auch in der Vater-Tochter-Beziehung durch. Die Handlung zu diesem anstößigen Thema verlegte er allerdings ins Mittelalter. In beiden Situationen geht das Begehren von den Elternfiguren aus, während die Kinder Opfer sind und keine ödipalen Wünsche erkennen lassen. Offenbar hatte Thomas Mann in Bezug auf dieses Thema mehr Menschenkenntnis als Sigmund Freud.

95 Th. Mann: Der Erwählte, Frankfurt a. M. 1974, S. 23.

schen, auf dessen Bedürfnisse keine Rücksicht genommen wird, dessen vertrauensvolle Bindungen durch einen Missbrauch zerstört werden? Rebekka kennt die Antwort; sie findet Erklärungen für ihr früheres Handeln:

> *„Ich glaube, damals hätte ich durchsetzen können, was es auch immer gewesen wäre. Denn damals hatte ich noch meinen mutigen, freigeborenen Willen. Ich kannte keine Rücksichten, keine Bindungen, die mir ein Hindernis gewesen wären auf meinem Wege." (318)*

Sie war rücksichtslos und rationalisierte ihr Verhalten, das sie durch den „freigeborenen Willen" determiniert glaubte; in Wirklichkeit trieb sie „ein wildes, unbezwingliches Begehren" (319), eine „häßliche Begierde" (320). Als sie sich durchschaut, verliert sie „die Energie zum Handeln" (320). Rebekkas Angst vor Sexualität - sie bezeichnet sie als „das häßliche, sinnestrunkene Gefühl" - ist die Folge des Missbrauchs, und sie sucht im durch gesellschaftliche Normen impotent gewordenen Rosmer einen Ersatzvater, der positive Veränderungen bei ihr zu bewirken scheint: „als ich mit dir hier zusammen leben durfte, - in Stille, in Einsamkeit - als du mir deine Gedanken mitteiltest ohne Vorbehalt, - eine jegliche Stimmung, so weich und so fein, wie du sie fühltest, - da trat die große Wandlung ein." (320) Rebekka erkennt, worin theoretisch die Lösung aller Probleme liegt: Nur die Liebe „adelt" die Menschen (vgl. 322), doch letztlich gibt es für sie keine Lösung, da ihr während ihrer Sozialisation das Urvertrauen ausgetrieben wurde; für immer bleiben „diese tödlichen Zweifel" (322). Resigniert begehen beide Selbstmord.

Wie wirklichkeitsfern das Konstrukt des Ödipuskomplexes ist und Männerphantasien blühen lässt, erkennt man in Freuds Schlussbetrachtungen:

> *„Der psychoanalytisch arbeitende Arzt weiß, wie häufig [...] [ein Dienstmädchen, CT] in ein Haus eintritt, dort bewußt oder unbewußt am Tagtraum spinnt, dessen Inhalt dem Ödipus-Komplex entnommen ist, daß die Frau des Hauses irgendwie wegfallen und der Herr an deren Stelle sie zur Frau nehmen wird. Rosmersholm ist das höchste Kunstwerk der Gattung, welche diese alltägliche Phantasie der Mädchen behandelt."*[96]

96 S. Freud: Einige Charaktertypen, S. 388.

Wenn Hausmädchen solche Phantasien gehegt haben sollten, dann wohl seltener, weil sie im Herren eine Vaterfigur sahen, sondern weil sie auf eine Chance hofften, dem sozialen Elend, aus dem sie in der Regel stammten, zu entfliehen. Viel häufiger dürfte die Beziehung zwischen dem Herren und dem Dienstmädchen Realität geworden sein, weil der Herr sich das Mädchen „genommen" hat. Das passierte dem Hausmädchen Johanna aus Ibsens *Gespenster*, das sich vergeblich gegen Alving gewehrt hatte: „Lassen Sie mich, Herr Kammerherr! Lassen Sie mich in Ruh!", aber der „Kammerherr setzte bei dem Mädchen seinen Willen durch" (30). Geschwängert musste das Opfer den Herrensitz verlassen. Unzweifelhaft ist der Vater Täter, auch wenn Frau Alving ihn in ihren abschließenden Reflexionen ebenfalls zum Opfer erklärt. Die Ursache des menschenfeindlichen Verhaltens ihres Ehemanns erkennt sie in den Lebensbedingungen der „Mittelstadt", in der ihm „jedes Ventil für die überströmende Lebenslust, die in ihm war," (60) fehlte.

## I.3 Die psychoanalytisch orientierte Kellerforschung

### I.3.1 Die Studien Muschgs und Kaisers und ihr Einfluss auf die Keller-Forschung

Nach Eduard Hitschmanns Untersuchung über Keller aus dem Jahre 1919,[97] die bereits ödipale Konflikte des Autors ins Zentrum der Analyse stellt, und Walter Muschgs Keller-Portrait[98], nehmen Adolf Muschg und Gerhard Kaiser die psychoanalytisch orientierte Erschließung des Autors und seines Werkes wieder auf. Beide Monographien segeln im Windschatten Sigmund Freuds und markieren nach Selbmann den „entscheidenden Wendepunkt in der Keller-Forschung"[99] bzw. habe

97 E. Hitschmann: Gottfried Keller. Psychoanalyse des Dichters, seiner Gestalten und Motive, Leipzig 1919. Wenn man die Studie liest, in der die Mutter stark idealisiert wird, erkennt man, den Fortschritt der Psychoanalyse. Solche Idealisierungen würden heutzutage wohl keinem Psychoanalytiker mehr unterlaufen. Mir ist kein Aufsatz Freuds bekannt, in dem Eltern so distanzlos verherrlicht werden. Interessant wäre es auch herauszufinden, wie nachhaltig Hitschmann mit seiner Autorität als Analytiker die frühe Kellerrezeption in Bezug auf die Mutter beeinflusst hat.

98 W. Muschg: „Umriß eines Gottfried Keller-Portraits." In: Ders.: Gestalten und Figuren, Bern 1968.

99 R. Selbmann: Gottfried Keller, S. 11.

diese in den folgenden Jahren stark beeinflusst[100], sodass ich näher auf diese Studien eingehe.

Adolf Muschg möchte mit seinem Portrait Kellers zum besseren Verständnis eines Menschen beitragen, der zwischen 1819 und 1890 gelebt hat. Dessen Leben versteht er als Arbeit: „als Lebensarbeit, Trauerarbeit, literarische Arbeit"[101], und Muschg versucht, einen Zusammenhang zwischen Kellers Leben und seiner literarischen Produktion herzustellen, d.h., er „folgert aus den sogenannten Zufällen der Biographie auf die sogenannte Notwendigkeit der Kunst."[102] Mit seiner Analyse unternimmt er den „Versuch, in der Gestalt eines geschichtlich entfernten Dichters, des Autors des ‚Grünen Heinrich', ein Stück Schöpfungsgeschichte einfangen zu wollen. Oder, um es angemessen nüchtern zu sagen: ein Stück Produktionsgeschichte."[103] Schuld sei das treibende Motiv Kellers und die „psychoanalytische und kritisch-ökonomische Herleitung des Schuldprinzips scheinen unwiderlegbar."[104] Muschg beschäftigt die Frage, wie viel von der Schuld, deren Ursachen sich wechselseitig durchdringen, er zu erhellen vermag, nicht nur in Kellers „unvermittelter Lebensäußerung, sondern in einer speziellen und verschlüsselten: seiner künstlerischen Arbeit."[105]

Eine der Hauptquellen der Schuld gründe im Unbewussten, nämlich in der ödipalen Konfliktlage des Autors, dessen Antrieb zum Leben und Schreiben in nicht verarbeiteten Schuldgefühlen aus dieser Konstellation liege. Ausgehend von Kellers biographischen Daten, sieht Muschg zwei wesentliche Einflüsse, die für die mangelhafte Verarbeitung des Ödipuskonflikts verantwortlich seien: Zum einen den Tod des Vaters, der stirbt, als Keller fünf Jahre alt ist und an dem er sich schuldig fühle, zum anderen die Wiederverheiratung der Mutter zwei Jahre später mit einem Gesellen namens Wild. Von psychoanalytischer Relevanz sei, dass sich der Sohn wegen seines trotzigen Verhaltens gegenüber dem Stiefvater am Scheitern dieser Ehe mitschuldig fühle, während die Mutter sich wiederum wegen ihrer Wiederverheiratung mitschuldig am Schulversagen des pubertierenden Sohnes wähne.[106]

---

100 Vgl. W. Rohe: Roman aus Diskursen. Gottfried Keller: „Der grüne Heinrich" (Erste Fassung; 1854/55), München 1993, S. 1 ff.

101 A. Muschg: Gottfried Keller, S. 11.

102 Ebd., S. 38.

103 Ebd.

104 Ebd., S. 41.

105 Ebd.

106 Vgl. ebd., S. 13 ff.

Andere Quellen der Schuld lägen in den sozialökonomischen Verhältnissen. So habe sich die Mutter Gottfried Kellers aufgrund ihrer halbaristokratischen Herkunft ihres kleinbürgerlichen Standes erhoben und den Sohn Künstler werden lassen. Dieser wiederum habe trotz besseren Wissens die Mutter ausgenutzt, bestohlen, beschwindelt und über seine Verhältnisse gelebt, sodass er zu ihrer Verarmung beitrage, für die er sich verantwortlich glaube.[107]

Weiterhin spricht Muschg aber auch von der „'Schuld im allgemeinen' - jenem Prinzip kollektiver Verdrängung, das Freud als Preis aller, aber im besonderen unserer Zivilisation beschrieben hat; das Max Weber als Leistung früher Neuzeit gesehen hat; als die - aus dem Sündenbewußtsein übersetzte - Voraussetzung ‚primärer Akkumulation'."[108] Die Bildung von Kapital sei an die Lust zur Verschwendung gebunden. Man dürfe aber von den Früchten, die um Gottes und der Menschen willen hervorgebracht würden, nicht naschen. „Mehrwert muß geschaffen, aber er darf nicht genossen werden."[109]

Schuld erwachse außerdem aus dem Gesetz der Kapital- und Industriegesellschaft, die den Wert eines Individuums „von der ökonomischen Bewährung"[110] abhängig mache. Davon habe Keller sich nicht befreien können. Am Schluss müsse all die Schuld gesühnt werden, und zwar durch Kompensation: Kellers politisches Engagement und seine Arbeit im Staatsdienst sei „Ersatz, Ausdruck persönlichen Wertverlusts, ein Opfer"[111].

Auf die sozialökonomische Deutung Muschgs und ihre Forschungstradition gehe ich in meiner Untersuchung nicht ein. Obwohl der gesellschaftliche Kontext wichtig ist, in dem psychische Entwicklung stattfindet, konzentriere ich mich auf die Auseinandersetzung mit den seelischen Prozessen, weil ich hier schwere Interpretationsmängel erkenne.

Gerhard Kaiser orientiert sich bei seinem literaturpsychologischen Vorgehen ausdrücklich an Muschg, geht aber nicht so sehr biographisch, als vielmehr werkorientiert vor.[112] Zudem misst er der sozial-öko-

---

107 Vgl. ebd., S. 16 ff.
108 Ebd., S. 41.
109 Ebd.
110 Ebd., S. 152.
111 Ebd., S. 285.
112 Vgl. G. Kaiser: Gottfried Keller, S. 654.

nomischen Perspektive nicht so eine besondere Bedeutung bei wie Muschg. Kaisers Methode psychologisch-literaturwissenschaftlicher Analyse, die er nicht explizit benennt, weist auf „lacanistische Inspiration hin, während im allgemeinen eine konservativ-ödipale Konzeption der Sozialisation die Basis abzugeben scheint."[113]

Kaiser fragt in seiner Studie nach dem „Verhältnis von Leben und Werk. Was geschieht, indem Leidenserfahrungen Literatur werden? Unter dieser Frage [rekonstruiert er] [...] im Werk das Verfahren der gestaltenden Phantasie."[114] Sein Ziel ist es, den Schreibprozess anschaulich zu machen, sodass der Leser befähigt werde, „die Bewegung des Textes [...] mitzuvollziehen", sodass die Kunst ihre „kathartische Kraft" entfalten könne.[115] Damit steht Kaiser in der Tradition Freuds, wonach der „eigentliche Genuß des Dichtwerkes" in einer „Befreiung von Spannungen in unserer Seele"[116] liege.

Der Auslöser für das Leiden des Autors und seines Romanhelden wird ebenso wie in Muschgs Monographie im frühen Tod des Vaters gesehen, der mit den Tötungswünschen des sich auf dem Höhepunkt der ödipalen Krise befindenden Gottfried/Heinrich zusammenfalle. Dieser Tod „ist geeignet, ein Schuldgefühl zu erzeugen und zu versteinern, das die eigene Existenz des Wünschenden bis zum Grund in Frage stellt. Der die Mutter begehrende Sohn ist durch den Tod des Vaters zum Vatermörder geworden. Er hat in einer Entwicklungsphase gewünscht, als das Wünschen noch geholfen hat, weil in ihr der Übergang von Phantasie und Wirklichkeit nicht scharf gezogen ist. An dieser Schwelle wird Keller lebenslänglich mit einem Fuß stehen."[117] Ebenso folgt Kaiser Muschg in der Einschätzung der Bedeutung der zweiten Ehe Elisabeth Kellers.[118]

Kaiser will aber nicht nur die Biographie Kellers erhellen, sondern darüber hinaus sieht er sie auch als symptomatisch für unsere Zeit. Er stellt fest, dass die Stellung der Väter in der Familie schwächer werde, die bis zur gegenwärtigen vaterlosen Gesellschaft führe.[119]

---

113 R. Böschenstein: Der Schatz unter Schlangen, Euphorion 77, S. 178.
114 G. Kaiser: Gottfried Keller, S. 654.
115 Ebd., S. 654.
116 S. Freud: Der Dichter und das Phantasieren, GW Bd. VII, S. 223.
117 Ebd., S. 45.
118 Vgl. G. Kaiser: Gottfried Keller, S. 45 f.
119 Vgl. ebd., S. 51 und 61.

Beiden Studien gemeinsam ist die Annahme, dass der Wunsch, die Mutter allein zu besitzen, einer „der frühesten und prägenden jeder männlichen Biographie"[120] sei, also auch der Kellers. Dieser Wunsch ziehe den „strafbaren, also schuldbewußten Wunsch nach sich, den Mann, der schon da ist, wegzuhaben". Nach Muschg ist die „Dichtung" [...] ‚unschuldiger', also unreifer; hier erfüllt sich die Phantasie Wünsche, die bei Lichte nicht einmal zu nennen sind."[121] Auch nach Kaiser speise sich die künstlerische Produktivität stark aus dem Unbewussten, im Falle Kellers aus ödipalem Begehren.[122] Mit dieser Auffassung von Literatur stehen sie in der Tradition Freuds, der den literarischen Text in Analogie zum Traum auffasst. Nach den Prinzipien der Traumdeutung „ist jeder Traum die Erfüllung unbewußter, ursprünglich anstößiger Wünsche, die in diesem durch die ‚Traumarbeit' entstellt zum Ausdruck gebracht werden, so daß sie vom Träumer nicht mehr unmittelbar erkannt werden können."[123] Das Kunstwerk sei demnach nichts weiter als die Erfüllung eines ursprünglich verpönten Wunsches, dessen „egoistischer" Charakter durch „Abänderungen und Verhüllungen"[124] gemildert werde.

Die Thesen Muschgs und Kaisers waren bis in jüngst Zeit Ausgangspunkt vieler Veröffentlichungen. Bernd Neumann, der interessante Beobachtungen bei der Analyse von Kellers Liebesbriefen gemacht hat, auf die ich in Kapitel III.2 eingehe, orientiert sich ausdrücklich und vor allem in Bezug auf die Ursache der Schuldgefühle an beiden Studien.[125] Uwe Lemm untersucht unter der Prämisse ödipaler Wünsche die literarische Verarbeitung Kellers Träume.[126] Edda Enayat knüpft zwar an Adolf Muschg an, der eine „dunkle Mutter-Verschuldung"[127] sieht; sie sucht den Ursprung der Leiden des grünen Heinrich aber nicht in der ödipalen, sondern in der oralen Phase, womit sie nicht weit von meinem Erklärungsansatz entfernt zu sein scheint. Kellers Depressi-

---

120 A. Muschg: Gottfried Keller, S. 21.

121 Ebd., S. 21.

122 Vgl. G. Kaiser: Gottfried Keller, S. 172.

123 L. Rühling: Verfahren, S. 485.

124 S. Freud: Der Dichter und das Phantasieren, S. 179.

125 Neumann, Bernd: Gottfried Keller. Eine Einführung in sein Werk, Königstein i. Ts. 1982.

126 U. Lemm: Die literarische Verarbeitung der Träume Gottfried Kellers in seinem Werk, Bern 1982.

127 A. Muschg: Gottfried Keller, S. 384 bzw. S. 97. Meines Erachtens missversteht Enayat Muschg, der damit keine aus einer Vernachlässigung stammende, sondern die ödipale Schuld meint.

onen seien ein Indiz dafür, dass man von frühkindlichen Störungen in der Beziehung zur Mutter ausgehen müsse.[128] Sie mutmaßt, dass Heinrichs Verhältnis zu ihr „während der ersten Lebensmonate sehr glücklich und innig gewesen sein muß"[129], danach müsse es zu Traumen gekommen sein.[130] Immer wieder spekuliert sie über solche Verletzungen, ohne eine dieser Behauptung am Text belegen zu können. Dass die Störungen nicht aus einem Mangel an Zuwendung, sondern gerade aus einem Zuviel an Liebe kommen können, wie meine Arbeit zeigen soll, kommt ihr nicht in den Sinn. Als Ödipus wiederum, so knüpft Enayat an die Forschungstradition an, sei Heinrich erotisch an die Mutter gebunden.[131] Winfried Menninghaus[132], Jochen Hörisch[133] und Jürgen Manthey[134] lassen sich ebenfalls von psychologisch inspirierten Interessen leiten. Thomas Heckendorn untersucht den *Grünen Heinrich* in Anlehnung an Kohuts Narzissmustheorie und bekommt damit Aspekte der Persönlichkeit des Romanprotagonisten in den Blick, die in meiner Untersuchung keine große Rolle spielen.[135]

Die meisten nicht explizit psychoanalytische Studien stellen bis in jüngste Zeit Muschgs und Kaisers Ergebnisse trotz der Kritik Rainer Würgaus[136] grundsätzlich nicht infrage. Dazu zählen Anne Brenner[137],

128 Vgl. E. Enayat: Gottfried Keller: Der grüne Heinrich. Versuch einer literaturpsychologischen Werkanalyse, Freiburg i. Br. 1985, S. XIII.

129 Ebd., S. 39.

130 Vgl. ebd., S. 39 ff.

131 Vgl. ebd., S. 168 ff.

132 W. Menninghaus: Artistische Schrift. Studien zur Kompositionskunst Gottfried Kellers, Frankfurt a. M. 1982.

133 J. Hörisch: Gott Geld und Glück. Zur Logik der Liebe in den Bildungsromanen Goethes, Kellers und Thomas Manns, Frankfurt a. M. 1983.

134 J. Manthey: Wenn Blicke zeugen könnten. Eine psychohistorische Studie über das Sehen in Literatur und Philosophie, München 1983.

135 Th. Heckendorn: Die Problematik des Selbst in Gottfried Kellers Grünem Heinrich, Bern 1989. Er bewertet die Symbiose mit der Mutter positiv. Sie sei „Quell von Heinrichs Einbildungskraft, der Ausgangspunkt seines künstlerischen Weges der Selbstentfaltung". S. 154. Damit hat er nur den Nutzen des Lesers im Sinn, nicht jedoch die Folgen der Symbiose für das Leben des Erzählers.

136 R. Würgau: Der Scheidungsprozeß von Gottfried Kellers Mutter. Thesen gegen Adolf Muschg und Gerhard Kaiser, Tübingen 1994.

137 Vgl. A. Brenner: Leseräume. Untersuchungen zu Lektüreverfahren und -funktionen in Gottfried Kellers Roman „Der grüne Heinrich", Würzburg 2000, S. 11.

Caroline von Loewenich[138] und Daniel Rothenbühler[139], auf deren Studien ich im Verlaufe dieser Arbeit noch eingehen werde.

### I.3.2 Kritik an Muschg und Kaiser

Einen kritischen Aufsatz zu Adolf Muschgs Portrait hat es schon früh gegeben; bereits 1983 hat Renate Voris die Literaturwissenschaft in einem hellsichtigen Aufsatz auf Muschgs mangelnde Distanz zu Gottfried Keller aufmerksam gemacht. Ausgangspunkt ihrer Beobachtungen ist Sigmund Freuds Kritik an Biographen im Allgemeinen; in Anlehnung an diesen erkennt sie, „daß Biographen in ganz eigentümlicher Weise an ihren Helden fixiert sind."[140] Folglich könne es passieren, dass „durch das Aufschreiben der Geschichte des ‚Anderen' [...] die eigene Geschichte bewältigt"[141] werde und dass der Biograph dabei sein Objekt entweder idealisiere oder degradiere, sodass eine Objektivität verhindert werde.[142] Voris versucht zu beweisen, „daß Adolf Muschg in seiner Biographie fixiert ist auf Gottfried Keller in einer ihm ganz eigentümlichen Weise".[143] Sie will zeigen, „daß die Fixierung Muschgs auf Keller durch die Konstitution der Sache selbst determiniert ist, daß jedoch durch diese Fixierung Muschgs ein Bild von Keller geschaffen wird, das in den Details viel über Keller, mehr noch über Muschg aussagt."[144] Sie kommt zu dem Ergebnis, dass dessen Texte - nicht nur die Keller-Biographie, sondern auch seine Romane, Erzählungen und Stücke - „von teils ungeheuerlichen Schuldgefühlen [...] [bewegt werden,] die sich manifestieren einmal in der Unsicherheit des Subjekts, ihre Herkunft zu definieren und zum anderen im Versuch, diese Unsicherheit zu kaschieren durch die Strategie des ununterbrochenen (monologischen) Redens. Dieses Verhalten charakterisiert auch das Keller-Buch."[145]

---

138 C. von Loewenich: Gottfried Keller. Frauenbild und Frauengestalten im erzählerischen Werk, Würzburg 2000, S. 8 bzw. 12 f.

139 Vgl. D. Rothenbühler: „Der grüne Heinrich 1854/55. Gottfried Kellers Romankunst des „Unbekannt-bekannten", Bern 2002, S. 297.

140 S. Freud: Eine Kindheitserinnerung des Leonardo da Vinci (1910), in: GW VIII, S. 152.

141 R. Voris: Biographie - Roman - Autobiographie. Adolf Muschgs *Gottfried Keller*, in: Jahrbuch der deutschen Schillergesellschaft 27, 1983, S. 283.

142 Vgl. ebd., S. 284.

143 Ebd., S. 286.

144 Ebd.

145 Ebd., S. 300.

Erhellend ist es, die Auseinandersetzung Voris' mit Muschg vor dem Hintergrund einer „Analyse des Lesers als Gegenübertragungsanalyse"[146] zu betrachten. Die psychoanalytische Rezeptionstheorie untersucht die emotionalen Reaktionen des Lesers auf einen Text, die „vor dem Hintergrund der jeweiligen psychischen Lebensgeschichte, den jeweils durchlittenen Traumata, deren Verarbeitung und den sich daraus ergebenden Charakterstrukturen stattfinden."[147] Die emotionalen Reaktionen des Lesers werden in Anlehnung an entsprechende Phänomene im therapeutischen Prozess als „Gegenübertragung" gedeutet, worunter ursprünglich die Reaktion des Therapeuten auf die „Übertragung" des Patienten verstanden wird. „Als Übertragung bezeichnet man das Phänomen, daß dem Therapeuten durch den Patienten eine bestimmte Kommunikationsrolle zugeschrieben wird, die aus der Wahrnehmung des Therapeuten durch den Patienten resultiert und von dessen unbewußten infantilen Phantasien und Fixierungen geprägt ist; der Patient wiederholt also mit bezug auf den Therapeuten bestimmte Interaktionsmuster"[148], die aus seiner eigenen Kindheit stammen. „Die Gegenübertragung des Therapeuten kann nun ihrerseits auf eigenen unbewußten Gefühlen und Wünschen basieren, die durch infantile Phantasien und Fixierungen des Therapeuten geprägt sind."[149] In der Lehranalyse lernt der Analytiker sein Unbewusstes kennen, sodass er weniger von ihm beherrscht wird. In der therapeutischen Situation mit dem Klienten beobachtet er „seine Gegenübertragung auf den Analysanden und versucht, aus ihr zu erschließen, welche Rolle der Analysand ihm in dieser Szene zuweist. Er muß also seine eigenen Regungen beobachten, sich selbst analysieren. Und er muß seine eigenen Regungen, auch wenn sie ihm unangenehm sind, aushalten, um sie als Hinweise des Analysanden zu nutzen."[150] Meines Erachtens wird damit deutlich, warum selbst Psychoanalytiker das Phänomen der Gegenübertragung lange verdrängt haben, wie „dies so oft bei unwillkommenen Dingen der Fall ist".[151]

Wenn man also Übertragung und Gegenübertragung auf die Rezeptionssituation eines literarischen Werks bezieht, ist es notwendig, sich als Interpret einer Gegenübertragungsanalyse und -kontrolle zu unter-

146 L. Rühling: Verfahren, S. 483.
147 Ebd.
148 Ebd., S. 484.
149 Ebd.
150 C. Pietzcker: Lesend interpretieren, S. 14.
151 R. Spitz: Übertragung und Gegenübertragung, in: A. Mitscherlich (Hg.): Entfaltung der Psychoanalyse, Stuttgart 1966, S. 63.

ziehen. Bei mangelnder Kontrolle der eigenen Gegenübertragung besteht die Gefahr, dass die Analyse des Textes von den eigenen infantilen Phantasien und Fixierungen geprägt ist.[152] Möglicherweise ist sich Muschg dieser Gegenübertragungen nicht bewusst gewesen, was sich aber nur verifizieren ließe, wenn er auf den Aufsatz von Voris reagiert hätte, was er meines Wissen jedoch nicht getan hat. Muschgs Gegenübertragung stellte also „eine unangemessene Form der emotionalen Reaktion"[153] dar, sodass die Überbetonung der Schuldproblematik des Romans vielleicht als Projektionen anzusehen sind, die eher „eine Aussage über den Interpreten als eine über das Interpretandum"[154] zulassen. Was bliebe dann noch vom Keller-Bild Muschgs übrig?

Ob die Kellerrezeption im Allgemeinen in Bezug auf Elisabeth Lee durch eine mangelnde Reflexion der Gegenübertragung gekennzeichnet ist, soll an anderer Stelle diskutiert werden, wenn es um die Idealisierung der Romanmutter geht (Kapitel II.4).

Zu Zweifeln am Kellerbild Muschgs und Kaisers kam es vor allem durch Rainer Würgaus Veröffentlichung. Nach Selbmanns Einschätzung lassen Würgaus Fakten, „die meisten der aufsteigenden psychoanalytischen Seifenblasen der Interpretation platzen."[155] Würgau wies durch Gerichtsprotokolle nach, dass Elisabeth Keller, obwohl sie durch das langwierige Scheidungsverfahren acht Jahre mit ihrem zweiten Mann, dem acht Jahre jüngeren Gesellen Hans Heinrich Wild, verheiratet war, weniger als ein Dreivierteljahr mit diesem unter einem Dach gelebt hat,[156] sodass diese Quelle dauernder ödipaler Wut versiegt. Als Verfechter der klassischen Psychoanalyse könnte man jedoch erwidern, dass immer noch die erfüllten Tötungswünsche Kellers gegenüber seinem leiblichen Vater bestehen blieben und dass es letztlich nicht darauf ankomme, wie lange die ödipale Lebenssituation nach der zweiten Ehe der Mutter bestanden habe. Diese Auseinandersetzung würde jedoch nicht weiterführen. Sinnvoller scheint es zu sein, Muschg und Kaiser am Romantext zu widerlegen.

Die Reste der „zerplatzten Seifenblasen" der Portraits Muschgs und Kaisers sind auf einem sehr soliden Fundament gelandet, das Selb-

152 Vgl. L. Rühling, Verfahren, S. 484 f.
153 Ebd., S. 484.
154 W. Schönau/J. Pfeiffer: Einführung, S. 101.
155 R. Selbmann: Gottfried Keller, S. 17.
156 Vgl. R. Würgau: Der Scheidungsprozeß, S. 74.

mann in seinem Forschungsbericht gelegt hat; auf diesem baut die vorliegende Untersuchung auf.

Das Hauptproblem der Interpretationen Muschgs und Kaisers und aller in dieser Deutungstradition stehenden Arbeiten liegt meines Erachtens darin, dass sie, wenn sie von einer engen Mutterbindung oder sogar von einer Symbiose sprechen, damit vor allem auf die aus Freuds triebtheoretischem Modell abgeleitete erotische Bindung an die Mutter rekurrieren. Ganz explizit wird somit der Sohn zum „Mutterschläfer"[157] gemacht, oder das Mutterbett wird zur „Krone des Lebens"[158] erhoben. Folglich wird die Heimkehr Gottfrieds/Heinrichs zur Mutter nach seinem Scheitern als Künstler, die immer wieder mit dem triebtheoretisch verstandenen Begriff „Regression" beschrieben wird, als größtes Glück des Heimkehrers interpretiert. Im Grunde genommen steckt hinter dieser Annahme ein idealisiertes Mutterbild, auch wenn beispielsweise in den Texten Muschgs und Kaisers die mütterliche Erziehung immer wieder kritisch kommentiert wird.[159] Muschg verrät diese Idealisierung in Formulierungen wie „Kellers erste Liebe, die mütterliche, im Kern durch keine andere gleichen Werts ablösbar [...]".[160] An anderer Stelle heißt es, Keller veröffentliche diskret, „was Söhne an Mütter bindet"[161]. Diese Idealisierung führt vermutlich dazu, dass die im Roman deutlich werdenden Aggressionen gegen die Mutter überlesen werden.

Auch wenn diese Idealisierung Elisabeth Lees in einigen Studien nicht festzustellen ist und die sie umgebende Todessphäre tatsächlich erkannt wird, verhindert die Einbindung in die triebtheoretische Deutungstradition die Wahrnehmung ihrer Lebensfeindlichkeit als Aggression des Erzählers. Caroline von Loewenich erkennt zum Beispiel teilweise die „abgründige Seite" des Mutterbildes im *Grünen Heinrich*: „Mutterliebe und Mutterbindung werden nicht idealisiert, sondern der Dichter versucht ihre Problematik zu erfassen und aufzudecken."[162] Das Lebensfeindliche der Mutter leitet sie aus deren individuellen An-

157 G. Kaiser: Gottfried Keller, S. 53.
158 A. Muschg: Gottfried Keller, S. 46.
159 Stark emotional beteiligt, urteilt Würgau über Muschg und Kaiser sogar, sie würden mit ihr „ins Gericht" gehen. R. Würgau: Der Scheidungsprozeß, S. 5.
160 A. Muschg: Gottfried Keller, S. 77.
161 G. Kaiser: Gottfried Keller, S. 172.
162 Vgl. C. von Loewenich: Gottfried Keller, S. 13.

lagen und calvinistischen Einflüssen ab.[163] Sicherlich kann man den Roman in Bezug auf das Mutterbild realistisch lesen; die Erkenntnis, dass die Romanmutter aber auch Projektionsfläche der Aggressionen des Erzählers ist, wird verhindert, wenn man die Mutterbindung erotisch versteht. In dieser Untersuchung wird im Übrigen auch von Loewenichs These, dass Keller die Ablösung von der Mutter während der Ausarbeitung der ersten Fassung des Romans gelungen sei und er die „symbiotische Enge" zu seiner Mutter überwunden habe,[164] infrage gestellt.

Weiterhin wird in den auf den Ödipuskomplex zurückgreifenden Studien das Scheitern der Versuche Gottfrieds/Heinrichs, Beziehungen zu anderen Frauen einzugehen, stereotyp darin gesehen, dass sie als Mutter- oder Schwesterfiguren dem Verbot begehrt zu werden unterlägen oder dass die Triebgebundenheit an die Mutter dominanter sei. Kellers Frauenbild muss jedoch differenzierter betrachtet werden (siehe Kapitel II.6).

Was hat die Literaturwissenschaft an den psychoanalytischen Studien wohl so beeindruckt, dass ihre Thesen zwar stellenweise modifiziert, aber weitgehend akzeptiert wurden? Faszinierend sind zum Beispiel Beobachtungen, die den Kleinwuchs Gottfried Kellers aus der ödipalen Konfliktlage herleiten. Das Zusammenleben mit dem zweiten Ehemann der Mutter habe dazu geführt, dass Kellers Wachstum gehemmt geblieben sei. Die „Zwergengestalt" sei eine Schutzhaltung gegen den Trieb. Die Kleinheit des erwachsenen Keller erscheine wie das Resultat eines tragischen Kompromisses: „kindlich genug bleiben zu wollen, um ‚versorgt' zu sein gegen die Zumutung der Sexualität; groß genug

163 Vgl. ebd., S. 20 f. In diesem Zusammenhang charakterisiert sie die Beziehung Heinrichs zur Mutter während seiner Kindheit: Zwischen Mutter und Sohn unterbleibe „jeder Austausch von Zärtlichkeiten, wie er als natürlicher Ausdruck der emotionalen Bindung zwischen Mutter und Kind angemessen wäre. [...] Die fehlende emotionale Nähe der Mutter zum Sohn und das Defizit an natürlicher Herzlichkeit tragen dann dazu bei, die Kommunikation zwischen Mutter und Sohn zu erschweren, und führen zu der Erstarrung in der Sprachlosigkeit [...]". Ebd., S. 24. Solche Behauptungen sind äußerst spekulativ, zumal sie nicht am Text belegt werden können. Der grüne Heinrich zeigt keine Zärtlichkeiten bei seinem Aufbruch in die Kunststadt. Er unterdrückt sie in dieser Situation, weil er sich von der Mutter lösen will (siehe Kapitel II.3).

164 Vgl. ebd., S. 14 f.

zu werden, um ihre Kränkung vergelten zu können; am Ende besser, kräftiger, männlicher zu vergelten als durch Rache."[165]

Würgau hat inzwischen unter Hinweis auf medizinische Erkenntnisse auf die organischen Ursachen der Wachstumshemmungen hingewiesen und damit solch blühende Phantasien entkräftet.[166] Zudem ist bis heute unklar, wie groß Keller wirklich war bzw. muss man seine Körpergröße vor dem Durchschnittsmaß im 19. Jahrhundert betrachten, sodass die Abweichung vom Normalmaß offenbar gar nicht so groß war.[167] Ob die Körpergröße tatsächlich ein Problem für den Autor war, wissen wir nicht, „der grüne Heinrich ist davon nicht betroffen."[168]

Als weiteres Beispiel für verblüffende Beobachtungen mag die tiefenpsychologische Herleitung Kellers politischer Ansichten herhalten. Die „Spur des ‚Gesellen' [des zweiten Ehemanns]" verfolgt Muschg bis in den politischen Meinungswandel des Dichters, d. h., Muschg leitet dessen politischen Ansichten aus der ödipalen Familienkonstellation her. Keller gebe seine frühe radikale, demokratische Position auf, die von Vaterseite, also von Hans Rudolf Keller, durch dessen künstlerisches, politisches und soziales Engagement vorbereitet gewesen sei, weil sie - so mutmaßt er - die Position des von Gleichheits- und Brüderlichkeitsvisionen beherrschten Gesellen gewesen sei.[169] Ohne Belege anführen zu können, werden dem Gesellen offenbar aufgrund seiner Klassenlage Egalitätsgedanken zugeordnet. „Dem legitimen Radikalen in Vater-Gestalt war der illegitime gefolgt und hatte, mit der Mutter-Quelle, auch ein Stück Vatererbe trübe gemacht."[170] An der Spaltung seines Demokratieglaubens habe Keller lebenslang zu tragen gehabt.[171] Das sind verblüffende Erkenntnisse oder intellektuelles Spiel, von dem man sich beeindrucken lassen kann oder auch nicht. Vielleicht sind solche Spekulationen ein Grund dafür, dass die psychoanalytische Literaturinterpretation mit manchmal „wilder Analyse"[172] in Verruf gekommen ist.

---

165 A. Muschg: Gottfried Keller, S. 31.
166 Vgl. R. Würgau: Der Scheidungsprozess, S. 11 ff.
167 Vgl. http://www.gottfriedkeller.ch/frameset.htm, 20.9.2004.
168 R. Selbmann: Gottfried Keller, S. 21.
169 Vgl. A. Muschg: Gottfried Keller, S. 45.
170 Ebd., S. 46.
171 Vgl. ebd.
172 W. Schönau/J. Pfeiffer: Einführung, S. 76.

## I.4 Der autobiographische Roman und seine beiden Fassungen

### I.4.1 Zum autobiographischen Charakter des *Grünen Heinrich*

*Der grüne Heinrich* wird dem Genre des autobiographischen Romans zugeordnet, d. h., er wird zwischen Fiktion und Autobiographie angesiedelt. Das Verhältnis beider Kategorien zueinander hat Annegret Heitmann untersucht. Sie fragt nach dem vermeintlichen Wahrheitsanspruch der Gattung Autobiographie und ihrer Literarizität und stellt fest, dass das traditionelle Autobiographie-Verständnis durch die Problematisierung des Erinnerungsvermögens - es handelt sich bei diesen Texten immer um retrospektive Darstellungen - und der harmonischen Individualität infrage gestellt werde.[173] Der positivistische Wahrheitsbegriff sei obsolet geworden, und sie widmet sich in ihren methodischen Betrachtungen Texten, in denen der Spielraum der Gattung erprobt wird. Für das „Spiel mit der Wahrheit" in solchen Texten könne man nicht mit der moralischen Kategorie der Lüge operieren, sondern müsse nach den „innertextuellen Gründen" dafür fragen.[174] Sie kommt zu dem Ergebnis, dass - auch wenn es die objektive Wahrheit nicht gebe - in der Autobiographie immer, zumindest teilweise ein Authentizitätsanspruch enthalten sei, den sie „Referentialität" nennt .[175]

In dieser Untersuchung gehe ich - wie auch Heitmann und Detering in ihren Studien - von einem steuernden Autorbewusstsein aus und strebe danach, auch wenn es „die" Wahrheit nicht gibt, Kellers Intentionen im *Grünen Heinrich* zu rekonstruieren. Bei der Suche nach dem textproduzierenden Subjekt wende ich mich zunächst den Aussagen des Autors zum autobiographischen Charakter des Romans zu. Dabei stütze ich mich auf Selbmann, der die Frage, ob das im Roman Erzählte autobiographisch ist, nach einer detaillierten Analyse von Kellers Selbstzeugnissen eingehend behandelt hat. Er geht zunächst einmal davon aus, dass Kellers widersprüchliche Aussagen zum autobiographischen Charakter seines Romans gegenüber seinem Verleger Vieweg, seinem Freund Ferdinand Freiligrath, dem Literaturkritiker Hettner und der

173 Vgl. A. Heitmann: Selbst schreiben, S. 41 f.

174 Vgl. ebd., S. 45.

175 Vgl. ebd., S. 46. Die Autobiographie zeichnet sich aus durch „eine besondere epische Referentialität, ein zwar nicht eindeutig geklärtes, aber doch spezielles Verhältnis zur Wirklichkeit, das sie von der Fiktion - zunächst einmal - unterscheidet". Die „Referentialität" gehört zu sechs Kategorien, mit der sie die Gattung Autobiographie bestimmt. Vgl. ebd., S. 43.

Mutter bzw. Schwester „adressatenbezogen waren und das Interesse eines Publikums von großer Bandbreite wecken sollten."[176] Etwas zurückhaltender sollte Selbmann allerdings urteilen, wenn er Kellers Aussage zum Roman gegenüber dem Verleger Vieweg, dass wohl keine Seite darin sei, „welche nicht gelebt und empfunden worden ist" (an Vieweg, 3. Mai 1850), obwohl Keller außer ein paar Niederschriften „so gut wie nichts zu Papier gebracht hat", als „grandiosen Schwindel"[177] entlarvt. Kann man nicht davon ausgehen, dass der Autor seinen Roman, die Auseinandersetzung mit seinem Scheitern, schon lange im Kopf hatte, bevor er tatsächlich verfasst war? Offenbar zeichnete sich Keller durch ein hohes Maß an kreativer Intelligenz aus, die von einer besonderen Gedächtnisleistung begleitet war; darin unterscheidet er sich von seinen Mitmenschen. Bereits 1843 schreibt er in sein Tagebuch:

> *„Ich habe zwar mir das ganze Bild in seinen Umrissen und mit seinen Lokalfarben ziemlich treu bewahrt, und wenn ich einst aus mir selbst heraustreten, und als ein zweites Ich mein ursprüngliches eigenes Ich in seinem Herzkämmerlein aufstören und betrachten, wenn ich meine Jugendgeschichte schreiben wollte, so würde mir dies, ungeachtet ich bis jetzt nie ein Tagebuch führte, [...] dennoch ziemlich gelingen." (VII, 638)*

Auch über das Schreiben von Tagebüchern äußert Keller sich ähnlich; nach seinem Verständnis kann man auch schreiben, ohne wirklich zu schreiben: „[...] er [ein Tagebuchschreiber] habe es nur in den Kopf oder auf Papier geschrieben" (Tagebuch vom 8. Juli 1943). Damit ist, das sei zugestanden, einem Verleger allerdings noch nicht gedient. Vermutlich hatte Keller sich nur bei der schnellen Umsetzung seiner Ideen getäuscht. Auffällig an den Briefen, das sei hier schon einmal angemerkt, dass Keller gerade der Mutter und Schwester gegenüber die „Liebesgeschichten" als „gar nicht wahr" darstellt (an Mutter und Schwester, 10. April 1854).

Nach Selbmann gibt es neben zahlreichen Selbstäußerungen des Autors, die den autobiographischen Charakter bezeugten, ebenso viele, die das Gegenteil belegen könnten, sodass er schließlich zu folgendem Ergebnis kommt: „Trotz begründeter Zweifel am autobiographischen Charakter des Romans war der *Grüne Heinrich* tatsächlich tief in Kel-

---

176 R. Selbmann: Gottfried Keller, S. 15.
177 Ebd., S. 13.

lers Lebensgeschichte verwurzelt"[178], und er schließt mit Bezug auf Kaiser, dass Keller zweifellos aus seiner Biographie einen Roman gemacht und umgekehrt durch seinen Roman sich eine Biographie zurechtgeschrieben hat. „Aber wie genau?", fragt er und belässt es bei der Beantwortung der Frage bei der allgemeinen Feststellung, dass der Roman „dem Schwellenraum zwischen tatsächlichem Leben der Gegenwart der Erinnerung an Erlebtes und einer fingierten Romanhandlung dauerhaft und schmerzhaft eingeschrieben [bleibt]."[179] Das Wechselspiel zwischen einer - wie es in Kellers Vorwort zum Roman heißt - „wahr empfundenen und mannigfach bewegten Mitteilung" des Biographischen und dem „Genuß eines reinen und meisterhaften Kunstwerkes" (8) sei spannungsdynamisch und entstehungsgeschichtlich zugleich zu lesen; es sei seine Struktur.[180]

Meines Erachtens lässt sich genauer bestimmen, wie Identitätserfahrung in Schrift umgesetzt wird. Mit der Wahl des Namens des stellvertretend-symbolischen Heinrich Lee beginnt die fiktionalisierende Einkleidung, die Ästhetisierung des Textes. Das „Spiel mit der Wahrheit" enthält verschiedene Fiktionalisierungsgrade, die es zu rekonstruieren gilt. Im Großen und Ganzen zeichnet sich der Roman durch das Streben nach größtmöglicher „Wahrheit" aus; „wahr empfunden" sind vor allem Körpergefühle, das inneres Erleben, das durch Bindungsängste beherrscht wird, und bestimmte Abwehrmechanismen. Möglicherweise kann man sich doch der „autobiographische[n] Tiefenstaffelung des Romans"[181] weiter nähern.[182] Allerdings gehe ich davon aus, dass das Leiden des Autors aus anderen Quellen stammt, als Muschg vermutet.

Ausgehend von der tiefen Verwurzelung des *Grünen Heinrich* in der Lebensgeschichte des Autors, gilt es, Kellers im Roman entworfenen Vorstellungen von menschlicher Sozialisation, die Hauptgegenstand

178 Ebd., S. 15.

179 Ebd., S. 16.

180 Vgl. ebd., S. 17. Ähnlich auch: „In der Tat durchdringen sich im ‚Grünen Heinrich' Autobiographie und Roman [...] so innig und komplex, wie vielleicht in keinem zweiten Roman der Weltliteratur." B. Neumann: Gottfried Keller, S. 32.

181 G. Kaiser: Gottfried Keller, S. 42.

182 Rohes Einwand, dass die „Instanzen der Konstruktion" des Romans nicht „in der Autorpsyche [liegen], sondern in zeitgenössischen Wissensdiskursen, mit denen der ‚Grüne Heinrich' einen Dialog führt", bildet die Gegenposition. W. Rohe: Roman aus Diskursen, S. 4.

der Analyse sein sollen, zu rekonstruieren. Der Fortschritt unseres psychologischen Wissens - das schließt auch die Analyse der Reaktionen des Lesers ein - führt dazu, dass wir manches, was Keller nicht in Begriffe fassen konnte, heute besser verstehen und wir das textproduzierende Subjekt besser kennen, als es sich selbst begreift. Zwar gilt Kaisers These: „die Dichter stellen [...] weithin dar, was die Psychoanalyse auf den Begriff bringt“[183], aber die Psychoanalyse hat noch ganz andere Termini als die, mit der sie die ödipale Entwicklung beschreibt. Mit meiner Studie soll aufs Neue ein Versuch unternommen werden, das im Roman Erzählte zu entschlüsseln, was im Grunde genommen nicht so schwer ist, denn Kellers Terminologie ist sehr „modern“. Wolfgang Rohe hat durch seine Untersuchung der „wissenschaftlichen Situation der Psychologie um 1850“ festgestellt, dass Keller bei der Umkreisung seiner Lebensproblematik eine eigene Psychologie entwickeln musste:

> *„Der ‚Grüne Heinrich‘ entgeht dem Mangel seiner Zeit [dem kaum entwickelten psychologischen Diskurs], indem er zwischen romantischer Metaphorik und naturwissenschaftlich-psychologischer Reduktion eine eigene Psychologie entwickelt. Diese ist ungleich ‚moderner‘, d. h. einem heutigen Wissen angemessener, als sie es, im Sinne des zeitgenössischen Materials entworfen, je hätte sein können. Kellers Mangel an ‚Hülfsmitteln‘ (an Hermann Hettner vom 18. Mai 1855) erweist sich so als Glücksfall.“*[184]

Vieles im Roman Erzählte lässt sich daher unschwer in psychologische Begriffe übersetzen. Wie sehr Keller die Darstellung gelungen schien, bezeugen schon Zeitgenossen, so der Anatom Jakob Henle, der von Kellers Verleger Vieweg ein Exemplar des *Grünen Heinrich* erhalten hatte: „Ich kenne kein Buch, welches die Vorgänge in einer Kinderseele so nach dem Leben schildert, wie dies. Es sind ganz neue Quellen angezapft“.[185]

Keller ist - bis hin zur Behandlung des Schuldkomplexes - eine erstaunlich offene Darstellung der Entwicklung seines Alter Ego, des grünen Heinrich, gelungen, sodass ich weitgehend mit Würgaus Kritik an Muschg übereinstimme, welcher das erzählerische Werk Kellers eine „Dauerleistung des Verhüllens und Verschweigens“[186] nennt. Wür-

183 G. Kaiser: Gottfried Keller, S. 114.

184 W. Rohe: Roman aus Diskursen, S. 208.

185 Jakob Henle zitiert nach Henle, Emma: Aus Gottfried Kellers Heidelberger Zeit, in: Heidelberger Neueste Nachrichten vom 8. 8. 1922. Zitiert nach ebd.

186 A. Muschg: Gottfried Keller, S. 43.

gau dagegen urteilt: „Das ist es gerade nicht, [...] Kellers Schweigen ist nicht Resultat einer Verdrängung, sondern Ausdruck eines sein ganzes Leben und Werk durchziehendes hellwachen Nachdenkens über das Schicksal seiner Mutter im Zusammenhang mit dem eigenen."[187] Dass Keller vermutlich gar nicht viel verhüllt und verschwiegen hat, wird vor allem bei der Behandlung der Verarbeitung der Schuldgefühle, die den Erzähler und den Autor belasteten, deutlich werden (Kapitel II.3). Meines Erachtens bestätigt sich in Keller auch das Menschenbild des amerikanischen Psychoanalytikers Carl Rogers[188], der die Auffassung Freuds ablehnt, dass sich der neurotische Patient verzweifelt den Bemühungen des Analytikers widersetze, das Unbewusste zu enthüllen. Der Klient werde nicht durch angsterzeugende Triebkräfte motiviert, sondern durch ein gesundes Bedürfnis nach Selbstachtung, das man nur begleiten müsse.[189] Wenn man voraussetzt, dass das Schreiben eine ähnliche Funktion wie eine Psychoanalyse haben kann, wird dieses Menschenbild an einer wichtigen Textstelle des *Grünen Heinrich* bestätigt, die nicht nur eine außergewöhnlich hohe Introspektionsfähigkeit, sondern auch eine Offenheit in Bezug auf die Schuldfrage beweist, die ich in meiner Untersuchung noch ausführlich behandeln werde. Als sich der grüne Heinrich nach seinem Scheitern in der Kunststadt auf dem Heimweg zur Mutter befindet, beobachtet er einen Waldhüter, der seine Aggressionen gegen ein zufällig vorübergehendes altes Mütterchen richtet und gewaltsam an ihm herumzerrt (vgl. 677); dadurch angeregt, reflektiert Heinrich den Unterschied zwischen jenem und sich selbst. Offenbar existiert in ihm ebenfalls der Wunsch, die Mutter für sein Scheitern verantwortlich zu machen und zu bestrafen, sodass er sich selbstkritisch fragt, „ob er eigentlich von Grund aus eine Neigung zum Wahren oder zu dessen Gegenteil habe; denn ohne die Liebe zur Wahrheit und Aufrichtigkeit ist die Eitelkeit in allen Fällen

187 R. Würgau: Der Scheidungsprozess, S. 38. Dass Würgau und andere Germanisten die Offenheit in Bezug auf die Mutter nicht erkannt haben, wird in Kapitel II.3 gezeigt werden.

188 Meine Interpretation lehnt sich, wie in der Einleitung betont, an Rogers therapeutisches Verfahren der klientzentrierten Gesprächstherapie an, den Patienten zu „begleiten", die Suche voranzutreiben, indem man dicht an dessen Ausgesagtem bleibt und sich mit Deutungen zurückhält.

189 Vgl. C. Rogers: Eine Theorie, S. 5 ff. Vielleicht traten die Widerstände gegen den Erfolg der Analyse in Freuds Sitzungen immer dann zutage, wenn er seinen Patienten, von triebtheoretischen Vorstellungen beeinflusst, ödipale Wünsche unterstellte. Die endlos lange Dauer und der mangelnde Erfolg der klassischen Psychotherapie wurde schon oft kritisiert und könnte seine Ursache in solchen unangemessenen Deutungen haben. Vgl. dazu auch A. Miller: Du sollst.

ein schädliches Laster." Er stellt ernsthaft fest, im Unterschied zu jenem Waldhüter „aufrichtig um das Wahre bekümmert zu sein" (681 ff.). In der Auseinandersetzung mit der „Schuldfrage" werden demgegenüber andere Fiktionalisierungsgrade deutlich. Der Roman enthält Elemente fiktionalisierender Verkleidung, von Camouflage. Camouflieren musste Keller im *Grünen Heinrich* die Aggressionen gegen die Mutter, um nicht gegen das Gebot der Elternliebe zu verstoßen. Als oberste Zensurbehörde fungierte das strenge Über-Ich des Autors. Enttarnen oder verstehen durfte sein Geheimnis niemand. Gottfried Keller blieb mit seiner vermeintlichen Andersartigkeit und Fremdheit allein.[190]

### I.4.2 Zu den beiden Fassungen des *Grünen Heinrich*

Als Interpretationsgrundlage dient vorwiegend die erste Fassung des *Grünen Heinrich* von 1854/55, die Keller, nachdem er den Roman umgearbeitet hatte, nicht mehr aufgelegt haben wollte. Auffällig ist der starke emotionale Aufwand, mit dem Keller sich für die zweite Fassung seines Romans von 1879/80 stark macht: „Die Hand möge verdorren, welche je die alte Fassung wieder zum Abdruck bringt"[191], soll er geäußert haben. Außerdem verbrannte der Autor im Winter 1879/80 über hundert Exemplare von Band 1 bis 3,[192] und Marie Frisch teilte er mit, dass er sich in der Situation fühle, „wie wenn man im Garten einen alten Mops begräbt und es kommen nächtlicher Weise die Nachbarn, graben ihn wieder heraus und legen das arme Scheusal einem vor die Haustüre [...]" (an Marie Frisch, 21. November 1880).[193] Obwohl es sachliche Gründe geben mag, die in der Konstruktion des Romans zu suchen sind,[194] muss diese starke Abwehr gegen die erste Fassung Verdacht erregen. Dass sie „mit solcher Leidenschaft [...] verworfen wird"[195] bemerkte schon der Psychoanalytiker Eduard Hitschmann,

190 Darin liegt ein wesentlicher Unterschied zu den von Detering im *Offenen Geheimnis* untersuchten Schriftstellern, die immer zumindest einen Menschen hatten, mit dem sie das Geheimnis ihres homoerotischen Begehrens teilen konnten, der die Camouflage erkennen sollte.

191 Vgl. J. Baechtold: Gottfried Kellers Leben, Bd. 2, Berlin 1894, S. 54.

192 Vgl. E. Ermatinger: Gottfried Kellers Leben, Zürich 1950, S. 521.

193 Gesammelte Briefe, hg. von Carl Helbling. 4 Bde., Berlin 1950-1954. Nach dieser Ausgabe wird aus den Briefen unter Angabe von Empfänger und Datum zitiert.

194 Vgl. D. Rothenbühler: Der grüne Heinrich, S. 11 ff.

195 E. Hitschmann: Gottfried Keller, S. 9. Er folgerte bereits, dass die ästhetisch-literarischen Bedenken nur Nebenmotive zur Umarbeitung waren. Vgl. ebd.

und auch Selbmann ist diesbezüglich misstrauisch: Auch wenn entscheidende Anstöße zur Umarbeitung des *Grünen Heinrich* vom Literaturhistoriker Emil Kuh und vom Verleger Ferdinand Weibert gekommen seien, habe Keller nach der Fertigstellung der zweiten Fassung alles getan, um die erste Fassung vergessen zu machen.[196] Vor allem die „philologische Methode", mit denen „die Herren Germanisten sich auf die Literatur der Lebenden zu werfen beliebten" (an Rodenberg, 2. Dezember 1880) sei ihm zuwider gewesen. Kellers Abscheu habe sich gegen die junge positivistische Literaturwissenschaft gerichtet, die den Text auf die Durchsichtigkeit für die Lebensgeschichte des Autors hin gelesen habe. Vor allem richtete sie sich gegen „die Schule des Prof. Wilhelm Scherer, welcher uns arme Lebende historisch-realistisch behandelt und mit saurer Mühe überall nur Erlebtes ausspürt und mehr davon wissen will, als man selbst weiß etc." (an Marie Frisch, 13. August 1882).[197] Keller wollte nicht zum „Beutestück"[198] werden.

Eine Arbeit, die ein psychologisches Erkenntnisinteresse verfolgt, sollte versuchen, die Gründe für die vehemente Abkehr von der ersten Fassung zu erhellen. Sie ist darüber hinaus interessanter, weil sie die „ungeschminkte Selbstaussage" und somit „den Reiz der unmittelbaren, ungeglätteten und natürlichen Aussage"[199] enthält. Das Verhältnis zwischen dem Erzähler und dem Helden des Romans von 1854/55 beschreibt Selbmann pointiert:

> *„In der ersten Fassung war der Zeitabstand zwischen Erleben und Erzählen zu gering, als dass eine echte Abnabelung des Erzählers vom Helden hätte stattfinden können. Die Distanz zu Heinrich wirkte aufgesetzt, hart und ungerecht oder schlug gelegentlich in eine Identifikation mit schlechtem Gewissen um, als gelte es, die Bitterkeit des eigenen Erlebens masochistisch auszukosten."*[200]

Diese Charakterisierung lässt sich auch auf den Autor und seinen Protagonisten ausweiten. Keller versuchte, durch Schreiben seine Konflikte zu verarbeiten. Neben den gescheiterten Liebesbeziehungen belastete ihn vor allem die ambivalente Beziehung zur Mutter und die

196 Vgl. R. Selbmann: Gottfried Keller, S. 135 f.
197 Vgl. ebd., S. 136 f.
198 K. Jeziorkowski: Literarität und Historismus. Beobachtungen zu ihrer Erscheinungsform im 19. Jahrhundert am Beispiel Gottfried Kellers, Heidelberg 1979, S. 179.
199 R. Selbmann: Gottfried Keller, S. 137.
200 Ebd., S. 138 f.

damit einhergehenden Aggressionen gegen sie. Auf dem Höhepunkt seines Leidens, als die erste Fassung entstand, hat er unverhüllter dargestellt als in der zweiten Fassung, die er als Sechzigjähriger mit mehr Distanz zu sich überarbeitete. Schreiben als Therapie spielte im fortgeschrittenen Alter offenbar keine Rolle mehr, sodass die Ansprüche des Lesepublikum und der Kunstcharakter des Romans wichtiger werden: „Im Alter, mit Blick auf die Veränderungen des Romans in der zweiten Fassung, betont Keller stärker die Kunstleistung zu Lasten des eigenen Erlebens, zumeist im spaßigen Tonfall [...]“[201].

Unwohlsein müssen dem Autor vor allem die in die erste Fassung eingearbeiteten Aggressionen gegen die Mutter bereitet haben. Sie sollten nicht entdeckt werden! Kellers Angst war berechtigt, dass die „Herren Germanisten“ ihm eines Tages auf die Spur kommen. „Denn der primäre Impuls des schaffenden Subjekts ist der Wunsch nach Kommunikation mit einem realen oder phantasierten Objekt nicht der Wunsch, Objekt einer Analyse zu werden. Der Dichter will gehört, nicht durchschaut werden.“[202] Die zweite Fassung ziehe ich vor allem heran, um zu zeigen, dass Keller nicht nur mit der Streichung der berühmten Nacktbadeszene Judiths „Spurenverwischung“[203] beging.

## I.5 Kellers Selbstexploration

### I.5.1 Der Einfluss Hegels auf den Roman

Zum Ursprung der Leiden des grünen Heinrich findet man, wenn man den Vorstellungen des Autors bzw. Erzählers vom Sozialisationsprozess folgt, die im „Geheimnis aller Erziehung“ verraten werden. Diese pädagogischen Ideen, die im *Grünen Heinrich* entfaltet sind, scheinen mit Hegels Bestimmungen des Individual- und Entwicklungsromans, dessen Forderungen Keller offenbar kannte, im Zusammenhang zu stehen. Selbmann fand heraus, dass Keller in seinen Darlegungen zum Roman, die für seinen Verleger, den Hegelianer Hettner, bestimmt waren, Hegelsche Begriffe mehrfach und gesteigert verwendete. „Keller übersetzte sein Exposé so sehr in den Jargon der Hegelschen Philosophie, dass es von deren Zentralbegriffen [...] nur so wimmelte.“[204] In seiner Argumentation folgte Keller „fast wörtlich Hegels Bestim-

201 Ebd., S. 17.
202 W. Schönau/J. Pfeiffer: Einführung, S. 35.
203 G. Kaiser: Gottfried Keller, S. 90.
204 R. Selbmann: Gottfried Keller, S. 14.

mungen des Individual- und Entwicklungsromans".[205] Danach stehe der Held mit seinen „subjektiven Zwecken der bestehenden Ordnung und Prosa der Wirklichkeit" gegenüber; das „Ende solcher Lehrjahre besteht darin, daß sich das Subjekt *die Hörner abläuft* [Hervorhebung CT], mit seinem Wünschen und Meinen sich in die bestehenden Verhältnisse und die Vernünftigkeit derselben hineinbildet, [...] zuletzt bekommt er meistens doch sein Mädchen und irgendeine Stellung [und] [...] heiratet"; das Subjekt muss in diesem Prozess die „nötige Korrektion erfahren"[206].

Selbmann zweifelt nicht daran, dass sich „der Autor Keller wie auch sein Held Heinrich Lee an einem Lebensentwurf, der am Bildungsroman-Paradigma ausgerichtet ist, [orientierte]."[207] In seiner Studie sucht Selbmann „nach Leitbildern [für Heinrich], die an das Modell des Bildungsromans gemahnen," und er kommt zu dem Ergebnis, dass all diese Figuren „neben dem Identifikationspotential große Schattenseiten [haben] oder in zu fragwürdiger Beleuchtung [erscheinen], als dass sie für den Helden mehr sein könnten als vage Orientierungsmarken auf Zeit."[208] Wenn man wie Selbmann nach Identifikationsfiguren sucht, die ein Ich konstituieren, richtet man sein Augenmerk auf andere Aspekte[209], als wenn man - was in dieser Arbeit geschehen soll - den Prozess beobachtet, der deutlich macht, ob das Individuum sich tatsächlich „die Hörner abläuft". Dabei wird gefragt, was mit einer Romanfigur passiert, der von außen kaum Widerstände gesetzt werden oder - um es mit Kellers im Roman benutzten begrifflichem Äquivalent auszudrücken - der es an „Reibung"[210] (261) fehlt. Im *Grünen Heinrich* wird von den Folgen solchen Mangels erzählt.

---

205 Ebd.

206 G. F. W. Hegel: Vorlesungen über die Ästhetik (Theorie-Werkausgabe), Bd. 2, Frankfurt a. M. 1970, S. 219 ff.

207 R. Selbmann: Gottfried Keller, S. 27.

208 Ebd., S. 28.

209 Selbmann stellt fest, dass Heinrich vergeblich nach Leitbildern sucht, sodass es zu keiner stufenweisen Persönlichkeitsentwicklung kommt. Vgl. ebd., S. 27 f.

210 Interessant ist, dass Selbmann bei der Wiedergabe Hegels Ideen diesen Terminus benutzt: Der Held „reibe" sich an der Wirklichkeit. Ebd., S. 14. In Bezug auf Heinrichs Beziehung zu Römer spricht Selbmann auch von „Reibungswiderstand". Ebd., S. 29. Möglicherweise unterschätzt er die Bedeutung des Begriffs und ist sich nicht bewusst, dass der Erzähler des Romans den Terminus mehrfach benutzt.

### I.5.2 Kellers Spiel mit den Namen

Einen ersten Zugang zur Vorstellungswelt des Autors findet man im Namen des Protagonisten. Dass Heinrich sich nicht die „Hörner" ablaufen konnte, macht der Familienname Lee deutlich. Mit diesem Namen, der in der Nautik die dem Wind abgekehrte Seite bezeichnet[211], bringt sein Schöpfer das Lebensproblem seines Protagonisten - hervorgerufen durch den übermäßigen Schutz der Mutter und die daraus folgende mangelnde Auseinandersetzung mit der Außenwelt - auf den Punkt. Wer immer auf der windgeschützten Lee-Seite hockt oder sich „nach dem immerwährenden Mißlingen" des „Zusammentreffens mit der übrigen Welt" auf diese zurückzieht, entwickelt zwar eine „ungebührliche Selbstbeschauung und Eigenliebe" (180), die einen zum Künstler mit außergewöhnlichen Fähigkeiten zur Selbstreflexion werden lässt; aber nur wenn man auch den Stürmen des Lebens ausgesetzt ist, wird man „weltklug" (619) oder, um im Bild zu bleiben, ein lebenstüchtiger und kraftvoller „Seefahrer". Nur dann entwickelt man Ich-Stärke. Heinrichs Reisen auf dem Meer des Lebens - der Erzähler bezeichnet sie bitter-ironisch als „närrische Odysseen [...] im neunzehnten Jahrhundert christlicher Zeitrechnung" (686), als er vorübergehend bei Dorothea, seiner Nausikaa, strandet - enden folglich mit einem Schiffbruch, der ihn in der ersten Fassung des Romans - unter noch zu klärenden Umständen - umkommen und in der zweiten Fassung - schwer angeschlagen - überleben lässt.[212] Die Auseinandersetzung mit der Frage, warum Heinrich so ein lebensuntüchtiger „Seefahrer" geworden ist, hat den Autor in seinem autobiographischen Roman beschäftigt. Dort sucht er nach dem „Geheimnis aller Erziehung" (267) und umkreist immer wieder die Folgen der Vaterlosigkeit und vor allem die Beziehung zur Mutter. Das Gefühl, im Windschatten der Mutter groß geworden zu sein und wenig Grenzen gesetzt bekommen zu haben, an denen sich sein Ich hätte abarbeiten können, kommt dem entgegen, was ich in dieser Untersuchung unter Symbiose verstehe.

---

211 Zur Namensgebung und zu Kellers ursprünglichen Namensalternativen vgl. D. Rothenbühler: Der grüne Heinrich, S. 23 ff. Auch R. Selbmann erkennt die Bedeutung des Namens: „der Held mit dem sprechenden Namen"; er lässt sich allerdings nicht näher darüber aus. Vgl. Selbmann: Gottfried Keller, S. 19.

212 H. Wysling: Und immer wieder kehrt Odysseus heim. Das „Fabelhafte" bei Gottfried Keller, in: H. W. (Hg.): Gottfried Keller. Elf Essays zu seinem Werk, München/Zürich 1990, S. 151, widmet dem Odysseus-Motiv einen Aufsatz, der die Heimkehr Heinrichs idealisiert: Der Protagonist habe „keinen sehnlicheren Wunsch als heimzugelangen", „sich mit der geliebten Mutter" zu vereinigen.

Im Vornamen des Protagonisten, der ebenfalls Anlass zu Spekulationen gibt,[213] scheinen sich dessen Lebensprobleme gleichfalls zu spiegeln. Heinrich leitet sich einerseits vom alt- bzw. mittelhochdeutschen „hagan", „hagen" oder auch von „Hain" her; damit bezeichnet man den umfriedeten Platz,[214] „den kleinen, gehegten und gut gepflegten lustwald."[215] Diese Bedeutung korrespondiert mit dem im Windschatten der Mutter Segelnden. Die zweite Silbe des Vornamens hat seinen Ursprung im althochdeutschen „rihhi", was reich, mächtig bedeutet; damit wird das Lebensgefühl des in der Symbiose lebenden Kindes ausgedrückt: als „hoffnungsreichen und enthusiastischen Jüngling" (13) sieht sich Heinrich „über den Rhein" ziehen.

Andererseits weist der Vorname auch auf „Freund Hein" hin. Diese scherzhafte Benennung wurde gegen Ende des 18. Jahrhunderts sehr populär; sie steht für den Tod.[216] Diese Herleitung zeugt von Kellers Fähigkeit zur Selbstironie. Die Verbindung des Namens mit dem Tod spiegelt das Lebensgefühl Heinrichs wider, das in der Begegnung mit Dorothea durch die Verse des Angelus Silesius ausgedrückt wird:

> *„Blüh auf, gefrorner Christ! Der Mai ist vor der Tür:*
> *Du bleibest ewig tot, blühst du nicht jetzt und hier."* (729)

Heinrich ist ein „gefrorner Christ", dessen Angst vor der Verschmelzung mit dem anderen Ich durch Verhärtungsmetaphern zum Ausdruck gebracht wird. Da ihm diese Verschmelzung nicht gelingt, hat er das Gefühl, nicht zu leben. Die innerliche Erstarrung und Versteinerung bei Versuchen, Beziehungen aufzunehmen, ist das mütterliche Erbe: Elisabeth Lee ist in der ersten Fassung des Romans eine „née Hartmann" (220); sie trägt die Verhärtung bereits im Namen. Der Geburtsname, der nur einmal im Roman erwähnt wird und ein völlig nebensächliches Detail darzustellen scheint, erhält somit eine ungeahnte Bedeutung.

Mit dem Spiel der Namen wird bereits Heinrichs Lebensprogramm umschrieben. Kellers Gewissheit über den künftigen Titel des Romans,

---

213 Rothenbühler zieht Parallelen zu literarischen Vorbildern. Vgl. D. Rothenbühler: Der grüne Heinrich, S. 24 ff.

214 Vgl. Duden: Das Herkunftswörterbuch, 3. völlig neu bearbeitete und erweiterte Auflage, Mannheim 2001, S. 311.

215 Deutsches Wörterbuch von Jacob und Wilhelm Grimm, Bd. 10, S. 174.

216 Vgl. ebd., S. 886.

lange bevor er mit der Arbeit daran begann,[217] deutet auf eine tiefere Bedeutung der Namen hin. Die hierzu aufgestellten Thesen werden in dieser Untersuchung immer wieder belegt.

### I.5.3 Die Fadenmetaphorik des Romans

Einen weiteren wichtigen Zugang zu „Kellers Psychologie" bietet die „Fadenmetaphorik", mit der im Roman Beziehungsstrukturen und Bindungen - in der Alltagssprache lässt sich diese Metaphorik gleichfalls beobachten - sinnbildlich dargestellt werden. Selbmann erkennt ihre Bedeutung und weist in seiner Abhandlung auf verschiedene Fäden und Bänder hin, die zwischen Heinrich und anderen Romanfiguren geknüpft sind, ohne allerdings einen Zusammenhang zwischen Fäden, die Heinrich mit dem Vater, der Mutter, früheren Generationen, Frauen, anderen Künstlern, der Kunst bzw. toten Schriftstellern verbinden, herzustellen. Fäden symbolisieren im *Grünen Heinrich,* das soll diese Studie belegen, sowohl einfache als auch komplexere Beziehungsstrukturen.

Dass diese Fäden in den Vorstellungen des Erzählers einen Zusammenhang bilden, wird besonders deutlich, als vom Einfluss Goethes auf den grünen Heinrich erzählt wird. Der Protagonist kehrt eines Tages aus dem mütterlichen Dorf zurück und entdeckt auf seinem „Lotterbettchen" einen Stoß Bücher, Goethes sämtliche Werke; diese werden „durch eine starke vielfache Schnur zusammengehalten, wie nur *eine Frau* [Hervorhebung CT] oder ein Trödler etwas zusammenbinden kann." (389) Im Konzept des Erzählers wird Frauen - besonders vermutlich Müttern und Frauen, die man liebt - eine starke Bindungskraft zugeschrieben. Aber auch durch die Lektüre kann eine besondere Bindung an einen Schriftsteller entstehen, und Identifikationen während des Lesens beeinflussen die Ich-Entwicklung. In den Werken Goethes, in denen Heinrich dreißig Tage versinkt, stecken „die goldenen Früchte des achtzigjährigen Lebens [...] [und sie] verbreiten sich über das Ruhebett und fielen über dessen Rand auf den Boden, daß ich alle Hände voll zu tun hatte, den Reichtum zusammenzuhalten." (390) Goethes Lebenserfahrungen beeinflussen den grünen Heinrich in seiner Entwicklung besonders:

> *„Der unbekannte Tote [Goethe] schritt fast durch alle Beschäftigungen und Anregungen und überall zog er angeknüpfte Fäden*

217 Vgl. D. Rothenbühler: Der grüne Heinrich, S. 25 f.

*an sich, deren Enden nur in seiner unsichtbaren Hand verschwanden." (390)*

Wie das Ende einer Beziehung zu einem Menschen stellt auch der Verlust der Bücher, die der Trödler eines Tages wieder abholt, weil Heinrich sie nicht bezahlen kann, eine Trennungserfahrung dar, die mit depressiven Empfindungen verbunden ist; nachdem der Händler die Stube verlassen hat, erscheint sie dem Helden „still und leer", sodass er sich „wie in einem Grab" (390 f.) fühlt.

In den Vorstellungen des Erzählers bestehen klare und einfache Beziehungsstrukturen zum verstorbenen Vater, nach dessen Tod sich der grüne Heinrich durch eine „goldene Lebensschnur" (63) definiert, deren Anfang niemand kennt. Vom Vater in den „schwachen Händen" des Sohnes „zurückgelassen", findet sie dort ihr Ende. Den Ursprung dieser Schnur versucht der Erzähler zu ergründen. Die Jugendgeschichte beginnt damit, dass die väterliche Lebenslinie zurückverfolgt wird. Ihr Ursprung lässt sich aber nicht mehr festmachen, weil sich in den Chroniken nur noch „schwache Spuren" (48) finden. Die Reflexionen über seine Abstammung führen den Erzähler zu dem „kleine[n] Gottesacker", dessen Erde „buchstäblich aus den aufgelösten Gebeinen der vorübergegangenen Geschlechter" besteht, „es ist unmöglich, daß bis zur Tiefe von zehn Fuß ein Körnlein sei, welches nicht seine Wanderung durch den menschlichen Organismus gemacht und einst die übrige Erde mit umgraben geholfen hat." (48) In dem Boden findet man ferner - hier wird die Beschreibung mit textiler Metaphorik fortgesetzt - „die derbe Leinwand der Grabhemden, welche auf diesen Fluren wuchs [...] und also gut zur Familie gehört" (49). Auf dieser Erde wächst „das grünste Gras [...], und die Rosen nebst Jasmin wuchern in göttlicher Unordnung und Überfülle" (49). Grab und „Blumenwald" lassen sich nicht mehr unterscheiden, und „nur der Totengräber kennt genau die Grenze in diesem Wirrsal, wo das frisch umzugrabende Gebiet anfängt." (49) Irgendwann verliert sich die Bestimmbarkeit der Lebenslinien.

Wenn es aber um lebende Personen geht, werden die Beziehungen komplizierter, folglich gibt es auch keine geraden, einzelnen Fäden und Schnüre mehr, sondern es entstehen Fadengeflechte, es wird gewebt, genäht und gesponnen. Die Bedeutung der „Fadenmetaphorik" wird in einer für den Protagonisten wichtigen Szene evident, als er sich nach dem Abschied von der Mutter im Postwagen auf dem Weg nach München befindet. Die Trennung von der Mutter ist deshalb so schmerzhaft, weil die gemeinsamen Fäden untrennbar „durchwebt“ sind, ein Ich lässt sich kaum vom anderen unterscheiden:

> *„So spekulierte Heinrich in der Finsternis seines Postwagens; er vergaß indessen eine Hauptsache, nämlich daß seine anständigen und unanständigen Leiden manchmal so durcheinander gemischt und mit Schuld und Unschuld so durchwebt sind, daß ein eigener Linné nötig wäre, sie einzureihen, und gerade für den Ästhetiker könnten bei unvorsichtigem Aufräumen die seltensten Exemplare verloren gehen.“ (31)*

Diese Fäden, die in ähnlicher Metaphorik auch zu Gestrüpp oder zu dem von Seeschlangen gefesselten Laokoon mutieren, werden in dieser Untersuchung immer wieder aufgenommen. Dass der Faden, der sich über Generationen hinweg entspinnt, in Heinrichs „schwachen Händen“ (63) endet und nicht weiter abgewickelt wird, deutet erneut darauf hin, dass der Held keine Entwicklung durchläuft.

# II Analyse des Romans

## II.1 Das „Geheimnis aller Erziehung“ - die Aufrechterhaltung der symbiotischen Beziehung und die Folgen für die Ich-Entwicklung Heinrichs

### II.1.1 „sich tüchtig in der Reibung mit anderen üben“ - vom Mangel an Widerständen

In der Untersuchung der Beziehungsstrukturen und -probleme Heinrichs werde ich vor allem auf die Mutter und ihre Erziehung, die von unbewussten Bindungswünschen beherrscht wird, eingehen und zeigen, dass durch sie sein Lebensweg wesentlich bestimmt wird. Der Tod des Vaters, dessen Verlust sicher schmerzhaft war und der Sehnsüchte auslöst, hat gewiss eine Bedeutung, aber nicht die, die ihm die Interpreten im Gefolge des Ödipus zuweisen, die in den Tötungswünschen des Sohnes eine Quelle seiner Schuldgefühle sehen.

In der Auseinandersetzung mit Habersaat, Heinrichs erstem unfähigen Lehrmeister, weiht der Erzähler den Leser in das „Geheimnis aller Erziehung“ (267) ein. Heinrich soll lernen, „nach der Natur“ zu malen. Er lässt allerdings seiner ausschweifenden Phantasie freien Lauf und bringt nur „Fratzen von Felsen und Bäumen“ hervor, die er als naturgetreu wiedergegeben ausgibt (266). Schon bald darauf schöpft der Meister Verdacht, doch er „bemerkte nicht viel hierüber, sondern ließ mich meine Wege gehen“, sodass der Ich-Erzähler Habersaat kritisiert, dem

> *„einerseits das frische junge Gemüt mangelte, um dem Gedankengange und den Ränken meines Treibens nachzuspüren und mich darüber zu ertappen, und andererseits die völlige Überlegenheit des eigenen Wissens. Diese beiden Vermögen bilden ja das Geheimnis aller Erziehung: unverwischte lebendige Jugendlichkeit und Kindlichkeit, welche allein die Jugend kennt und durchdringt, und die sichere Überlegenheit der Person in allen Fällen. Eines kann oft das andere zur Notdurft ersetzen, wo aber beide fehlen, da ist die Jugend eine verschlossene Muschel in der Hand des Lehrers […]“ (267).*

In moderner Terminologie würde man feststellen, dass es Habersaat an Empathie mangelt und ihm die Fähigkeit fehlt, aus seiner Überlegenheit heraus Grenzen zu setzen bzw. Widerstände zu bieten. In seinem „Geheimnis“ fordert der Erzähler ein einfühlsames Lenken durch den überlegenen Erzieher. Seine Kritik richtet sich somit gegen Habersaats grenzenloses Gewährenlassen; damit wird verhindert, dass sich Heinrich „die Hörner abläuft“.

Die Wichtigkeit der Grenzsetzung bei der Erziehung betont auch Edith Jacobson, die eine dem Entwicklungsstand des Kindes angemessene Befriedigung und Versagung von Bedürfnissen für notwendig hält, um die Ich-Entwicklung, d. h. die innere und äußere Realitätsprüfung und die Entwicklung von Objektbeziehungen voranzutreiben.[218] Versagungen von Habersaat wären folglich zur Entwicklung des Realitätssinnes des Protagonisten nötig. Auch wenn dieses Erziehungsprinzip im Bereich sekundärer Sozialisation entwickelt wird, umkreist der Erzähler damit immer wieder Heinrichs Entwicklung von der Kindheit bis zum Aufenthalt beim Grafen und die anderer Personen des Romans, zum Beispiel Meretleins, auf das ich unten eingehen werde.

In Habersaats Werkstatt hat Heinrich nach seinem Schulausschluss und seinem Rückzug von der Welt wieder Kontakt zu anderen Menschen. Auch wenn man dort „unaufgefordert nicht sprechen durfte“ (258) und alle voneinander abgegrenzt in der Reihe sitzen mussten, sodass man „dem Hintermanne den Rücken zukehren, dem Vordermann ins Genick sah“ (253)[219], lebt Heinrich dort „in Eintracht und Schelmerei mit [s]einen jungen Genossen“ (261). Er bewundert die Ehefrau Habersaats, „eine zungenfertige und streitbare Dame“, die häufig in das Refektorium kommt und den Saal aus Spaß zum „Schauplatz heißentbrannter Kämpfe“ und Streitigkeiten werden lässt, „in welche nicht selten die ganze Mannschaft verwickelt wurde“ (261). Heinrich „machte allen Unfug getreulich und lebhaft mit, weil [er][...] des Umgangs und der Mitteilung bedurfte“, und rechtfertigt seine Teilnahme an den Spielen vor allem aus einem Grund:

> „*[...] indessen der innere edlere Teil des Menschen unentwickelt blieb, übte sich wenigstens der äußere tüchtig in der* Reibung *mit anderen, in Verteidigung und Angriff, und streifte viel Unbeholfenheit und* weichliches Wesen *ab; zugleich lernte ich meine Ne-*

218 Vgl. E. Jacobson: Das Selbst und die Welt der Objekte, Frankfurt a.M., S. 72 f. und 116 f.

219 Die Abgegrenztheit der einzelnen Individuen scheint den in der Symbiose lebenden Ich-Erzähler ebenso zu faszinieren wie später die militärische Ordnung, als er seinen Militärdienst ableisten muss (vgl. 462).

*benmenschen und dadurch mich selbst besser kennen und bereicherte meine Erfahrung [...]" (261, Hervorhebungen CT).*

Der Terminus „Reibung" spielt in den Vorstellungen des Erzählers eine zentrale Rolle. Durch „Reibung an den Mitmenschen" wird die „Eitelkeit" (679) oder die Selbstbezogenheit des Menschen umgewandelt, sodass er zu einem sozialen Wesen wird. Reibung ist das Äquivalent zu Hegels Hörnern, die sich das Individuum ablaufen muss. In obiger Textpassage ist der Begriff wohl so verstehen, dass Heinrich den Wunsch hat, Grenzen gesetzt oder Widerstände geboten zu bekommen, an denen er sich abarbeiten kann und die zur Stärkung des Ich und einem nicht-„weichlichen" Körpergefühl führen. Nur wenn es „Reibung" gibt, möchte man den Gedanken des Erzählers aufnehmen, kommt „etwas Schwungvolles" in das ganze Wesen und man strahlt „innere Wärme und Begeisterung" (54) aus. So wird nämlich der erfolgreiche Vater beschrieben, der ein sturmerprobter und kraftstrotzender „Seefahrer" war. Auch an anderer Stelle des Romans werden Gedanken zur Reibung und zu Körpergefühlen wieder aufgenommen, und als Kontrastfigur zu Heinrich wird der borghesische Fechter eingeführt, mit dem der Protagonist sich nach dem Scheitern seiner Beziehungswünsche auf dem Künstlerfest intensiv beschäftigt. Der Fechter hat sich in „Verteidigung und Angriff" geübt, sodass er zu einem „kraftvoll" wirkenden, „Leben" ausstrahlenden Mann geworden ist (566).

In seiner Selbstbeobachtung während der Szene bei Habersaat macht der Ich-Erzähler schon einen sehr reifen, distanzierten Eindruck. Kann man sogar von einer Identität zum Autor ausgehen, der mit diesen genauen Beobachtungen sein Körpergefühl - sein „weichliches Wesen" (261) - zum Ausdruck bringt und auf den grünen Heinrich projiziert? In diesem Punkt wäre der Roman autobiographisch. Ob die äußere Handlung ebenfalls autobiographisch ist, ob die Frau des Meisters - hinter Habersaat verbirgt sich Peter Steiger, sein erster Lehrer, der Keller im Malen unterrichtete - beispielsweise genau so aufgetreten ist oder ob sie fiktional gestaltet wurde, um die Vorstellung von der Wichtigkeit der „Reibung" zu gestalten, spielt dann nur noch eine unwesentliche Rolle.

Gedanken zum Verhältnis von Versagen und Gewährenlassen des Educanden legt der Erzähler der Mutter bei der Abreise des Sohnes in die deutsche Kunststadt in den Sinn, die sie allerdings nicht ausspricht. Ihr

Problem, dem Sohn Ermahnungen in Bezug auf seinen neuen Lebensabschnitt zu erteilen - eine Aufgabe, die sie der väterlichen Erziehungspflicht zuordnet (19) -, mündet in erwarteten Schwierigkeiten zukünftiger Anforderungen: „[...] wenn das arme Kind nicht zurecht kommt, wie werde ich die Sorge mit dem gehörigen klugen Ernst vereinigen können?“ (19) Als Heinrich später nicht zurechtkommt, sorgt sich die Mutter grenzenlos und kann ihre sich selbst gestellte Aufgabe nicht erfüllen. Warum das „Geheimnis aller Erziehung“ nicht explizit auf die mütterliche Erziehungspraxis angewendet wird, hängt mit Heinrichs Aggressionshemmung und der Schuldfrage zusammen, die in Kapitel II.3 untersucht wird. In der zweiten Fassung wird ihr Versagen durch einen abgeklärten Erzähler offen und direkt ausgesprochen. Im Brieffragment, das Heinrich nach seiner Rückkehr findet, gesteht sie ihren Fehler ein, der darin besteht, dem Sohn keine Grenzen gesetzt zu haben:

> *„Wenn es nun Gott wirklich geschehen läßt, daß mein Sohn unglücklich werden und ein irrendes Leben führen sollte, so tritt die Frage an mich heran, ob nicht mich, seine Mutter, die Verschuldung trifft, insofern ich es in meiner Unwissenheit an einer festen Erziehung habe mangeln lassen und das Kind einer zu schrankenlosen Freiheit und Willkür anheimgestellt habe. Hätte ich nicht suchen sollen, daß unter Mitwirkung Erfahrener einiger Zwang angewendet [...] wurde [...]?“ (VI, 299)*[220]

### II.1.1.1 Beim Essen I und II

An verschiedenen Situationen aus Heinrichs Kindheit wird ersichtlich, dass er sich nicht die Hörner ablaufen konnte, dass es ihm an Versagungen bzw. Widerständen, an denen sich sein Ich hätte abarbeiten können, gefehlt hat. Seine Verselbstständigung wird durch den übermäßigen Schutz der Mutter bzw. ihren Bindungswunsch verhindert und die symbiotische Beziehung wird aufrechterhalten. Als Kritik an der Erziehungspraxis der Mutter, die „lieber auf Gespräch und Unterhaltung dachte als auf ein genaues Erziehungssystem“ (73), ist die Szene zu sehen, in der Heinrich das nüchterne Mittagsmahl der Mutter nicht essen mag. Da Kinder gegenüber Eltern im Allgemeinen versuchen, ihre Grenzen zu erfahren, „reizte“ es auch Heinrich, sich mit der

220 Zitate aus der zweiten Fassung sind mit römischer Ziffer des Bandes und arabischer Seitenzahl der Ausgabe: Gottfried Keller. Sämtliche Werke. Historisch-kritische Ausgabe, hg. von Jonas Fränkel und Carl Helbig, 22 Bde., Erlenbach-Zürich und München 1926-1948, versehen.

Mutter auseinanderzusetzen, und er beginnt, „scharfe Kritik [an der faden Mahlzeit] zu üben“ (73). Auch wenn Heinrich die Selbstanklage vorausschickt, dass ihm „undankbarer Weise“ die Speisen überall besser schmeckten als zu Hause, kritisiert er ihre Reaktion: „[...] sie [wies] mich nicht kurz und strafend zur Ruhe“, wodurch sie ihm eindeutige Grenzen setzen würde, sondern sie produziert Schuldgefühle: Die Mutter gibt ihm zu verstehen, dass er „vielleicht eines Tages froh sein würde, an ihrem Tische zu sitzen und zu essen; dann werde sie aber nicht mehr da sein.“ (73) Heinrich ist in solchen Situationen „jedesmal gerührt und von einem geheimen Grauen ergriffen und so für einmal geschlagen. [...] [Er] versank in Nachdenken [über Gott]“ (73 f.). So entsteht die drückende „Schwüle“ (112), die später beschrieben wird, welche ein Beziehungsgeflecht entstehen lässt, das es unmöglich macht, das eine Ich vom anderen zu unterscheiden. Auffällig und belastend für ein Kind ist auch, dass die Mutter ihre Belehrung mit dem Hinweis auf ihren Tod verquickt - ein Mittel, das sie - und ebenfalls Elisabeth Keller (siehe Kapitel III.1) - auch später immer wieder anwendet. Verständlich wird, warum sich der Erzähler wünscht, „kurz und strafend“ (73) zurechtgewiesen zu werden; das deformiert die Seele nicht.

Wenig später soll Heinrich lernen, das Tischgebet zu sprechen. Da er sich aber sträubt, laut zu beten, versucht die Mutter ihn dazu zu zwingen, indem sie ihm das Essen verweigert. Die Mutter kann sich aber nicht durchsetzen, und „es war ganz still in der Stube.“ (74). Als er sich weigert, an diesem und am darauffolgenden Tag das Gebet zu sprechen, will die Mutter ihn strafen, indem sie droht, ihm das Essen so lange vorzuenthalten, bis er beten würde. Die Mutter möchte zwar Grenzen setzen, hält allerdings diese Rolle nicht durch, was der Sohn sofort spürt: „Meine Mutter aber blieb sitzen und tat so, als ob sie essen würde, obgleich sie es nicht konnte [...]“ (75). Das Leiden des Sohnes und die Vorstellung, ihn ohne Mahlzeit zur Schule gehen zu lassen, führen dazu, dass sie selbst keinen Bissen hinunter bekommt. Sie lässt Heinrich schließlich gewähren, schiebt ihm, „indem sie sich die Augen wischte, als ob ein Stäubchen darin wäre“ (75) das Essen zu und bezichtigt ihn des Eigensinns. Heinrich empfindet den Gegensatz zur Mutter ebenfalls als „düstere Spannung, wie [er] [...] sie noch nie gefühlt hatte und die [ihm] [...] das Herz beklemmte.“ (75), aber nachdem der Konflikt gelöst ist, indem er seinen Willen durchgesetzt hat, fühlt er eine „glückliche Befreiung und Versöhnung“ (75). Es herrscht Windstille, die Symbiose mit der Mutter funktioniert.

### II.1.1.2 Die Meretlein-Novelle

Grenzenloses Gewährenlassen ist aus der Sicht des Erzählers in gleicher Weise zu kritisieren wie das Austreiben jeglichen Eigensinns, das Versagen aller Wünsche des Kindes. Daher wird als Kontrastfigur das „Hexenkind" Meretlein, das hundert Jahre früher gelebt hat, eingeführt und das wie der Protagonist des Romans eine Abneigung gegen Gebet und Gottesdienst zeigt.[221] Die Meretlein-Novelle wird direkt im Anschluss an die Szene eingefügt, in der Heinrich sich gegen die Mutter durchsetzt. Der Erzähler erwähnt auch, dass er an die Essenszene mit der Mutter durch die Geschichte Merets während eines Besuchs im mütterlichen Heimatdorf erinnert wurde. Somit ist eine Fährte zur Mutter gelegt; auffällig ist, „dass das Martyrium Meretleins im selben Pfarrhaus spielt, in dem auch Heinrichs Mutter aufgewachsen ist"[222]. Aus diesem scheint nichts Gutes zu erwachsen! Diese Spur wird aber sofort wieder verwischt. Der Leser soll bloß nicht auf den Gedanken kommen, dass die Mutter mit ihrer extrem gegensätzlichen Erziehung kritisiert werden könnte. Die Aufnahme der Novelle in sein Jugendbuch motiviert der Erzähler aus einem anderen Grund, nämlich damit, dass er sie „ihres seltsamen Inhaltes wegen abgeschrieben [habe] [...], da sie sonst [seiner Erinnerung] verloren gehen würde." (77) Diese Begründung überzeugt kaum.

In der Novelle wird der Pfarrer mit seinen Erziehungsvorstellungen vorgeführt, was man im doppelten Sinn des Wortes verstehen sollte. Ihm wird die Aufgabe zugewiesen, das Kind einer „Correktion" (77) zu unterziehen. In bornierter Selbstgerechtigkeit wehrt er dabei alle Versuche ab, Meret Zuwendung zukommen zu lassen. Für wen Heinrich während dieser Misshandlung Sympathie hegt, daran besteht kein Zweifel. Beim Betrachten ihres Gemäldes hat er „eine unwillkürliche Sehnsucht, das lebendige Kind zu sehen, ihm schmeicheln und es küssen zu dürfen" (77) gespürt. Mit diesem Eingeständnis des Erzählers, in dem kein erotisches Begehren, sondern Mitgefühl steckt, werden gleichzeitig alle diejenigen zurechtgewiesen, die Merets Verhalten missdeuten und in ihr eine Hexe sehen. Die Ursache für das auffällige Verhalten des Mädchens, so vermutet der Erzähler, liegt offenbar darin, dass es „aus einer unglücklichen ersten Ehe [stammte] und [...] sonst schon ein Stein des Anstoßen sein [mochte]" (77), womit er sich

221 Einen Überblick zum Forschungsstand gibt D. Rothenbühler: Der grüne Heinrich, S. 171 ff.

222 Ebd., S. 172.

sehr „modern“ zeigt. Nicht nur für Heinrich gilt, „daß die Kindheit schon ein Vorspiel des ganzen Lebens ist“ (176).

Während der „Correktion“ durch den Pfarrer, die durch körperliche Züchtigung, eine Hungerkur u. ä. geprägt ist, kommt es immer wieder zu Versuchen der Dorfbewohner, Meret fürsorglich zu behandeln. Empathisch erweisen sich dabei der junge Müllerhans und der junge Schulmeister, die durch das alltägliche Schreien und Heulen Merets Mitleid empfinden. Dem Maler, der das Portrait des Kindes anfertigt, fällt auf, dass es darunter leidet, einen Totenkopf in der Hand halten zu müssen, und er setzt sich vergeblich für dessen Entfernung ein. Schließlich sind es der Doktor, der die zunehmend in den Irrsinn führende Behandlung durch den Pfarrer erkennt und es zu sich nehmen will, und die einfachen Bauernkinder, die Meret Obst und andere Lebensmittel zustecken, als es zu verhungern droht. Sogar als das Mädchen während seiner Beerdigung aus dem Sarg springt und davonläuft, wird es ein letztes Mal von den Kindern „vergeblich gestreichelt“ (84). Alle werden vom Pfarrer schroff zurückgewiesen. Dem Schulmeister droht er dabei mit Gefängnis, und dem Doktor wird unterstellt, es auf die gute Pension der Eltern abgesehen zu haben. Der Ursprung des auffälligen Verhaltens Merets liegt - man erinnere sich an die Spekulation des Erzählers - dem Pfarrer zufolge „in einer fatalen Disposition des Blutes und Gehirns“ (82). Am Ende gibt er aber zu, alles „nicht zusammenreimen zu können in unserer irdischen Kurzsichtigkeit.“ (83) Dass der Erzähler, obwohl er so unwissend tut, sowohl in Bezug auf den Pfarrer als auch auf seine Mutter „zusammenreimen“ kann, daran gibt es keinen Zweifel. Er setzt die Erziehungsmethode des Pfarrers, die dem Kind nichts gewährt und die keinerlei Zuwendung akzeptiert, der mütterlichen entgegen, die grenzenlos gewährt und daher genau so problematisch ist. Somit werden, legte man eine Skala an, zwei extrem voneinander entfernte Erziehungsstile kontrastiv gegenübergestellt.[223]

In Bezug auf den Fundort der Novelle im mütterlichen Pfarrhaus kommt Rothenbühler zu folgendem Schluss: „Der eher humoristisch versöhnlichen Präsentation des Pfarrhauses am Anfang der Jugendge-

223 Da die Novelle in einen Erziehungskontext gestellt ist, bei dem es nicht um Sexualerziehung geht, wirken Interpretationen, die in dem Kind Meret das Triebhafte verkörpert sehen, wenig überzeugend. Vgl. U. Lemm: Die literarische Verarbeitung, S. 67 f. Auch Loewenich: Gottfried Keller, S. 38, sieht in Merets Schicksal ein „Sinnbild dafür, wie es einer Frau gehen kann, die ihre Sinnlichkeit frei entfalten und leben will.“

schichte tritt damit ein eher bitteres Bild der Vorgeschichte Heinrichs entgegen."[224] Die Meretlein-Novelle verstärke die Polyperspektive des ganzen Romans und sei eine Anti-Idylle, die die Jugendgeschichte Heinrichs und das idyllische Bild, das darin vom Dorfleben entworfen wird, in Frage stelle.[225] In dieser „Travestie der Dorfidylle" kritisiere Keller neben der weltfremden Wirklichkeitssicht des Pfarrers auch die Literatur der Biedermeierzeit und die fortdauernde ständische Ideologie und Herrschaftsverhältnisse.[226] Zudem sieht Rothenbühler ebenfalls eine Spiegelung der Erziehungsthematik: „Was der Pfarrherr noch in der abstossenden Form der körperlichen Züchtigung zu erreichen versucht, findet sich bei Heinrichs Mutter in der gemässigten Form des Essens- (und damit auch Liebes-) Entzugs wieder: Auch hier geht es um Dressur, Verpflichtung zu Zeremonien [...]. Im Unterschied zum Pfarrherrn greift die Mutter nicht zu unmittelbarer Gewalt [...]"[227], sondern sie könne durch Essensentzug auf Gewaltsamkeit verzichten. Bei Rothenbühlers Feststellung, dass die Novelle eine Spiegelung des Romans von 1845/55 sei, gerät die Mutter wieder aus dem Blickfeld. Hegels Forderung, so fährt Rothenbühler fort, dass sich ein Individuum die Hörner ablaufen müsse, scheitere bei Meret, weil die gewaltsame Disziplinierung statt mit Unterwerfung des Individuums mit seinem Tod ende. Heinrich aber laufe sich, wie Hegel es verlangt, im Roman seine Hörner ab, er bekomme aber weder sein Mädchen noch irgendeine Stellung, sondern sterbe ähnlich wie das Meretlein.[228] Mit der Auffassung, dass sich der Protagonist die Hörner ablaufe, weicht Rothenbühler von meiner These ab. Allerdings kritisiert er im weiteren Verlauf seiner Analyse die mütterliche Erziehung in der Essensszene wieder kritisch. Die Mutter scheitere, das Allmachtsgefühl des Kindes einzuschränken, weil ihre gefühlsmäßige Abhängigkeit vom Kind sich als stärker erweise als ihre nüchterne Gottesfurcht.[229] Der despotische Pfarrherr und die Mutter würden von derselben Gottesfurcht beherrscht; „beim noch wenig gefestigten Pfarrherrn [führt sie] zu sadistischer Unerbittlichkeit und bei der erfolgreich abgerichteten Pfarrerstochter zum eher masochistischen Nachgeben gegenüber der widerspenstigen Vitalität des Kindes."[230]

---

224 D. Rothenbühler: Der grüne Heinrich, S. 173.
225 Vgl. ebd., S. 174 ff.
226 Vgl. ebd., S. 184.
227 Ebd., S. 192.
228 Vgl. ebd., S. 193 f.
229 Vgl. ebd., S. 196.
230 Ebd., S. 197.

Kaiser, der die Geschichte Meretleins einerseits als Kontrast zu moderner kleinfamiliärer Mutterpädagogik sieht, erkennt andererseits eine Analogie des Erziehungsverfahrens, weil es gleichfalls auf Anpassung statt Entfaltung gerichtet sei.[231] Wohl sind beide Verfahren nicht auf Entfaltung gerichtet - worunter ich die Stärkung des Ichs verstehe -, keineswegs aber zielt die mütterliche Erziehung auf Anpassung, da sie Heinrich nicht zum Beten bringt, sondern dieser seinen Willen durchsetzt.[232]

Um die Betrachtung der Meretlein-Novelle abzuschließen, ist festzustellen, dass es bei der Suche nach dem Erziehungsideal durchaus zu Widersprüchen kommt. In einem anderen Zusammenhang - auf der Suche nach dem Erziehungsideal - empfindet Heinrich physischen Schmerz, allerdings in einem anderen Sinn als ihn Meretlein empfangen hat, gegenüber dem zu Hause herrschenden Klima als Wohltat:

> *„Solange das goldene Zeitalter nicht gekommen, müssen kleine Buben geprügelt werden; ich fühle die doppelte Wohltat noch jetzt nach, wie mich ein tüchtiger Prügelschauer wie ein Gewitter von einer drückenden Schwüle befreite und einem frischen Wohlverhalten wieder Raum verschaffte, da ich zu Hause nie gezüchtigt wurde." (112 f.)*

Man muss die Textstelle wohl vor dem Hintergrund der Symbioseerfahrung und weniger als ein Plädoyer für die Prügelstrafe verstehen. Es zeigt die Sehnsucht nach Konflikten, an denen das Ich sich abarbeiten und seine Grenzen erfahren kann.

### II.1.1.3 Beim Essen III

Streitigkeiten mit der Mutter werden aber nicht ausgetragen, sondern von ihr erstickt. Als Beleg dient eine Szene aus *Pankraz, der Schmoller*, der ein „verkleinerter" Heinrich[233] ist, in dem „noch das autobiographische Erzählen aus dem *Grünen Heinrich*"[234] nachklingt und dessen

231 Vgl. G. Kaiser: Gottfried Keller, S. 49.

232 Auch Neumann sieht, dass die Erziehung Merets sinnen- und lebensfeindlich ist. Er vermutet, dass mit dieser Episode der historische Calvinismus/ Puritanismus mit seinen Spielarten attackiert werden soll. Vgl. B. Neumann: Gottfried Keller, S. 49.

233 G. Kaiser: Gottfried Keller, S. 285.

234 K-D. Metz: Gottfried Keller, Stuttgart 1995, S. 33.

Nähe zu Kellers Biographie offensichtlich ist.[235] Hier ist das berühmte Kartoffelbreiessen aufschlussreich, bei dem das „Urmodell für das Schmollen Pankraz'"[236] ins Bild gesetzt wird. Symbolisch wird gezeigt, wie die Abgrenzungsversuche des Sohnes von Mutter und Schwester scheitern. Entsprechend der Familienkonstellation des Autors sitzen Mutter, Sohn und Tochter am Tisch und essen mittags gemeinsam aus einer Schüssel Kartoffelbrei, den die Mutter mit fetter Milch oder Butter übergießt. Pankraz teilt für jeden eine Grube ab, in die die Soße laufen kann und gerät in Streit mit der Schwester die versucht, mit

> *„künstlichen Stollen und Abzugsgräben die wohlschmeckenden Bächlein auf ihre Seite zu leiten, und wie sehr sich auch der Bruder dem widersetzte und ebenso künstliche Dämme aufbaute und überall verstopfte, wo sich ein verdächtiges Loch zeigen wollte, so wußte sie doch immer wieder eine geheime Ader des Breies zu eröffnen oder langte kurzweg in offenem Friedensbruch mit ihrem Löffel und mit lachenden Augen in des Bruders gefüllte Grube. Alsdann warf er den Löffel weg, lamentierte und schmollte, bis die gute Mutter die Schüssel zur Seite neigte und ihre eigene Brühe voll in das Labyrinth der Kanäle und Dämme ihrer Kinder strömen ließ." (SW, Bd. 6, 15)*[237]

Auch an dieser Szene wird deutlich, dass die Mutter übermäßig dominant ist und einen Streit verhindert. Sie lässt nicht zu, dass es zwischen den Kindern - um in der Terminologie des *Grünen Heinrich* zu bleiben - zur „Reibung" kommt, die zur Ich-Entwicklung und zur Abgrenzung von anderen wichtig ist. Wenn man die Szene etwas gewagter interpretiert und sich von Theweleit[238] inspirieren lässt, der Fluten und Dämme als Geschehen zwischen dem Es und dem Ich deutet, kann man das obige Bild auch als Beschreibung des Individuationsprozesses verstehen. Pankraz' Versuche, sich abzugrenzen und durch die Auseinandersetzung mit der Schwester ein Ich zu bilden, werden

---

235 Vgl. A. Muschg: Gottfried Keller, S. 93.

236 R. Selbmann: Gottfried Keller, S. 55. Selbmann erkennt den Konflikt zwischen dem zwanghaften, auf militärische Regelmäßigkeit achtenden Bruder und der lustvoll agierenden Schwester, auf die Rolle der Mutter in diesem Bild geht er nicht ein. Ebd., S. 55.

237 Zitate aus den Novellen folgen der Ausgabe: Sämtliche Werke in acht Bänden, Berlin 1961.

238 Vgl. K. Theweleit: Männerphantasien. Er bezieht sich in seiner Untersuchung allerdings vor allem auf Phantasien, die durch väterliche Strenge geprägte wurden.

von der übermächtigen Mutter verhindert. Diese Interpretation ist sicher etwas spekulativ, aber sie beschreibt innere Vorgänge, die sprachlich kaum vermittelbar und mit Empathie nicht mehr zu erfassen sind. Mir scheint diese Interpretation gerechtfertigt, da im Roman immer wieder innere Vorgänge mit ähnlichen Bildern versinnbildlicht werden, auf die ich in anderen Zusammenhängen noch eingehe.

#### II.1.1.4 Der Konflikt mit Meierlein

Der Konflikt mit Meierlein, dem Jugendfreund Heinrichs, eignet sich besonders, die Beziehungsdynamik zwischen Elisabeth Lee und ihrem Sohn zu studieren. Die Mutter hat von Heinrichs Geldausgaben gehört und vermutet, dass er das Geld gestohlen hat. Nachdem sie das fast leere Geldkästchen entdeckt hat, stellt sie ihn zur Rede. Die mütterliche Ambivalenz zwischen ihrem Bindungs- bzw. Versorgungswunsch und dem väterlichen Wunsch, der auf Bestrafung bzw. Abgrenzung zielt, kommt in dem „strengen und bekümmerten Blick" (155) zum Ausdruck, den sie auf den Sohn wirft. In dieser „double-bind"-Situation[239] repräsentiert das Strenge und Versagende im Blick der Mutter den Inhaltsaspekt, während sie mit dem bekümmerten Teil ein Beziehungsangebot macht, das auf Schutz und Hilfe gerichtet ist. Doch zunächst einmal produziert sie Schuldgefühle:

> *„Es ist also wahr, [...] daß sich mein guter und sorgloser Glaube, ein braves und gutartiges Kind zu besitzen, so grausam getäuscht sieht?" (155)*

Dann hält sie es nicht durch, dem Sohn, entsprechend dem strengen Blick, Grenzen zu ziehen und ihn zurechtzuweisen. Durch den Gegensatz zur Mutter entsteht eine düstere Spannung; Heinrich spürt das „Gefühl des Unglücks und der Vernichtung" (155), aber so wie „viele Kinder über eine geradezu erstaunliche Einfühlung verfügen und oft weniger darauf reagieren, was die Mutter formal sagt und tut, sondern spezifisch darauf, was die Mutter mit ihrem Tun unbewußt meint"[240], spürt auch Heinrich den Wunsch der Mutter, den Sohn zu beschützen:

> *„[...] aber durch die dunkle Wolke blitzte bereits ein lieblicher Funke der Versöhnung und Befreiung. Der offene Blick meiner Mutter*

239 P. Watzlawick u.a.: Menschliche Kommunikation, Bern 1969, S. 56.
240 H. E. Richter: Eltern, Kind und Neurose, Reinbek b. Hamburg 1969, S. 44.

*[...] löste meine Qual, und ich fühlte in diesem Augenblick eine unsägliche Liebe zu ihr" (155).*

Während die Mutter „in ihrem Kummer und in ihrer Strenge" (155) verharrt, lösen sich die Gegensätze langsam auf. Heinrich, der sein Vergehen gesteht, überlässt sich den Tränen und fühlt sich „nun völlig befreit und fast vergnügt." (156)

Das Lustprinzip „beherrscht die Leistungen des seelischen Apparates"[241], Unlustempfindungen „drängen auf Veränderung, auf Abfuhr"[242]. Daher drängt das Kind, wenn es Unangenehmes empfindet, zur Mutter, und es ist ihre Aufgabe, dem Alter entsprechende Grenzen zu setzen und dem Kind die zur Ich-Entwicklung wichtigen Versagungen aufzuerlegen. Das Haus der Mutter, in dem Heinrich „Ruhe" sucht, wird zum Ort der Regression bzw. zum Fluchtraum vor den Anforderungen der Außenwelt und nicht zu einem Ort, an dem er seine ödipalen Wünsche auslebt:

*„Es waren gerade etwa acht Tage Ferien, ich blieb von selbst im Hause und suchte alle Winkel auf, in denen ich den Frieden und die Ruhe der früheren Tage wiederfand [...] und gelüstete nicht im mindesten ins Freie und zu meinen Genossen zurück." (156)*

Während seiner Kindheit schafft er sich, zurückgezogen vom „kalten Weltleben" (225), im Windschatten der Mutter - um die wichtige Namenssymbolik wieder aufzunehmen -, durch seine Malerei eine harmonische, konfliktfreie Welt, in der sich die Realitätskontrolle des Ich nicht entwickelt, denn die Phantasie bleibt „von der Realitätsprüfung freigehalten" und ist „allein dem Lustprinzip unterworfen"[243]. Heinrich lebt also weitgehend nach dem Lustprinzip; „während er seinen Träumen nachging, [gab ihm die Mutter] sozusagen den Löffel in die Hand" (23).

Nach Stierlin „infantilisiert ein Elternteil das Kind, indem es ihm unnötige regressive Verwöhnung anbietet."[244] Regressive Verwöhnung ist das Beziehungsangebot, das die Mutter Heinrich macht. Damit trägt sie dazu bei, dass sein Realitätssinn unterentwickelt bleibt und er

---

241 S. Freud: Das Unbehagen in der Kultur, S. 434.

242 S. Freud: Das Ich und das Es, S. 249.

243 S. Freud: Formulierungen über die zwei Prinzipien des psychischen Geschehens, GW Bd. VIII, S. 234.

244 H. Stierlin: Eltern und Kinder, Frankfurt a. M. 1980, S. 51.

nicht lernt, Unlustgefühle zu ertragen, sodass man vor diesem Hintergrund wohl auch Ferdinands späteren Angriff auf Heinrich verstehen muss: „Du wirst zu jeder Zeit [...] das lassen, was dir nicht angenehm ist!" (544)

Ich komme zurück zur Ausgangsszene. Die Mutter, die in ihrer Ambivalenz verharrt, scheint sich wohlzufühlen, den Sohn bei sich zu haben:

> *„Der Friede, welcher in dem gutgemeinten Bilde atmete, stieg auch in meine Seele und mochte von meinem Gesichte auf die Mutter hinüberscheinen, welche am Fenster saß und nähte." (157)*

Die gleiche Zufriedenheit strahlte sie auch schon früher immer aus, wenn Heinrich im Hause spielte: „Sie hatte nie auf mein Treiben in der Kammer geachtet, zufrieden, daß ich so still und vergnüglich war" (122).

An diesem Konflikt Heinrichs mit seiner Mutter, der sich an Meierlein entzündete, wird deutlich, dass Muschg ihre Rolle nur sehr oberflächlich erfasst: „Die Mutter hatte sich Mühe gegeben, den Sohn nach den Begriffen des Toten zu erziehen."[245] Was bleibt von den Schuldgefühlen, die die Mutter anfangs erzeugt hat? Haben sie sich aufgelöst? Denn der Erzähler erwähnt nichts Quälendes mehr, was Heinrich belastet; die Situation wirkt harmonisch. Vielleicht überschätzt Selbmann den strafenden Persönlichkeitsanteil der Mutter, wenn er schreibt, dass sie mit stummen Vorwürfen und Liebesentzug arbeite und ein anhaltendes Schuldbewusstsein erzeuge.[246]

Das geschäftstüchtige Meierlein kommt einige Tage später, seine Außenstände einzutreiben. Nicht Heinrich selbst löst seine Schwierigkeiten, sondern seine Mutter, die Meierlein fortjagt, sodass der Sohn das Vorgefallene gesteht:

> *„Sodann nahm sie Gelegenheit, gründlicher auf alles Geschehene einzugehen und mir eindringliche Vorstellungen zumachen, aber nicht mehr im Tone der strengen und strafenden Richterin, sondern der mütterlichen Freundin, die bereits verziehen hat. Und nun war alles gut. Allein doch nicht alles." (158 f.)*

245 A. Muschg: Gottfried Keller, S. 15.
246 Vgl. R. Selbmann: Gottfried Keller, S. 20.

Heinrich, „der die ganze Zeit über bei der Mutter hinter dem Ofen gesessen" (166) hat - hier handelt es sich um eine weitere Variante des Bildes des im Windschatten Segelnden - muss das schützende Haus wieder verlassen, hinaus - um mit Schiller zu sprechen - ins feindliche Leben, aber nicht weil die Mutter ihn hinausdrängt, sondern weil die Außenwelt weiter ihre Anforderungen stellt.

### II.1.1.5 Im Hause Frau Margrets

Wichtig für die Sozialisation des Romanprotagonisten, die von wenig Außenkontakten gekennzeichnet ist, sind die Begegnungen mit Frau Margret, bei der der grüne Heinrich einen Teil seiner Kindheit verbringt. Sie scheint auch im Hinblick auf die Fähigkeit, Widerstände zu bieten, konzipiert zu sein. Bei seinen Besuchen in ihrem Haus erfährt er ebenfalls keinerlei „Reibung". Diese „andere Mutter"[247] ist zwar eine resolute Frau und sehr wohl in der Lage, Grenzen zu setzen, doch gilt das nur für den geschäftlichen Bereich: Obwohl sie sich „nie von ihrem Platze bewegte", „gingen alle Befehle und Anordnungen" (86) von ihr aus. So führt sie erfolgreich ihr Geschäft. Für ihre privaten Zusammenkünfte, zu denen die unterschiedlichsten Menschen erscheinen, gilt das jedoch nicht, dort herrscht eine Grenzenlosigkeit, in der gar nichts zurückgewiesen wird:[248]

> *„Für Frau Margret hatte ohne Unterschied alles, was gedruckt war, sowohl wie die mündlichen Überlieferungen des Volkes, eine gewisse Wahrheit, und die ganze Welt in allen ihren Spiegelungen, das fernste sowohl wie ihr eigenes Leben, waren ihr gleich wunderbar und bedeutungsvoll [...]. Mit neugieriger Liebe erfaßte sie alles und nahm es als bare Münze, was ihrer wogenden Phantasie dargeboten wurde [...]" (88 f.).*

Bei dieser Frau kann Heinrich schalten und walten, wie es ihm gefällt:

> *„Ich holte Bücher hervor und verlangte, wessen ich von den Sehenswürdigkeiten bedurfte, oder spielte mit den Schmucksachen der Frau Margret [...], und jeder war freundlich gegen mich [...]" (104).*

---

247 R. Selbmann: Gottfried Keller, S. 28.

248 C. von Loewenich: Gottfried Keller, S. 39 f., erkennt diesen Unterschied nicht. Auch Frau Margrets Geschäfte würden „von ihrer Intuition geleitet". Zwar ist es richtig, dass Frau Margret zum Beispiel nicht rechnen kann, aber sie hat eine ganz eigen „Rechenkunst" (86) und Buchführung entwickelt, mit der sie ihr Geschäft beherrscht.

Von dort kehrt Heinrich, mit „all diesen Eindrücken beladen" nach Hause zurück, und er „spann in der Stille unserer Stube den Stoff zu großen träumerischen Geweben aus" (104).

Selbmann, der nach „Leitbilder[n], die an das Modell des Bildungsromans gemahnen"[249], sucht, bewertet Frau Margrets Beitrag zu Heinrichs Entwicklung positiv, auch wenn sie „der eigenen Lebenswirklichkeit [...] nicht gewachsen" ist; denn sie trage zur „Förderung" seiner Phantasie bei. In ihr „und dem Inventar ihres Hauses findet Heinrich nicht bloß Nahrung für seine Phantasie, sondern auch Nachahmungsmodelle, inwiefern die schnöde Wirklichkeit durch imaginative Korrektion poetisch verbessert werden kann."[250] Meines Erachtens versucht der Erzähler dem Leser zu vermitteln, dass der Protagonist immer wieder in Situationen gerät, in denen es niemanden gibt, an dem er sich die „Hörner" hätte ablaufen können, sodass das Wuchern seiner Einbildungskraft hätte begrenzt werden können. Dann hätte er nicht Künstler werden müssen, sondern hätte in einem bürgerlichen Beruf sein Glück finden können.

### II.1.2 Das Ich, „ein formloses, wolliges Geflecksel" – die Folgen der symbiotischen Beziehung für die Ich-Entwicklung

#### II.1.2.1 Im Zustand der „Ruhe" – narzisstische Besetzungsvorgänge

Der grüne Heinrich empfindet in der Symbiose mit der Mutter das Gefühl der „Ruhe". Welche Probleme damit einhergehen, soll hier thematisiert werden.

Als Vierzehnjähriger steuert Heinrich auf das vorzeitige Ende seiner Schulzeit zu. Ein Ausschluss aus der Schule ist sicher für jedes Kind eine außergewöhnliche Belastung, für Heinrich muss der Verweis jedoch besonders schmerzhaft gewesen sein, da er bis dahin kaum Grenzen gesetzt bekommen hat. Er muss ihn als äußerst ungerecht empfunden haben, sodass er nach diesem und dem „immerwährenden Mißlingens" seines „Zusammentreffens mit der übrigen Welt" (180) abermals in das konfliktfreiere Haus der Mutter zurückgeworfen wird. Die durch Konflikte mit der feindlichen Welt hervorgerufenen Unlust-

249 R. Selbmann: Gottfried Keller, S. 28.

250 Ebd. Auch C. von Loewenich: Gottfried Keller, S. 39 ff., bewertet den Einfluss Frau Margrets auf Heinrichs Phantasie positiv, übersieht aber auch ihre Verschiedenheit in Bezug auf Privates und Geschäftliches.

gefühle werden durch den Schutz der Mutter ebenso wie in früheren Situationen wieder aufgehoben. Die Mutter wird zur gewährleistenden Instanz für den von Heinrich angestrebten Zustand der „Ruhe" (156). Im allgemeinen Sprachgebrauch versteht man darunter Geborgenheit; Psychoanalytiker sprechen, wenn sie dieses Gefühl beschreiben, das sie aus der frühkindliche Entwicklungsphase ableiten, vom „fraglosen Verhältnis zur Welt"[251] oder von einem „ozeanischen" Zustand, worunter Freud „ein Gefühl der unauflösbaren Verbundenheit, der Zusammengehörigkeit mit dem Ganzen der Außenwelt"[252] versteht. Argelander unterscheidet, hergeleitet aus dem affektiven Zustand des Narzissmus und dem Triebgeschehen, narzisstische und libidinöse Besetzungsvorgänge:

> *„Die libidinöse Besetzung eines Objektes entspricht inhaltlich einer lustvollen Szene mit Spannungszuständen, ihre Entlastung und den begleitenden Gefühlen der Lust, die narzißtische Besetzung eines Objekts führt zu einer Szene völlig anderen Inhalts mit einem begleitenden ozeanischen Gefühl."*[253]

Wenn Heinrich seinen regressiven Wünschen nachgeht, hat er folglich seine Mutter narzisstisch und nicht wie ein Ödipus libidinös besetzt. Ziel der narzisstischen Besetzung ist das positive Ich-Gefühl, das der Erzähler „Ruhe" nennt und das der Protagonist später in seinen Frauenbeziehungen anstreben wird. Das Objekt ist dabei nur soweit interessant, als es der eigenen Bedürfnisbefriedigung dient, sodass Balint von einer „primitiven Beziehung"[254] spricht. Den grünen Heinrich leiten in Bezug auf die Mutter keine inzestuösen Wünsche, sodass Kaiser die aus dem Schulverweis resultierende Bindung an die Mutter falsch einschätzt, wenn er feststellt:

> *„Doch die Strafe ist auch der Lohn. Der Sohn wird vom Vater Staat in die Muttersphäre zurückgewiesen. Er darf nicht Vater werden; er muß nicht Vater werden. Er muß Muttersohn bleiben; er darf Muttersohn bleiben."*[255]

An dieser Stelle sei schon auf Heinrichs Scheitern als Künstler und seine Rückkehr aus der Kunststadt verwiesen, die ebenfalls seine regres-

251 M. Dornes: Infantile Sexualität, S. 126.
252 S. Freud: Das Unbehagen, S. 422.
253 H. Argelander: Der Flieger, Frankfurt a. M. 1972, S. 23.
254 M. Balint: Therapeutische Aspekte, S. 90.
255 G. Kaiser: Gottfried Keller, S. 76.

sive - und nicht inzestuöse - Sehnsucht zeigt. Dort überkommt ihn in Notsituationen, wenn seine Probleme unlösbar erscheinen, eine „reuige Sehnsucht" (21), die ihn nach Hause zieht, es ist die „Sehnsucht" nach „Ruhe". Die Episode bei Dorothea, auf die ich später eingehe, macht außerdem deutlich, dass er unbedingt Vater und kein Muttersohn bleiben will.

### II.1.2.2 Folgen für die Ich-Entwicklung aus familientherapeutischer Sicht

Erkenntnisse aus der Familientherapie bieten weitere Erklärungsansätze dafür, welche Folgen die mütterliche Erziehung für Heinrich hat. In der Familientherapie wird nicht nur der psychisch Erkrankte behandelt, sondern die Eltern werden mit in die Therapie einbezogen, weil der Erkrankte, wie in Kapitel I.2 dargestellt, als Opfer einer gestörten Familieninteraktionen gesehen wird. Helm Stierlin spricht von der „stärkeren Realität" der Eltern und macht damit ebenfalls deutlich, dass das Kind meistens Opfer der Familienkonflikte ist.[256] Die Eltern, ihre unbewussten Erwartungsphantasien, die sie auf das Kind richten, und ihre Versuche, unbewusste Wünsche mit Hilfe des Kindes zu erfüllen, geraten daher ins Zentrum der Analyse. Stierlin entwickelte, um „das Drama" der Ablösung von Eltern und Kindern zu begreifen, das Konzept der Beziehungsmodi; das sind „verdeckt organisierende Grundmuster für die offener zutage liegenden spezifischen Eltern-Kind-Interaktionen"[257]. Er unterscheidet drei wesentliche Beziehungsmodi: die Ausstoßung - sie spielt bei der Deutung des Romans keine Rolle[258] -, die Bindung und die Delegation. Wenn zum Beispiel der Bindungsmodus dominant ist, befindet sich die Familie in der Gewalt „zentripetaler Kräfte"; Eltern binden ihre Kinder fest an sich und versuchen, die Selbstständigkeit der Kinder um jeden Preis zu verzögern oder zu verhindern.[259] Beim Delegationsmodus wird ein Jugendlicher delegiert, „um dem Ich-Ideal einer seiner Eltern zu dienen, so wird er ins Leben hinausgeschickt, um elterliche Hoffnungen zu erfüllen"[260]. Horst Eberhard Richter spricht hier in anderen Kontexten von den nar-

256 Vgl. H. Stierlin: Eltern und Kinder, Frankfurt a. M. 1980, S. 48.

257 Ebd.

258 Wenn dieser Modus herrscht, kommt es zu einer durchgängigen Vernachlässigung und Zurückweisung der Kinder. Ausstoßungs- und Bindungsmodus decken sich im Übrigen mit dem Erziehungskonzept des Erzählers vom Versagen und Gewähren.

259 Vgl. ebd., S. 50.

260 Ebd., S. 73.

zisstischen Projektionen der Eltern auf das Kind. Der Jugendliche trägt die Last der übersteigerten Ansprüche eines Elternteils, Schauspieler, Arzt, erfolgreicher Geschäftsmann etc. zu werden.[261] „Wenn altersspezifische Beziehungsmodi entweder unzeitgemäß, zu intensiv oder in inadäquater Verbindung mit anderen auftreten, dann leiden darunter die Entwicklung des Selbst und die wechselseitigen Ablösungsprozesse von Eltern und Kindern."[262]

Im Falle des grünen Heinrich sind der Bindungs- und der Delegationsmodus dominant und gleichzeitig inadäquat miteinander verbunden. Einerseits bietet die Mutter ihm übermäßigen Schutz, fördert so unbewusst seine Abhängigkeit von ihr und verhindert die Entwicklung von Ich-Stärke, andererseits soll Heinrich ihre narzisstischen Wünsche erfüllen. Heinrich soll sich nämlich dem „edle[n] Bild" (63) des Vaters entsprechend entwickeln, das die Mutter in ihren Erzählungen aufbaut:

> *„[...] so haben mich auch die langen Erzählungen der Mutter immer mehr mit Sehnsucht und Heimweh nach meinem Vater erfüllt, welchen ich nicht mehr gekannt habe [...]. Meine Mutter rühmte mir nachher oft, wie sehr sie und die begleitenden Mägde erbaut gewesen seien von seinen schönen Reden." (61)*

Der Vater ist den Schilderungen zufolge hyperaktiv, als arbeitssüchtig würde man ihn heutzutage bezeichnen. Seine vielfältigen Baugeschäfte nehmen seine volle Tätigkeit in Anspruch; er ist „im gleichen Augenblick zu oberst auf den Gerüsten und zu unterst in den Gewölben, riß einem Arbeiter die Schaufel aus der Hand und tat einige gewichtige Würfe damit, ergriff ungeduldig den Hebebaum [...], wenn es ihm zu lange ging [...]". Statt nach der Arbeit zu ruhen, hält er Vorträge „in irgend einem Verein [...] leidenschaftlich erregt, mit hohen Idealen in einem mühsamen Ringen begriffen, welches ihn noch weit mehr anstrengen mußte als die Tagesarbeit." (60 f.) Der Vater wird zu Heinrichs hohem Ich-Ideal, das die Mutter mit ihren Erzählungen erzeugt. Bezweifelt werden muss folglich, dass Heinrich aus sich heraus zur Buße und Selbstbestrafung für die ödipalen Tötungswünsche dieses Idol errichtet[263]. Vater Lee ist ein abwesender Vater, an den der Sohn

261 Vgl. ebd. S. 74.

262 Ebd., S. 11.

263 Vgl. G. Kaiser: Gottfried Keller, S.119, und vgl. A. Muschg: Gottfried Keller, S. 22 f.

bis auf die Szene auf dem Acker (vgl. 61 f.) kaum noch eine Erinnerung hat. Tötungswünsche entstehen aber wohl nur, wenn das Objekt, auf das sich die Wut bezieht, auch tatsächlich anwesend ist.

Die Dominanz der oben genannten Beziehungsmodi und ihre inadäquate Verbindung wird an der Textstelle besonders deutlich, als die Mutter einen „Rundgang" (220) bei städtischen „Autoritäten" macht, um Ratschläge einzuholen, welche berufliche Zukunft Heinrich einschlagen soll. Als ein früherer Freund ihres Mannes, ein Fabrikanten von „farbigen und bedruckten Tüchern" (221), vorschlägt, dass Heinrich in seinem Geschäft als „Dessinateur" seine Kunst „dem Dienste der Frauen" (223) widmen solle, zeigt sie sich ob der glänzenden Aussichten des Sohnes, die ihr der Fabrikant ausmalt, narzisstisch befriedigt. Als „Eitelkeit" bezeichnet der währenddessen in der deutschen Kunststadt weilende Erzähler, der seine Mutter offenbar sehr gut kennt, ihre Reaktion; sie kostet das Gefühl aus:

> *„Auch mochte es vielleicht eine Ader verzeihlicher Eitelkeit erwecken, wenn sie sich in einem der bescheideneren Stoffe meiner Erfindung gekleidet dachte. Sie war so mit diesen angenehmen Gedanken beschäftigt, daß sie für diesmal ihre Wanderung einstellte, um sich ganz in denselben zu ergehen." (223)*

Erst am nächsten Tag setzt sie ihre Ratsuche fort und besucht einen Schuster, „der im Geruche tiefen Verstandes lebte" (223). Der Erzähler versteckt seine Kritik an der Mutter hinter dem Vorwurf des Handwerkers, der in das „Geheimnis aller Erziehung" eingeweiht zu sein scheint und der folglich weiß, woran es in der Beziehung zur Mutter mangelt:

> *„Wenn Euer Mann lebte, so würde er den Jungen so gewiß durch schwere Handarbeit ins Leben führen als zwei mal zwei vier sind! Zudem ist der Junge schon ein bißchen schwächlich und verwöhnt durch Euere Weiberwirtschaft" (223).*

Dessen sicher auch eigennütziger Vorschlag, Heinrich Maurer, Steinmetz oder Schuster werden zu lassen, befriedigt die hohen Vorstellungen der Mutter offenbar nicht, denn sie geht „nicht sonderlich erbaut" davon und murmelt vor sich her:

> *„Schlag du nur deine Zwecke ein, bei mir erreichst du deinen Zweck nicht, Herr Schuster, ungehobelter Mann! Bleib nur bei deinem Leisten und warte, bis mein Kind kommt, dir Gesellschaft zu leisten!" (224)*

Der letzte Bürger, ein feiner und ernster Mann, der in Staatsgeschäften steht, fühlt sich zwar nicht kompetent zu beurteilen, ob Heinrich genug Genie hat, um sich durch „besondere Widerwärtigkeiten" zu schlagen, rät aber davon ab, ihn Künstler werden zu lassen; die Mutter solle „die ganze Sache als eine kindische Träumerei" (224) betrachten und ihn bei sich in der Kanzlei zum Verwaltungsmann ausbilden lassen, wo er sich emporarbeiten könne. So schreibt die Mutter einen Brief an Heinrich, in dem sie ihm das Ergebnis ihrer Erkundigungen mitteilt und der zeigt, wie schwierig es ist, beide Beziehungsmodi zu vereinigen:

> *„[Die Mutter] ermahnte mich, meinen bestimmten Entschluß noch hinauszuschieben und eher darauf zu denken, auf welche Weise ich am füglichsten im Lande bleiben, mich redlich nähren, ihr selbst ein Trost und eine Stütze des Alters und doch meinen natürlichen Anlagen gerecht werden könne; denn daß sie je dazu helfen würde, mich gewaltsam zu einem mir widerstrebenden Lebensberufe zu bestimmen, davon sei keine Rede, da sie hierüber die Grundsätze des Vaters genugsam kenne und es ihre einzige Aufgabe wäre, annähernd so zu verfahren, wie er getan haben würde." (225)*

In der Zweitfassung werden neben der mangelhaften Abgrenzung die Wünsche nach narzisstischer Befriedigung der Mutter insbesondere durch den Brief deutlich, den Heinrich nach ihrem Tode findet. Sie glaubte, ein Genie in die Welt gesetzt zu haben:

> *„Freilich habe ich seinerzeit um Rat gefragt; als man aber den Wünschen des Kindes nicht zustimmte, hörte ich auf zu fragen und* ließ es gewähren. *Damit habe ich mich über meinen Stand erhoben und, indem ich mir einbildete, ein Genie in die Welt gesetzt zu haben, die Bescheidenheit verletzt [...]" (VI, 299, Hervorhebung CT).*

Dass der Erzähler bereits eine Vorstellung von einem „Ich-Ideal" im Sinne Freuds hatte und wusste, wie es sich in der Psychostruktur manifestiert, zeigt seine Charakterisierung der Beziehung zwischen sich und seinem verstorbenen Vater bzw. Anna und ihrem Vater. Dass Kinder folglich als Projektionsfläche elterlicher Wünsche dienen können und Eltern so ein hohes Ich-Ideal errichten, hat der Erzähler nicht nur bei sich als Bürde empfunden. Er imaginiert dieses Phänomen zum einen in der Beziehung zu seinem verstorbenen Vater - dann wäre es allerdings keine Last, weil Heinrich von ihm im Sinne des „Geheimnisses aller Erziehung" erzogen worden wäre -, der „seine zweite Jugend in [ihm] [...] verlebt haben" (62) würde, und zum anderen erkennt er es auch bei der Charakterisierung der Beziehung zwischen dem Schulmeister und seiner Tochter Anna. Auch in diesem Fall scheinen die Auswirkungen auf das Kind ungünstig zu sein. Als Anna aus einer Bildungsanstalt in der französischen Schweiz zurückkehrt, in der sie zwei Jahre „feinere Kenntnisse und Selbständigkeit des Geistes erwerben sollte" (269), wird der Terminus „Ideal" sogar benutzt:

> *„Denn sie war nun die Erfüllung seines Ideals geworden, schön, fein, gebildet und von andächtigem, edlen Gemüte, und mit dem bescheidenen Rauschen ihres Seidenkleides war [...] eine neue schöne Welt für ihn aufgegangen." (293)*

Schon als Kind sollte sie sich „nach den Wünschen ihres Vaters" (207) entwickeln, der - selbst „von bäuerischem Herkommen und dürftiger Bildung" (207) - „nach milden und feinen Sitten" (207) strebt. Anders als Heinrichs Mutter übte der Schulmeister allerdings direkten Zwang auf die Tochter aus, als diese versuchte, sich dagegen zu wehren, den väterlichen Vorstellungen zu folgen und das Dorf zu verlassen:

> *„Er ließ sich, als sie ihre Abneigung dagegen aussprach, durch ihre Tränen nicht erweichen,* allein auf die Befriedigung seiner Wünsche bedacht, *und begleitete das ungern scheidende Kind in das Haus des fernen, vornehm-religiösen Erziehers [...]" (269, Hervorhebung CT, der Erzähler entpuppt sich als Familientherapeut).*

Wenn man den Eigenarten des Kindes so wenig Raum lässt, ist es offenbar dem Tode geweiht. Als Anna aus der Bildungsanstalt zurückkehrt, ist sie - die Farbsymbolik nimmt ihren Tod vorweg - „von einem schwarzen Seidenkleide" (286) umwallt, und ihre „armen, schönen blauen Augen hatten ihre Freiheit verloren und lagen in den Banden vornehm bewußter Sitte." (286) Auch wenn sie sich später dieser Kleider entledigt, kann sie sich nicht aus ihrer Rolle befreien:

*„Anna hatte die erste äußere Garnitur aus dem Wälschland schon abgelegt und war wieder frischer und freier geworden; allein sie blieb doch ein feines und sprödes Kind, das überhaupt nicht viel sprach, leicht beleidigt und gereizt wurde [...]" (303).*

Kaisers These, dass man im Grünen Heinrich leichter ohne Mutter als ohne Vater leben kann, ist nicht haltbar.[264]

Zusammenfassend lässt sich feststellen, dass das Verhalten der Mutter gegenüber Heinrich von Ambivalenz geprägt ist. Ihren Bindungswünschen entgegenkommend, erfüllt sie Heinrichs Schutz- und Regressionswünsche. Durch das grenzenlose Erfüllen seiner Wünsche hält sie die Symbiose mit ihm aufrecht und verhindert eine altersgemäße Ich-Entwicklung. Andererseits soll Heinrich ihre narzisstischen Bedürfnisse, die den väterlichen Erziehungsvorstellungen entsprechen, erfüllen. Diese zielen eher auf das Versagen der kindlichen Wünsche, d. h. auf eine Trennung vom Kind. Folglich scheitern ihre Versuche, als Repräsentantin des Realitätsprinzips zu funktionieren bzw. die Rolle des Vaters in der Erziehung zu übernehmen.

Heinrichs mangelhaft ausgebildetem Ich steht ein Ich-Ideal entgegen, dessen Forderungen nur ein Ich mit hohem Realitätssinn erfüllen kann. Es müsste, um das Bild des Seefahrers wieder aufzunehmen, Heinrich gelingen, im Windschatten der Mutter segelnd, ein starker Seefahrer zu werden; realitätstüchtig oder „weltklug" (619) wird man aber wohl nur in der Auseinandersetzung mit anderen. Aus Sicht der Familientherapie muss man feststellen, dass beim grünen Heinrich Bindungs- und Delegationsmodus inadäquat miteinander verbunden sind. Da sein Ich im Windschatten so schwach ausgebildet wird und ihm der entsprechende Realitätssinn fehlt, wirkt das Idealbild des toten Vaters so tyrannisch.[265] Dessen Lebensleistungen bleiben für den grünen Heinrich unerreichbar. Wäre das Tyrannische dieses Vorbildes nicht, könnte man ihn tatsächlich „als Wunschvorstellung eines Vaters"[266] sehen.

Mit dieser Betrachtung bekommen auch Heinrichs grüne Kleider, aus den Anzügen des verstorbenen Vaters geschneidert, eine neue Les-

264 Vgl. G. Kaiser: Gottfried Keller, S. 119.

265 Vgl. ebd. Kaiser ordnet das Tyrannische anderen Quellen zu.

266 R. Selbmann: Gottfried Keller, S. 23.

art.[267] Sie repräsentieren das nach außen gewendete tyrannische Ich-Ideal. Der grüne Heinrich, der während seiner Kindheit seine Kleidung nicht ablegen darf, hat schwer an dieser Last zu tragen, „es haftet die Pflicht daran"[268]. Auch in der Liebe wird es Heinrich nicht gelingen, das väterliche Vorbild zu erreichen. Bei jedem seiner Versuche, Beziehungen einzugehen, weist grüne Kleidung vorausdeutend darauf hin, dass er der Aufgabe nicht gewachsen ist und scheitert.[269] Einen sehr interessanten Hinweis hinsichtlich der grünen Kleidung gibt auch Rothenbühler, der bei der Suche nach literarischen Vorbildern, die Keller bei der Namenssuche nach seinem Roman inspiriert haben könnten, Parallelen zu Goethes *Werther* erkennt.[270] Der in der Liebe gescheiterte Werther wirbt vielleicht deshalb so intensiv um Lotte, weil sie bereits vergeben ist. Damit ähnelt er, worauf ich später ausführlicher eingehen werde, Ferdinand Lys und möglicherweise auch dem Autor Keller. Werther trägt ebenfalls, als er in „stille[r] Trauer" - ein Charakterzug der auch Keller auszeichnet[271] -, zwischen Felsen herumkrabbelt, einen „grünen schlechten" Rock.[272]

In einem anderen Sinn als Muschg und Kaiser behaupten, könnte man die Schöpfung des hohen Vaterbildes doch dem Autor zuordnen und darin einen Abwehrmechanismus erkennen. Mit der Schaffung solcher überhöhter Elternbilder korrigierten - so deutet Freud dieses Phänomen im *Familienroman der Neurotiker*[273] - Kleinkinder die Wirklichkeit. Sie stellten sich vor, das Kind vornehmer, besserer oder großartiger Eltern zu sein. Die amerikanische Literaturwissenschaftlerin Marthe Robert hat aus solchen Phantasien eine originelle Romantheorie gemacht. Sie „betrachtet das Bedürfnis des Kindes, sich in seinen Tagträumen eine bessere Herkunft vorzustellen, als eine Wurzel der Erzählens überhaupt".[274]

---

267 Zu anderen Bedeutungen der grünen Kleider siehe D. Rothenbühler: Der grüne Heinrich, S. 24.

268 A. Muschg: Gottfried Keller, S. 381.

269 Wysling dagegen idealisiert das Farbmotiv. Es gebe keine bedeutende Stelle in Kellers Werk, an der seine Paradiesfarbe nicht aufleuchte. Das Paradies stehe dabei für die Kindheit. Auch wenn er die regressiven Phantasien, die dahinter stecken, erkennt, deutet er - im Gegensatz zu mir - Heinrichs Heimkehr als „tiefstes Glücksgefühl". Vgl. H. Wysling: Und immer wieder kehrt Odysseus heim, S. 153 f.

270 Vgl. D. Rothenbühler: Der grüne Heinrich, S. 26 f.

271 Vgl. ebd., S. 26.

272 Vgl. J. W. Goethe: Die Leiden des jungen Werther, HA Bd. 6, S. 88.

273 Vgl. S. Freud: Der Familienroman der Neurotiker, GW Bd. VII.

274 W. Schönau/J. Pfeiffer: Einführung, S. 39.

Aus welchen Quellen das hohe Vaterbild letztlich stammt, lässt sich zwar nicht mit Sicherheit ergründen, aber für die Behauptung, dass auch Elisabeth Keller überhöhte Ansprüche an den Sohn stellte und der Roman in diesem Punkt autobiographisch ist, gibt es einige Hinweise. In ihren Briefen und Träumen, über die sie dem Sohn berichtet, ermahnt sie Gottfried immer wieder, erfolgreichen heimzukehren (siehe Kapitel II.4.4 und III.1). Abschließend bleibt festzustellen, dass Aussagen über den wirklichen Vater Johann Rudolf Keller, da ist Selbmann zuzustimmen, mit Hilfe des Romans nicht gemacht werden können.[275]

### II.1.2.3 Folgen für die Ich-Entwicklung aus Sicht der Bindungstheorie

Einen weiteren, tiefergehenden Zugang zu den Lebensproblemen des grünen Heinrich bieten andere Psychoanalytiker, die sich von Freuds triebtheoretisch geprägten Vorstellungen absetzten, ohne sie explizit infrage zu stellen, und eigene Wege suchten. Die Bindungstheoretiker um John Bowlby zum Beispiel eröffneten eine neue Sichtweise und konzentrierten sich bei der Analyse ihrer Patienten nicht auf deren frühkindlichen Phantasien, sondern ausschließlich auf die Aufarbeitung der Beziehung des Kindes zur Pflegeperson.[276] Bowlby[277] gewann seine Erkenntnisse allerdings vor allem an Heimkindern, bei denen die hervorgerufenen Störungen durch die Trennung von den Eltern und nicht durch Überfürsorglichkeit verursacht wurden. Ähnliche Vorstellungen wie Bowlby verfolgte auch Michael Balint, der in Abgrenzung zu Freuds Vorstellungen vom Ödipuskomplex die Theorie der „Grundstörungen" entwickelte. Diese „Grundstörungen" oder „präödipalen" Störungen stammten aus einer Zwei-Personen-Beziehung, die in der Regel aus der Mutter und dem Kind besteht. Der wichtigste Unterschied zwischen ödipalen und präödipalen Störungen sei der, dass im ersten Fall ein funktionstüchtiges Ich entstehe, bei den „Grundstörungen" hingegen sei das Ich selbst beschädigt; es leide nicht an einem Konflikt oder Komplex, sondern an einem Mangel, einem Defizit. Das Ich, das sich aus der Symbiose mit der Mutter herausdifferenziere, werde in seiner Funktion gestört, „wenn etwa die Versorgung des Säuglings mangelhaft, nachlässig, unregelmäßig, überfürsorglich, übermäßig beschützend [...]"[278] sei.

275 Ebd.
276 Vgl. H. E. Richter : Das Ende, S. 83 ff.
277 J. Bowlby: Verlust, Trauer und Depression, Frankfurt a. M. 1983.
278 M. Balint: Therapeutische Aspekte, S. 33.

Wenn Vorgänge auf dieser Ebene beschrieben werden sollen, ist die Erwachsenensprache oft unbrauchbar.[279] Damit werden die Probleme des Erzählers deutlich, Heinrichs Schwierigkeiten, die durch das „beschädigte" Ich hervorgerufen werden, in Worte zu fassen, sodass er die verschiedensten Sinnbilder benutzt, um diese Empfindungen auszudrücken. In der Beschreibung des Ich als „ein formloses, wolliges Geflecksel" (157) gelingt dieser Versuch besonders. Balint erkennt die mit solchen Schädigungen einhergehenden Probleme. In solchen Fällen sei in einer Therapie der in

> *„engstem Kontakt mit dem Es stehende Ich-Bereich zu stärken, jener Teil des Ichs nämlich, der imstande ist, Triebbefriedigung zu genießen, ein erhebliches Maß an Spannungszuwachs zu ertragen, [...] Haß auszuhalten und zu tolerieren und die innere und äußere Realität zu prüfen und hinzunehmen [...]"*[280].

In dieser Beschreibung bündeln sich die Schwierigkeiten des grünen Heinrich. Im vorigen Unterpunkt (Kapitel II.1.1) wurde gezeigt, dass die übermäßig beschützende, wenig Reibung bietende Mutter Lee die bio-psychisch notwendige Symbiose mit dem Sohn über die erforderliche Zeit hinaus aufrechterhält, wodurch sie zu den Funktionsstörungen des Ich des Protagonisten beiträgt. In den nächsten Kapiteln wird in Anlehnung an obige Erkenntnisse ausführlicher dargestellt, dass Heinrichs Möglichkeiten, Triebbefriedigung genießen zu können, Aggressionen gegen die geliebte Mutter ertragen zu können und die Fähigkeit zur Realitätsprüfung - der Protagonist ist nicht „weltklug" (619) - mangelhaft entwickelt sind. Ein weiterer wichtiger Aspekt seiner Funktionsstörungen ist die Angst vor „symbiotischer Verschmelzung"[281] in Liebesbeziehungen. Es wird herausgearbeitet, dass Heinrichs Fähigkeit, sich als ein von anderen abgegrenztes, autonomes Ich erleben zu können, gestört ist. Diese Angst, erneut in eine symbiotische Beziehung zu geraten, stammt aus der Bindung an die Mutter, in der der Held des Romans keine Autonomie erlangt hat.

Nicht die ödipale Dreierbeziehung bildet somit den Ausgangspunkt bei der Interpretation des Romans, sondern in der Zwei-Personen-Beziehung liegt die Ursache der Leiden Heinrichs. Wenn Gottfried Keller im *Grünen Heinrich* auf autobiographische Parallelen in Bezug auf

279 Vgl. ebd., S. 25 f.
280 Ebd., S. 13.
281 H. Stierlin: Eltern, S. 150.

seine Schwester Regula verzichtet, sodass Heinrich geschwisterlos bleibt, und auch die Romanmutter keine zweite Ehe eingehen lässt, so bedeutet das meines Erachtens eine Konzentration auf die Aufarbeitung dieser speziellen Mutter-Kind-Beziehung. Dass Keller bewusste Absichten dabei hatte, die Schwester wegzulassen, geht aus dem Brief vom 10. April 1954 an die Mutter und Schwester hervor. Darin äußert er, „mit dem Roman einen ganz bestimmten Zweck“ zu verfolgen, für den er keine Schwester brauchen könne. Dass der Verzicht auf andere Personenkonstellationen aus unbewussten Quellen stammt und Ausdruck ödipaler Wut ist, wie Kaiser behauptet, bleibt spekulativ.[282]

## II.2 Der Beginn von Heinrichs künstlerischer Laufbahn - die Suche nach Widerständen durch einen Ersatzvater, der „mit gesundem Spotte beschneidet und unterdrückt“

Die Narzissmustheorie oder auch Dornes (Kapitel I.2.5) bieten Erklärungen zum Phänomen kindlicher Allmachts- und Größenphantasien. Das subjektive Empfinden des Kindes in der frühkindlichen Symbiose ist das eines Zauberers,[283] oder es hat das Gefühl, „Mittelpunkt und Kern der Schöpfung“[284] zu sein. Das Weiterbestehen der Symbiose zwischen Heinrich und seiner Mutter erhält solche Phantasien aufrecht: Hoffnungsreich und enthusiastisch (13), „wie ein wahrer König“ (23) - der allerdings auch ein tyrannisches Herz in sich birgt (111) - wird er bald in die deutsche Kunststadt reisen. Versagungen sind es, die das Allmachtsgefühl einschränken. An vielen Textstellen - das diesbezügliche Versagen Habersaats wurde bereits in Kapitel II.1 dargestellt - kann man den Wunsch des Erzählers nach solchen Beschränkungen durch Vaterfiguren herauslesen, die zu einer realistischen Sicht seiner künstlerischen Fähigkeiten hätten führen können. Die Neigung zur Verleugnung seines mangelnden Könnens, das sich während seiner Jugendzeit beobachten lässt, wird sich später während seines Aufenthalts in der Kunststadt wiederholen.

Eine dieser Vaterfiguren ist der Schulmeister, der im mütterlichen Heimatdorf lebt, in das es Heinrich nach seinem Schulverweis immer wieder zieht. Die Schulkatastrophe bringt die Mutter in große Bedrängnis,

---

282 Vgl. G. Kaiser: Gottfried Keller, S. 47.

283 S. Ferenczi: Entwicklungsstufen des Wirklichkeitssinnes, in: Schriften zur Psychoanalyse I. Hg. von Michael Balint, Frankfurt 1970, S. 154.

284 S. Freud: Zur Einführung in den Narzißmus, in GW Bd. X, S. 157.

denn „sie konnte bestimmt annehmen, daß der Vater [s]eine Schulbildung jetzt noch nicht abgeschlossen haben würde, wenn er noch lebte [...]" (179). In ihrer Ratlosigkeit schickt sie Heinrich zu den Verwandten aufs Land. Sein Wunsch, Maler zu werden, erhält im Heimatdorf der Mutter Nahrung. Dort werden seine narzisstischen Größenphantasien weiter genährt und erhalten vorerst kaum Begrenzung:

> *„Der nächste junge Tag ließ mich von allen Seiten mit dem Rufe: Maler! begrüßen. Guten Morgen! Haben der Herr Maler wohl geruht? [...] Ich ließ mir [...] den angewiesenen Rang trefflich munden und nahm mir im stillen vor, denselben nie mehr aufzugeben." (201)*

Dieselbe narzisstische Bestätigung erhielt Heinrich ebenfalls bei Habersaat:

> *„er begleitete die ungeheuerlichen und unreifen Gedanken, welche ich zutage brachte, mit ansehnlichen Redensarten von Komposition, historischer Landschaft und dergleichen, [...] daß ich bald für einen Teufelsburschen galt und auch die luftigen Aussichten der Zukunft, Reise nach Italien, Rom, große Ölbilder und Kartons, was man mir alles vormalte, geschmeichelt hinnahm." (260 f.)*

Erfahrungen, die er in der Beziehung zur Mutter gemacht hat, werden während seines Aufenthalts bei den Verwandten potenziert, sodass die Fähigkeit des Ich, die Realität zu prüfen und Unlustgefühle ertragen zu können, weiterhin unterentwickelt bleibt. Beim Zeichnen der ersten Naturstudien sucht der grüne Heinrich, seinen Größenphantasien entsprechend, einen „Riesen", einen großen prächtigen Baum, zur Studie. Anfangsschwierigkeiten übergeht er: „[...] hastig und blindlings zeichnete ich weiter, mich selbst betrügend [...]" (204). Der distanzierte Ich-Erzähler erkennt schon die ersten Ansätze zum Selbstbetrug, wenn es von außen kein Korrektiv gibt. Abwehrmechanismen, die das Selbstwertgefühl schützen bzw. erhöhen, werden von Kernberg als „narzißtische Charakterabwehr"[285] bezeichnet. Doch noch erkennt Heinrich die Diskrepanz zwischen dem Studienobjekt und seinem auf das Blatt gezeichnete „Zerrbild" (204) selbst, „und so hochmütig und anspruchsvoll [er] [...] in den Wald gekommen, so kleinlaut und gedemü-

---

285 O. F. Kernberg: Borderline-Störungen und pathologischer Narzißmus, Frankfurt a. M. 1978, S. 274. Bedeutsam wird die „narzißtische Charakterabwehr", als Heinrich in der Kunststadt lebt.

tigt war [er] [...] nun." (205) Narzisstisch gekränkt, hält er diese leichte Frustration nicht aus, und es werden regressive Neigungen erkennbar: Heinrich sucht Zuflucht bei Gott und erinnert sich seiner Mutter (vgl. 205). Höchst verzweifelt versucht er sich jedoch ein zweites Mal; diesmal bescheiden an einer zierlichen Esche, von der er zwar keine „sichere und elegante Skizze", jedoch ein „zaghaftes, aber ziemlich treues Gebilde" (206) hervorbringt. So zieht er „hoch vergnügt dem Dorfe zu [...]", wo er die zur Realitätskontrolle notwendige Versagung seiner Bestätigungswünsche erfährt: Das Lächeln der Verwandten beim Anblick seiner Studie wirkt wie das eines Vaters, welcher die Entwicklung „mit gesundem Spotte beschneidet und unterdrückt" (210).

Besonders deutlich wird der Wunsch nach einem väterlichen Korrektiv in der Auseinandersetzung mit dem Schulmeister, der in Bezug auf Heinrich ein idealer Erzieher zu sein scheint. Bei ihrer ersten Begegnung kommen sie auf den Zeitungsbericht über den Schulverweis eines Schülers zu sprechen. Ohne dass Heinrich sich zu erkennen gibt, entfaltet Annas Vater seine Sicht der Dinge und beweist damit, dass er das „Geheimnis aller Erziehung" kennt. Die Schulleitung, so führt er aus, habe „nicht christlich gehandelt, und unser Herr und Meister würde das verirrte Schaf gewiß zunächst unter die Falten seines Mantels genommen haben." (212), d. h., bevor Gott dem Missetäter durch eine Strafe Grenzen gesetzt hätte, hätte er ihm zu verstehen geben, dass der Sünder trotz seines Vergehens liebenswert ist.

Gegenüber Heinrich praktiziert er diese Erziehungsmethode im Hinblick auf dessen künstlerischen Versuche. Einerseits gibt er ihm wohlwollende Bestätigung: „Ei, du bist ja ein ganzer Maler, Herr Neveu!" (196), andererseits stellt er aber auch entsprechend dem Können des Helden Anforderungen: „Ich will dir nun andere Aufgaben stellen [...] du sollst nun unser Hofmaler sein!" (196) Der Schulmeister erinnert sich an den Junker Felix, der einst bei ihm im Hause lebte und seine Bilder zurückließ. Heinrich beginnt also mit dem Kopieren der Studien des Junkers Felix.

Letztlich scheitert der Schulmeister allerdings daran, dem jungen Künstler hinsichtlich seines Berufswunsches Grenzen zu setzen. Das wird während einer Auseinandersetzung um Heinrichs Pläne, Maler zu werden, deutlich. Obwohl der Schulmeister – „von bäuerischem Herkommen und dürftiger Bildung" (207) – aufgrund der „Abgeschiedenheit" (214) seines Lebens auf dem Dorf „keine Kenntnis von den

Künsten" hat und sich nicht vorstellen kann, „wie sich ein ernsthaftiges und geistiges Leben dabei führen läßt", versteht er es doch, entscheidende Fragen nach Ausdauer, Talent und vor allem die Existenzmöglichkeit durch die Malerei zu stellen: „Habt Ihr denn so große Lust und Geschick, allerlei unnützes Bildwerk zu verfertigen oder wohl gar Menschengesichter für Bezahlung abzubilden?" (214) Daraufhin entfaltet Heinrich seine Kunsttheorie, die im Malen nach dem Lustprinzip besteht, die aber durch die ironischen Distanz des Erzählers relativiert wird:

> *„Da lässet man die Bäume in den Himmel wachsen und darüber die schönsten Wolken ziehen und beides sich in klaren Gewässern spiegeln! Man spricht: es werde Licht! Und streut den Sonnenschein beliebig über Kräuter und Steine und läßt ihn unter schattigen Bäumen erlöschen. Man reckt die Hand aus, und es steht ein Unwetter da, welches die braune Erde beängstigt, und läßt nachher die Sonne in Purpur untergehen!" (216)*

Der Schulmeister stellt ganz ernsthaft wieder die richtigen Fragen, ob „es denn eine solche Art der Kunst" gibt und vor allem ob sie „anerkannt" (216) wird, d. h., ob man von ihr leben kann. Zu guter letzt lässt sich der Schulmeister wegen seiner mangelnden Kenntnis des Kulturbetriebes von Heinrich einwickeln und erweist sich als zu schwach, ihm Widerstand zu bieten. In seinem Zugeständnis erkennt man die ironische Distanz des Erzählers: „Jetzt habe ich alter Mensch wieder etwas Neues gelernt [...]" (217).

Die narzisstische Charakterabwehr des Protagonisten zeigt sich abermals in der Ausbildung bei Habersaat. Im Frühling entfernt der grüne Heinrich sich aus dem Unbehagen erzeugenden Saal des Meisters, in dem das Ich dem Realitätsprinzip unterworfen ist und somit Pflicht und Gehorsam erwartet werden. Heinrich drängt es, „nach der Natur" zu malen. Anstrengenden Vorübungen, die er zur Entwicklung seines künstlerischen Schaffens leisten müsste, entzieht er sich:

> *„Denn was mir nicht klar war oder zu schwierig erschien, das warf ich, mich selbst betrügend, durcheinander und verhüllte es mit einer unseligen Pinselgewandtheit, da ich, anstatt bescheiden mit dem Stifte anzufangen, sogleich mit den angewöhnten Tuschschalen, Wasserglas und Pinsel hinausging und bestrebt war gleich ganze Blätter in allen vier Ecken bildartig anzufüllen [...]. Wohl regte*

*sich dieses [das „künstlerische Gewissen"] oft mahnend, wenn ich perspektivische Feinheiten und Verkürzungen der Steine, trotzdem ich sie sah und fühlte, überging und verhudelte, statt den bedeutenden Linien nachzugehen, mit der Selbstentschuldigung, daß es auf diese oder jene Fläche nicht ankomme und die zufällige Natur ja wohl auch so aussehen könnte, wie ich sie nachbildete [...]" (264).*

Am Ende überlässt er sich, „ohne etwas zu tun, [...] einem träumerischen Müßiggange [...] und wiederholte wohl gar längst vergessene kindische Spiele [...]" (265). Ein Leben nach dem Lustprinzip!

Ebenso wie die Mutter nicht in der Lage war, Heinrich Grenzen zu setzen, ist Habersaat nicht fähig, die nach dem „Geheimnis aller Erziehung" notwendigen Widerstände zu bieten; stattdessen bestärkt er ihn in seinem Glauben an sein Können. Als Heinrich seinem Meister die seltsamen „Gebilde" vorlegt, gratuliert dieser ihm zu den Entdeckungen. Habersaat „fand seine Aussprüche über meinen Eifer und mein Talent bestätigt, da ich hiermit beweise, daß ich unverkennbar ein scharfes und glückliches Auge für das Malerische hätte und Dinge auffände, an welchen tausend andere vorübergingen." (266)

In Bezug auf seine künstlerischen Versuche setzt eine Realitätskontrolle erst wieder während des Aufenthalts beim Oheim ein. Dieser erkennt in „seinem realistischen Sinne" (267) Heinrichs mangelnde Naturwahrheit in den Bildern und leitet ihn mit verschiedenen Aufträgen, „ein getreues Bild" von Haus und Garten zu liefern, wieder „auf eine reale Bahn" (268).[286] Dementsprechend lernt Heinrich

*„die aufrichtige Arbeit und Mühe wieder kennen, und indem darüber eine Arbeit entstand, die mich in ihrer anspruchslosen Durchgeführtheit selbst unendlich mehr befriedigte als die marktschreierischen Produkte der jüngsten Zeit, erwarb ich mir mit saurer Mühe den Sinn des Schlichten, aber Wahren." (269)*

Letztlich reichen all die Korrekturen, die Heinrich erfährt, aber nicht aus, seine Ich-Entwicklung voranzutreiben, sodass er den Lebensanforderungen gerecht werden könnte. Am Ende der Ausbildung bei Habersaat stellt das „feindliche" Leben seine Ansprüche. Heinrich

286 Als schwachen, wohlwollend-unverantwortlichen Vater hat Kaiser den Oheim bezeichnet. Vgl. G. Kaiser, 122 f. Diese Charakterisierung trifft nur zum Teil zu.

soll, nachdem er wochenlang zu Hause geblieben ist, um dort zu lesen oder zu malen (272), in Habersaats Geschäft einsteigen. Aber getreu Ferdinands Worten, das zu unterlassen, was ihm unangenehm ist, weicht Heinrich den Erfordernissen des Realitätsprinzips aus. Er „verabscheute jeden Gedanken an Tagelohn und kleine Industrie [...]" (273) und richtet sich im Haus der Mutter eine Werkstatt ein, in der er allerdings kaum arbeitet, sondern in Apathie versinkt.

Als Heinrich bald wieder aus der Interesselosigkeit für die Außenwelt erwacht, versucht er einen weiteren Neubeginn seines künstlerischen Schaffens und zieht ins Freie, um Naturstudien anzufertigen (vgl. 393). Es beginnt die Episode mit dem aus der Fremde zurückgekehrten Römer[287], dem letzten Ersatzvater seiner Jugendzeit, der kurzzeitig Heinrichs Lehrer wird und wirklich Grenzen zu setzen versteht; er ist „höchst kritisch und streng" und macht die Arbeit des Helden „erbarmungslos herunter" (401). Aber nachdem Heinrich in der Auseinandersetzung mit diesem Ersatzvater „endlich die wahre Arbeit und Mühe" kennen gelernt hat, ohne dass sie ihm „lästig" geworden ist (402) - er erfährt den Lustgewinn unter dem Realitätsprinzip -, endet er ein weiteres Mal in Lethargie (vgl. 461). Offenbar ist der Einfluss Römers wie der aller anderen Ersatzväter nicht nachhaltig genug gewesen.

287 In seinen Reflexionen über den Ursprung Römers „Wahnsinn" zeigt sich Heinrich im Übrigen sehr „modern". Wie bei Meretlein versucht er, auch bei Römer biographische Erklärungen für abweichendes Verhalten zu finden. Dass „die Kindheit schon ein Vorspiel des ganzen Lebens ist" (176), wird nicht nur für Heinrich reklamiert (siehe Kapitel II.4), sondern auch für den Kunstlehrer. Zwar äußert Heinrich zunächst, nicht begreifen zu können, „wie jemand wahnsinnig sein könne" (424), grenzt sich dann aber von anderen ab, die in Römer jemanden sehen, der sich absichtlich verstellt, um „sich ungehörige Vorteile zu verschaffen" (428). Heinrich versucht zwar, dessen Verhalten aus Kindheitserlebnissen zu verstehen, lässt aber die Ursachen für den Wahnsinn letztlich doch im Dunkeln (vgl. 428 f.).

## II.3 „Der weite See verschmolz mit den Füßen des Hochgebirges“ – die misslungene Trennung von der Mutter

### II.3.1 Von „einem grünen Urwald umgeben“ – Abgrenzung von der Außenwelt

Immer wenn der grüne Heinrich während seiner Jugendzeit spürt, dass er den Anforderungen der Außenwelt nicht gewachsen ist oder dass sein Selbstbild als begabter Künstler in Gefahr gerät, flüchtet er zur Mutter. Das wird besonders deutlich, als er Habersaats Angebot ablehnt, in dessen Geschäft einzusteigen. Es sind erneut regressive, d. h. aus dem Ausweichen vor den Anforderungen der Außenwelt hervorgerufene Wünsche nach „Ruhe“ und kein inzestuöses Begehren, das ihn ins Haus der Mutter zurücktreibt, in dem er vor allem Geborgenheit sucht:

> *„Das Refektorium erschien mir mit jedem Tage mehr als ein Hindernis und eine Beengung; ich sehnte mich darnach, in unserem Hause mir eine stille Werkstatt einzurichten [...]“ (273).*

Bei ihr fühlt er sich „vollkommen frei und unabhängig, ohne die mindeste Einwirkung und ohne Vorbild noch Vorschrift“ (275), womit der Erzähler deutlich werden lässt, dass dem Helden Widerstände fehlen. Die Mutter kultiviert jedes Mal Heinrichs regressive Wünsche, da diese ihrem eigenen Bindungswunsch entgegenkommen. So wird „mit der Mutter Beihilfe“ (273) – eine Bemerkung, die man als Anklage verstehen muss – ein kleiner Garten gepflanzt. Efeu und Schlingpflanzen werden gesetzt, „so daß das helle große Fenster von einem grünen Urwald umgeben war.“ (273) In der Beschreibung der Schlingpflanzen setzt sich die textile Metaphorik fort, und das Fenster verliert zunehmend seinen Charakter als Verbindung nach draußen. Mutter und Sohn grenzen sich in symbiotischer Vereinigung von anderen ab. Die Außenwelt stellt vorerst kaum Ansprüche. Schulden, die durch Heinrichs Leselust entstehen, bringen ihn in Bedrängnis. Doch die Mutter bezahlt die Schulden und erlöst ihn, so wie sie es später auch machen wird, als er in der Kunststadt in eine finanzielle Notlage gerät. Wieder nimmt sie ihm die Erfahrung, Probleme eigenständig zu lösen. Den Möglichkeiten, die Schulden durch den Verkauf seiner Bilder zu bezahlen, weicht er aus (276). Der Misserfolg würde die kindlich-narzisstischen Größenphantasien zusammenbrechen lassen.

Doch immer stärker regen sich Heinrichs Loslösungswünsche von der Mutter. Die Einflüsse der Außenwelt dringen im Laufe der Entwicklung durch den „Urwald" ins Innere des Hauses. Anfangs rationalisiert er den Drang nach draußen, den ein Freund auslöst, der sich lebenslustig in Wirtshäusern herumtreibt. Heinrich dagegen muss wehmütig zu Hause bleiben, da die Mutter ihm nicht viel Geld gibt:

*„Inzwischen aber mißbilligte ich, wie der Fuchs, dem die Trauben zu sauer sind, öfter die Wildheit meines Freundes und suchte ihn mehr an meine stille Wohnung zu fesseln."* (277)

Fesseln anlegen kann nicht nur die Mutter, sondern auch der Sohn neigt dazu, dieses Beziehungsmuster fortzusetzen.

Der grüne Heinrich fühlt sich jedoch mehr und mehr wie ein „gefangener Vogel" (277), der von der Freiheit träumt. Mit diesem Bild bringt er seine Autonomiewünsche zum Ausdruck. Schließlich aber drängt es Heinrich immer stärker hinaus ins Leben:

*„[...] ich staunte den fernen Genossen an wie eine geheimnisvolle großartige Erscheinung, deren herrliche Entwicklung von Tag zu Tag Größeres versprach, und rüstete mich allen Ernstes, an ihrer Seite ins Leben hinaus möglichst Schritt zu halten."* (278)

Die mit der Pubertät einsetzende Geschlechtsreife, die ihn schon vorher zu Anna und Judith ins mütterliche Heimatdorf trieb, führt ebenfalls zum Loslösungswunsch von der Mutter, zum Verlassen des mütterlichen Hauses. Das Tell-Fest bietet die Gelegenheit, wieder einmal - um das Bild vom „gefangenen Vogel" zu benutzen - aus dem Käfig herauszukommen. Die Vorbereitungen des Festes, die Heinrich der Mutter hellsichtig im Lichte väterlicher Wünsche darstellt und die somit eine Seite der mütterlichen Ambivalenz treffen, bilden den Vorwand, das Haus zu verlassen und seinen Triebregungen nachzugehen:

*„Ich war vollständig Herr meiner Zeit, auch war eine Unterbrechung zu solchem Zwecke zu sehr im Geiste meines Vaters, als daß die Mutter dagegen Bedenken erhoben hätte [...]"* (336).

Warum hätte sie überhaupt dagegen Bedenken erheben sollen? Offenbar empfindet Heinrich den Bindungswunsch der Mutter, und er hat ein feines Gespür dafür, wie er sich gegen ihre Überfürsorglichkeit wehren kann.

Doch wieder misslingt im mütterlichen Heimatdorf das „Zusammentreffen mit der übrigen Welt"; diesmal sind es seine Versuche, Liebesbeziehungen mit Anna oder Judith einzugehen, sodass er nochmals zur Mutter flieht, die ihm wiederholt regressive Verwöhnung anbietet. Ein „artiges Lotterbettchen" (389) steht bereit, auf dem Heinrich dreißig Tage mit Lesen zubringt. Das dreißigtägige Liegen und Lesen macht die Mutter zwar unentschlossen, Goethes Gesammelte Werke zu kaufen und damit zum weiteren Liegenbleiben Heinrichs beizutragen, sonst deutet aber gar nichts darauf hin, dass sie unzufrieden ist, ihn bei sich zu haben. Die Initiative, nach der Lektüre hinaus zu gelangen, ergreift schließlich wieder der Sohn, dem die Stube plötzlich still und leer erscheint:

> *„[...] ich sprang auf, sah mich um und würde mich wie in einem Grab gedünkt haben, wenn nicht die Stricknadeln meiner Mutter ein freundliches Geräusch verursacht hätten. Ich machte mich ins Freie [...]" (390 f.).*

Der Hinweis auf das Grab deutet schon an, welchen Wert der Erzähler dem Leben in der Symbiose beimisst. Offenbar fühlt er sich „Lebendig Begraben"[288], und die strickende Mutter arbeitet derweil am Beziehungsgeflecht.

Nach einem letzten Ausbruchsversuch, der durch den Streit mit Römer beendet wird, endet Heinrich wieder in einem apathischen Zustand:

> *„Jeden Abend nahm ich mir vor, den nächsten Morgen und jeden Morgen, den nächsten Mittag die Bücher beiseite zu werfen und an meine Arbeit zu gehen; selbst von Stunde zu Stunde setzte ich den Termin; aber die Stunden [...] Tage, Wochen und Monate vergingen [...] sachte und heimtückisch [...]" (461).*

Das Leben in der Symbiose mit der Mutter, „den ganzen Winter allein und ohne Umgang" (461), bietet Heinrich keine Perspektive. Er vergleicht sich mit Altersgenossen, die auf dem Tell-Fest um Anna werben und deren Visitenkarten sie bewunderungsvoll in der Hand hält – auf einer steht Dr. med., auf der anderen Cand. Jur., auf der des Vi-

288 So der Titel eines Gedichts Kellers.

kars V.D.M. (vgl. 351). Heinrich empfindet Ohnmachtgefühle, die seinen ihn sonst kennzeichnenden Größenphantasien entgegenstehen:

> *„Ich entdeckte daher zum ersten Mal mit Schrecken, welch einer geschlossenen Macht ich gegenüberstand [...] und fühlte mich nur unbedeutend und unnütz in diesem Augenblicke." (349 f.)*

Diese Gefühle werden nun, je mehr er andere beobachtet, immer bedrängender:

> *„Ich sah, daß alle anderen jungen Leute, die zum ersten Mal hier [zu den Wahlen] erschienen, als Handwerker, Kaufleute oder Studierende entweder schon selbständig oder durch ihre Väter [...] in einem klaren und sicheren Zusammenhang standen [...]" (464).*

Weil das Heimatdorf nach der „Badeszene" Judiths (443 f.), die ihn geängstigt hat, als Fluchtraum verschlossen ist, empfindet er „mehr und mehr eine Sehnsucht selbst über den Rhein zu setzen und erst recht mitten in diese Welt zu geraten" (462). Heinrich hat vor allem das Gefühl, sich von der Mutter lösen zu müssen, um dem Untergang bei ihr zu entgehen. Er identifiziert sich mit Schiller und erkennt offenbar Parallelen zum Dichter:

> *„Dieser, aus dem Kreise hinausflüchtend, in welchem Familie und Landesherr ihn halten wollten, alles das im Stich lassend, zu was man ihn machen wollte, stellte sich in früher Jugend auf eigene Faust, nur das tuend, was er nicht lassen konnte [...]" (603).*

Am Ende der oben dargestellten Entwicklung steht ein Ich mit den anfangs geschilderten Funktionsstörungen, ein Ich, das Kaiser weitgehend zutreffend beschreibt: Heinrichs Wahrnehmungen sind beherrscht durch Himmelserscheinungen und Wolkenbildungen, die vom festen Umriss der Berge nicht unterschieden werden,[289] und wie ein „formloses, wolliges Geflecksel"[290], das Heinrich am Ursprung seiner Malerei im Kopieren eines Landschaftsgemäldes mit Abendhimmel hervorbringt, „so breitet sich auch sein Ich aus, von keinem Vater

289 Vgl. G. Kaiser: Gottfried Keller, S. 66.

290 Menninghaus' Lesart des „Geflecksels" als „Leitmotivik der Frauenbilder" und als „kunsttheoretische Reflexionsinstanz" überzeugt nicht, entsteht dieser Malversuch doch während der Vorpubertät, als Heinrich zurückgezogen und im Frieden mit der Mutter lebt. Vgl. Menninghaus: Artistische Schrift, S. 51.

eingedämmt und geformt, von keinem Vater zur Abarbeitung, Begrenzung und Selbsterprobung an der Realität draußen angehalten [...]"[291]. Damit hat Kaiser den mangelnden Realitätssinn Heinrichs erfasst. Offenbar ist er der Auffassung, dass nur Väter für das Begrenzende, Versagende zuständig sind. Diese Geschlechtsrollenverteilung bei der Erziehung verstellt den Blick dafür, dass selbstverständlich auch eine Mutter ein Ich eindämmen und formen kann und muss. Wenn die Abgrenzung von der Mutter scheitert, bleiben die Ich-Grenzen fließend. Das ist sinnbildlich dargestellt in der kaum möglichen Unterscheidung der Grenzen von Wolken und Bergen in der Szene, als der grüne Heinrich Abschied von der Mutter nimmt: „Der weite See verschmolz mit den Füßen des Hochgebirges in eine blaugraue Dämmerung [...]" (13).

Das Modell des Ödipuskomplexes, auf das Muschg und Kaiser ihre Interpretation stützen, kann dieses Phänomen nicht erklären. Mutter und Vater erscheinen in diesem Modell, wie in Kapitel I.2 dargestellt, nicht mit individuellen Erwartungen, Wünschen und Ängsten, sondern stereotyp und gänzlich unplastisch. Entsprechend beschreibt Kaiser die Sexualentwicklung Heinrichs und die Erziehungsleistungen der Mutter:

> *„Die Vaterlosigkeit Heinrichs schafft gleichsam experimentelle Bedingungen für die Entfaltung der familiären Problematik. Der Verlust treibt die ödipale Situation heraus in die Erstarrung [...]. Die Phantasiewucherung unter einer Decke der Vereisung ist die Überreaktion von Mutter und Sohn auf das vaterlose Zusammenleben in der Kernfamilie, die als Dreiecksverhältnis entworfen ist und funktioniert."*[292]
> *„Für die Mutter [...] ist die Erziehung des Sohnes Beruf, Wissenschaft und Kunst, ja der schwierige Lebensinhalt, und das um so mehr, als sie sich an ihrer Aufgabe zerreibt. Das gilt in Hinsicht auf die ihr unzugängliche Position väterlicher Vermittlung in die Gesellschaft, die der Gutstochter vom Lande in der städtisch-kapitalistischen Ausprägung fremd bleibt, aber auch in Hinsicht auf die ideale Mutterposition, die sie nur nach einer Seite hin erfüllt und damit verzerrt."*[293]

291 G. Kaiser: Gottfried Keller, S. 67.
292 Ebd., S. 61.
293 Ebd., S. 49.

Auffällig ist hier die Idealisierung der mütterlich-warmen Seite. Auch Muschg kommentiert das Scheitern der Erziehungsanstrengungen der Mutter Keller nur lapidar: „Die väterlichen Maßstäbe waren wohl nicht die ihren."[294]

Während Heinrich darauf wartet, über den Rhein zu gelangen, schreibt er seine Jugendgeschichte nieder, die - wie ich gezeigt habe - eine schmerzhafte Auseinandersetzung mit der mütterlichen Erziehung darstellt, die der Grund dafür ist, dass die Hauptfigur des Romans sich nicht weiterentwickelt, sondern im Beruf und in der Liebe scheitert. Nichts deutet beim Schreiben der Jugendgeschichte auf eine „lustvolle Beschäftigung mit der persönlichen Vergangenheit"[295] hin, denn Heinrich schreibt, als er sich in „einem unbehaglichen Zustande" (462) befindet und erkennt, dass durch ihn „noch nicht ein Bissen Brot in die Welt gekommen" (464 f.) ist. Das Schreiben rettet ihn davor, aus seiner lethargischen Stimmung in eine Depression abzugleiten. Möglicherweise ist der Roman, was den Schreibprozess betrifft, auch autobiographisch, denn sein Autor empfand die Arbeit am *Grünen Heinrich* als Qual.[296] Ferner überzeugt auch Anne Brenners These nicht, „daß Heinrich ‚offiziell' darum bemüht ist, seine Schrift [das Jugendbuch] in den Dienst von Progressionsbekundungen zu stellen, unterschwellig hingegen scheint ein Streben nach Regression am Werk zu sein."[297] Meines Erachtens erzählt das Jugendbuch von den Gründen dafür, dass es Heinrich unter dem mütterlichen Einfluss nicht gelingt, sich „die Hörner abzulaufen" und sich in die Gesellschaft zu integrieren.

Interessant ist an dieser Bruchstelle die Romankonzeption im Hinblick auf die beiden Erzählperspektiven der ersten Fassung des *Grünen Heinrich*. Die beschränkte Perspektive des Ich-Erzählers in der Jugendgeschichte wurde offenbar gewählt, weil der Protagonist seine Verstrickungen mit der Mutter und die daraus erwachsenden Folgen noch nicht durchschaut. Mit der Entfernung von ihr - gleichwohl die Trennung von ihr keine psychische ist: „Sind da und sind doch dort,/ Wir gehen bleibend fort [...]" (654) - findet der Wechsel zum auktorialen Erzählen statt. Heinrich überschaut seine Verstrickungen mit der Mutter. Das wird sinnbildlich deutlich, als er bei seiner Rückkehr aus der Kunststadt, auf einem Berg stehend, einer Feuerlöschübung zu-

294 A. Muschg: Gottfried Keller, S. 17.
295 A. Brenner: Leseräume, S. 37.
296 Vgl. Brief vom 2. April 1855 an Vieweg, auf den ich im Kapitel III.2 näher eingehen werde.
297 A. Brenner: Leseräume, S. 7.

schaut. Falsch angeschlossene, lange Löschschläuche – hier wird die Fadenmetaphorik wieder aufgenommen – ziehen sich dabei in „mäandrischen Windungen" durch die Straßen; wegen der „kunstreichen Verschlingung der Schläuche" (682) kommt es zu falschen Anschlüssen, sodass beim Wassergeben ein Chaos entsteht, dessen Ursachen nur der distanzierte Beobachter erkennt:

> *„Immer größer ward die Verwirrung, und ein allgemeiner Kampf schien zu entstehen; denn den einfachen Grund, die Verwechselung der Wenderöhre, entdeckte niemand, da die verschlungenen Schläuche um die Ecke gingen und keiner die Sachlage übersah." (683)*

„Heinrich aber sah ganz herrlich, woher die Not kam [...]" (682), was man wohl im übertragenen Sinn verstehen muss. Folglich ruft er „mit allem Feuer", das seine Euphorie durch den Erkenntnisgewinn ausdrückt, in die Landschaft hinein:

> *„Dies ist das Geheimnis! O wer allezeit auf rechte Weise zu sehen verstände, unbefangen mitten in der Teilnahme, ruhig in edler Leidenschaft, selbstbewußt, doch anspruchlos, kunstlos und doch zweckmäßig! Ich will nun aber doch gehen und noch irgend etwas Lebendiges lernen, wodurch ich unter den Menschen etwas wirke und nütze!" (683)*

### II.3.2 Zwei Seelen werden „auseinandergerissen" – der Abschied von der Mutter

„Die Abnablung von der Mutter gelingt dem grünen Heinrich der ersten Fassung niemals; sein Leben endet konsequent ‚in dem Sterbegemach der Mutter' [...]"[298], stellt Selbmann zutreffend fest, ohne im Detail seine Behauptung von der mangelnden Ablösung zu belegen; das soll im Folgenden geschehen. Einen Einblick in wichtige Aspekte der Beziehungsdynamik zwischen Heinrich und seiner Mutter bietet die Abschiedsszene. Bevor der Held seine Reise in die Kunststadt antritt, macht er sich noch einmal auf, um von einem Felsen auf die Stadt zurückzublicken. Es ist ein distanzierter Rückblick auf seine Vergangenheit. Bezeichnenderweise wir in dieser Abschiedsszene das Sinnbild vom weiten See, der mit den Füßen des Hochgebirges verschmolz (vgl. 13), benutzt, um die symbiotische Beziehung zur Mutter zum Ausdruck zu bringen. Weiterhin fällt auf, dass der Protagonist am „frühen Ostermorgen" (12) auf den Berg klettert. Die Parallele zum am frühen

298 R. Selbmann: Gottfried Keller, S. 20.

Ostermorgen auferstandenen Gottessohn ist offensichtlich. Während Jesus Christus sich für die Sünden der Menschen opferte, muss Heinrich für die Sünden der Mutter sühnen. Aber es ist wohl auch eine sehr kühne, narzisstische Größenphantasie, die in der zweiten Fassung aufgehoben ist; an einem schönen „Maientag" (V, 136) steigt er darin auf den Berg, was der autobiographischen Wahrheit zwar näher kommt - Keller schrieb seinen ersten Brief auf dem Weg nach München aus Frauenfeld am 1. Mai 1840 -, aber das dürfte kaum der Grund für die Änderung gewesen sein. In der ersten Fassung verarbeitete der Autor seine Aggressionen gegen die Mutter; in der zweiten mussten Spuren verwischt werden.

Kellers Alter Ego der ersten Fassung hat durch das erfahrungsarme Leben in der Symbiose mit der Mutter, wie im vorigen Kapitel gezeigt wurde, das Gefühl, nicht zu leben. Der Aufbruch kommt ihm wie eine Auferstehung von den Toten vor. Auch die Beschreibung des jahreszeitlichen Wechsels - die Natur steht kurz vor dem Aufblühen - wiederholt dieses Lebensgefühl und drückt die Hoffnung auf eine Weiterentwicklung aus: „Von Schnee war außer dem Gebirge keine Spur mehr zu finden; aber das wenige Grün war noch trocken und taulos." (13) Den „hoffnungsreichen und enthusiastischen" Jüngling (13) zieht es „über den Rhein". Mit der Flucht vor der Mutter verbindet er die Hoffnung, sich von ihr zu emanzipieren und „aufzublühen".

Nach diesem Ausflug kehrt Heinrich ins mütterliche Haus zurück. Während er die Anforderungen der Außenwelt - die Vorbereitung seiner Abreise - vergessen und sich im Spiel mit der Natur verloren hat, trifft er nach seinem Spaziergang auf die Mutter, die bereits dabei ist, die Koffer zu packen. Ebenso wie sie ihm in den zwanzig Jahren zuvor immer wieder geholfen hat, umsorgt sie Heinrich, erledigt seine Aufgaben und hält ihn so unselbstständig. In der Szene beim Kofferpacken zeigt sich erneut die Bedeutung der Fadenmetaphorik. Weil die Mutter beim Einpacken der aus Leinwand gesponnenen Hemden nicht sorgfältig genug mit Heinrichs Büchern und Papieren umgegangen ist, kritisiert er, dass Hausfrauen „nicht viel Gefühl" für Papier hätten. „Die weiße Leinwand ist ihr Papier, die muß in großen wohlgeordneten Schichten vorhanden sein, da schreiben sie ihre ganze Lebensphilosophie, ihre Leiden und ihre Freuden darauf." (16) Für ihre „Leiden und ihre Freuden" hat Heinrich - wie oben dargestellt - ein feines Gespür. Dann ermahnt ihn die Mutter - und das spielt nur zum

Teil auf ihre Sparsamkeit an –, er solle sorgfältig mit seinen Hemden umgehen:

> *„[...] ich habe das Tuch selbst gesponnen; siehst du, diese sechs sind fein und schön, sie stammen aus meinen jüngeren Jahren, diese sechs hingegen sind schon gröber, meine Augen sind eben nicht mehr so scharf. Alle aber sind schneeweiß, und wenn du auch, während sie noch gut sind feinere Kleider anschaffen könntest, so darfst du doch meine Wäsche dazu tragen, weil es anständige und ehrbare Leinwand ist."*

Selbmann kommentiert die Szene beim Kofferpacken nicht tiefgreifend genug:

> *„In ihrer Hilflosigkeit [sich der Erziehung im Sinne des Ehemannes zu widmen] beschränkt sie sich auf eine Formalerziehung ihres Sohnes, bei der sekundäre Liebesbezeugungen übermächtig werden. Die Hemden, die die Mutter dem fortziehenden Sohn in den Koffer packt, sind mehr als bloß Ausdruck mütterlicher Fürsorge. Sie sind mit dem Gewicht mütterlicher Entsagung belastet [...]" (20).*

Selbmann erkennt zwar die Bedeutung der „Fadenmetaphorik", führt den Gedanken aber nicht weiter, denn es ist wichtig, dass die Leinwand selbst gesponnen ist. Welche Vorstellung von Erziehung mag also noch hinter diesem Bild stecken? Im Allgemeinen haben Mütter in einer frühen Lebensphase des Kindes einen stärkeren Einfluss auf das Kind, erst mit den Jahren wird er „gröber". Die Hemden kann man als Metapher für das nach außen gewendete Mutter-Kind-Beziehungsgeflecht deuten. Zu diesem „Gewicht" bekommt Heinrich noch zusätzliche „unterschiedliche Tuchabschnitzel, welche seinen Kleidungsstücken entsprachen, zusammengerollt und mit einem Bindfaden vielfach umwunden und die sie ihm ja nicht zu verlieren empfahl [...]" (17). Im Vergleich zu anderen trägt Heinrich durch seine enge Beziehung zur Mutter eine ganz besondere Last.

Während die Mutter in dieser Szene, als sie ihm den Koffer packt, seine Verselbstständigung verhindert, fordert sie auf der Inhaltsebene der Kommunikation hingegen wieder das Gegenteil: „[...] und mach, daß du bald etwas lernst und endlich selbständig werdest [...]" (19). „Hans Obenhinaus", so nennt ihn die Mutter – und zu dem hat sie ihn gemacht – , scheidet daher in der Erwartung, die Welt als mütterliche

Matrix vorzufinden: „[...] wenn man in der Fremde ist und sich eine ordentliche Wohnung mieten muß, so bekommt man die Bedienung mit in den Kauf." (17) Die Ursache für diese Bequemlichkeitshaltung liegt wohl in der grenzenlosen mütterlichen Fürsorge. Heinrich stößt aber mit dieser Vorstellung sofort auf ihren Widerspruch: „Ich sehe nicht ein, warum du nicht selbst deine Sachen in Ordnung halten solltest, während du sonst Stunden lang in die Berge hineinstarrst!" (17) Sie wirft ihm seine passive Erwartungshaltung vor, ohne zu erkennen, dass sie nichts gegen diese Einstellung getan hat, sondern sie sogar gefördert hat. Der Konflikt zwischen beiden wird aber nicht weiter ausgetragen: „‚Das verstehst du halt nicht!' hätte Heinrich fast gesagt, fand es aber für gut, die Worte zu verschlucken [...]" (17). Das Verschlucken bringt Heinrichs Aggressionshemmung sinnbildlich auf den Punkt. Schon hier zeigen sich seine Schwierigkeiten, Widerspruch gegen die sich aufopfernde Mutter zu erheben. Diese Regung wird vom Erzähler - der die Funktion eines Über-Ich ausübt - in schärfster Weise verdammt:

> *„Das undankbare Kind vergaß hierbei gänzlich, wie rührend ihn die Mutter oft überrascht hatte, wenn er beim Antritt irgend einer kleinen Reise oder wenn Fremde im Hause waren, seine Schuhe glänzend gewichst fand [...]" (17).*

Die mütterliche Forderung „mach, daß du bald [...] selbständig werdest" klingt aber in dieser Idealisierung noch nach!

Als der Abschied endlich naht, herrscht während des abschließenden Frühstücks „Totenstille". „Frau Lee hätte ihrem Sohne noch gern allerlei gesagt; aber sie konnte mit ihm gar nicht sentimental sprechen, so wenig als er mit ihr." (19) Schließlich findet die Mutter Worte und richtet ein weiteres Bindungsangebot an Heinrich, das Aufopferung bis zum letzten Pfennig signalisiert, wenn es ihm übel ergehen sollte. Aber schon hier muss sich Heinrich als „gefrorner Christ" (729) zeigen, um seine schwach ausgebildeten Ich-Grenzen aufrechtzuerhalten und der Verschmelzung mit der Mutter zu entgehen, sodass er beinahe erstarrt: „Der Sohn schaute während dieser Anrede stumm in seine Tasse und schien nicht sehr gerührt zu sein." (19) Auch als seine und die Tränen der Mutter ineinander zu fließen drohen, beherrscht er sich: „Die Tränen stürzten ihr in die Augen, [...] und er fühlte, [...] daß sein Gesicht ganz heiß wurde, aber er bezwang sich." (19 f.)

Diese Abschiedsszene zeigt Heinrichs Ambivalenz gegenüber der Mutter. Neben seiner Sehnsucht, sich aus der Abhängigkeit von ihr zu lösen, spürt er auch Trennungsangst und -schmerz; dazu kommen Regressionswünsche, die er aber unterdrücken muss, um sich nicht doch im letzten Moment zum Bleiben zu entschließen. Zum Abschied gibt er den Hausbewohnern schließlich noch die Hand, „ohne seine Mutter dabei stark auszuzeichnen, wenn man einen flüchtigen und wehmütigen Blick, den er auf sie warf, ausnehmen will." (20) „Das Volk", so der rationalisierende Kommentar des Erzählers, „erweist sich selbst wenig sichtbare Zärtlichkeit"; schließlich macht er sich „mit schnellen Schritten" (20) auf den Weg, um endlich wegzukommen.

Unterstützt wird die Deutung von der Schmerzhaftigkeit des Abschieds auch durch Sigmund Freuds Studie *Trauer und Melancholie*, deren Stärke darin liegt, dass sie weniger theoretisch angelegt ist, als dass darin beobachtend und deskriptiv verfahren wird. Bindungstheoretiker schätzen sie auch sehr, weil Freud in diesem Werk in Beziehungen denkt.[299] Nach Freud ist Trauer „regelmäßig die Reaktion auf den Verlust einer geliebten Person [...]. Unter den nämlichen Einwirkungen zeigt sich bei manchen Personen, die wir darum unter den Verdacht einer krankhaften Disposition setzen, an Stelle der Trauer eine Melancholie."[300] Trauerarbeit, die der Melancholiker nicht leistet, macht das Ich wieder frei und ungehemmt.[301] Auch der Trennungsprozess im Jugendalter verlangt nach Helm Stierlin Trauerarbeit von Eltern und Kindern. Sie müssen einander aufgeben, um sich auf einer neuen Ebene wieder finden zu können. „Wo immer eine übermäßige, wenn man will: pathologische Bindung vorliegt, wird - und wurde in der Regel schon vorher - Trauerarbeit versäumt und damit die neue, im Trennungsprozeß anstehende Trauerarbeit erschwert oder unmöglich gemacht."[302] Dazu gehört auch das „Erleben und Durcharbeiten vieler ambivalenter und widersprüchlicher Gefühle, wie Wut und Enttäuschung [...]"[303].

---

299 „Es ist erstaunlich, daß trotz der grundlegenden frühen Arbeit Sigmund Freuds die theoretische Beschäftigung mit der Thematik Trennung, Verlust und Trauer in seiner psychoanalytischen Lehre gegenüber der Bedeutung der Sexualität eher in den Hintergrund trat." K. H. Brisch: Bindungsstörungen, S. 62. Im Übrigen gehört Freuds Studie zur Pflichtlektüre aller in der Psychiatrie Tätigen, die sich mit Depressiven auseinandersetzen.

300 S. Freud: Trauer und Melancholie, in: GW X, S. 428 f.

301 Vgl., ebd., S. 430.

302 H. Stierlin: Eltern und Kinder, S. 209.

303 Ebd.

Heinrich kann diese unterschiedlichen Gefühle nicht verarbeiten. Der Trennungsschmerz beim Abschied ist so stark, dass er an einen Ichverlust reicht. Im Reisewagen, als er an seine Mutter denkt, wird ihm das bewusst:

> *„Hier mußte er den Mantel ein wenig vor sein Gesicht drücken, [...] es befiel ihn eine plötzliche Angst, daß er die Stube nie mehr betreten dürfe. [...] Das ganze Gewicht ruhte auf zwei einzigen Seelen; wurden die auseinandergerissen, so kannte jede die Einsamkeit der anderen und der Trennungsschmerz wurde so doppelt." (29)*

Damit wird das Lebensgefühl moderner Kleinfamilien beschrieben, das er von dem in Großfamilien herrschenden abgrenzt, in dessen Beschreibung man dem Erzähler wohl zustimmen muss, der sich nicht enthalten kann,

> *„jene Familien bitterlich zu beneiden welche Vater, Mutter und eine hübsche runde Zahl Geschwister nebst übriger Verwandtschaft in sich vereinigen, wo, wenn je eines aus ihrem Schoße scheidet, ein anderes dafür zurückkehrt und über jedes außerordentliche Ereignis ein behaglicher Familienrat abgehalten wird, und selbst bei einem Todesfalle verteilt sich der Schmerz in kleinere Lasten auf die zahlreichen Häupter, so daß oft wenige Wochen hinreichen, denselben in ein fast angenehm-wehmütiges Erinnern zu verwandeln." (29)*

Der Erzähler gewinnt sogar Sympathie für „jene Propheten, [...] welche die jetzige Bedeutung der Familie vernichten wollen":

> *„Wie kühl, wie ruhig könnten nun meine Mutter und ich sein, wenn das Einzelleben mehr im Ganzen aufgehen, wenn nach jeder Trennung man sich gesichert in den Schoß der Gesamtheit zurückflüchten könnte, wohl wissend, daß der andere Teil auch darin seine Wurzeln hat, welche nie durchschnitten werden können, und wenn endlich demzufolge die verwandtschaftlichen Leiden beseitigt würden!" (29 f.)*[304]

---

304 Kaiser geht mit keinem Wort auf den Trennungsschmerz ein, sondern erkennt wieder nur das Beben ödipalen Konfliktpotentials der modernen Familie. Vgl. G. Kaiser: Gottfried Keller, S. 50; Trennungsschmerzen gibt es auch bei der Trennung von Großeltern, Vätern, Verwandten, Freunden. Beziehungen zu diesen müssen keine Triebkomponente beinhalten.

Das Gefühle des Trennungsschmerzes bzw. der Ichverlust wird in der zweiten Fassung nach dem Tod der Mutter noch deutlicher zum Ausdruck gebracht:

> *„[...] ich möchte sagen, daß die Schwere in ein Gefühl der Leerheit überging, wie der höchste Kältegrad einem Brennen gleicht. Es war fast, wie wenn meine eigene Person aus mir wegzöge." (VI, 295 f.)*

Der durch eine Trennung entstehende Objektverlust kann sich in einen Ichverlust verwandeln, dessen Folge melancholisches Erleben ist.[305] Dazu kommt es, weil „das verlorene Objekt nicht klar als solches erkannt und [...] gleichzeitig vom Individuum als unveräußerlicher Teil seiner selbst erlebt [wird], wobei die betreffende Person fühlt, daß sie sich von diesem Objekt nicht befreien kann [...]"[306].

Der Ichverlust nach Trennungen scheint typisch für Heinrichs Erleben zu sein. Diese Ängste antizipiert er, während er an eine mögliche Liebesbeziehung zu Dorothea denkt und jene einmal schwer erkranken oder gar sterben sollte:

> *„O nein, ich fühle es! Es würde mich brechen wie einen Halm und die Welt würde sich mir verfinstern, [...] [ein] Loch" würde es in sein Herz reißen (733).*

Ein ähnliches Erleben klingt an, als der grüne Heinrich sich aus den Armen Judiths löst und „es [ihm] [...] schneidend weh tat, [s]ich frei zu fühlen" (386). Somit wird bereits ein Grund deutlich, warum er Angst hat, sich auf Beziehungen mit anderen Frauen als der Mutter einzulassen.

Während in der Abschiedsszene die Hoffnung auf einen Neubeginn, Tränen und Wehmut, die mit dem Abschiedsschmerz verbunden sind, vorherrschen, empfindet Kaiser den Aufbruch „explosiv von verschluckter Zärtlichkeit"[307], womit er auf Heinrichs Triebgebundenheit anspielt. Diese Deutung erscheint mir sehr spekulativ; vom Trennungsschmerz, den der Protagonist empfindet, von seinen Ängsten durch den ungewissen Aufbruch in eine fremde Welt ist bei Kaiser nicht die Rede. Die Metapher vom „Loch im Herzen" zeigt zum

---

305 Vgl. S. Freud, Trauer, S. 433 ff.

306 G. Jervis: Kritisches Handbuch der Psychiatrie, Frankfurt a. M. 1983, S. 290.

307 G. Kaiser: Gottfried Keller, S. 50.

einen, dass es beim Abschied nicht um die Verarbeitung inzestuöser Wünsche geht und zum anderen aber auch, dass keine „Spurenverwischung"[308] stattfindet. Die Beschreibung der Bedrohungen, denen das symbiosegeschädigte Ich zu unterliegen scheint, ist von erstaunlicher Offenheit geprägt, deren Genauigkeit man vor dem Stand des kaum entwickelten Diskurses der Psychologie der Zeit wertschätzen sollte. Im Übrigen erscheint im Lichte dieser Deutung die Szene beim Mittagessen aus *Pankraz der Schmoller* nicht überinterpretiert zu sein. Hervorzuheben ist ferner, dass der Vergleich des Erlebens bei Trennungen - sei es von der Mutter oder den imaginierten von anderen Frauen - deutlich macht, dass die mütterliche Beziehung eine Matrix bildet.

Auch beim Abschied in der Zweitfassung hat Heinrich keine Trauerarbeit geleistet. Von Schmerz und Abhängigkeit wird nicht mehr erzählt. In diesem Punkt ist der Erzähler sehr viel verschlossener. Auf den Bindungswunsch der Mutter reagiert er nur mit gedämpfter Abweisung, die seinen Wunsch offenbart, sich zu lösen: „Unter der Stubentüre, als sie mich begleiten wollte, drängte ich sie sanft zurück, zog die Tür zu und eilte auf die Post [...]" (V, 145).

In der ersten Fassung wendet sich der Protagonist, als er im Postwagen sitzt, noch einmal der Mutter zu, als er an sein Zuhause zurückdenkt. Ihre Empfindungen nach dem Abschied kennt der Erzähler sehr genau. Er stellt sich vor, dass die Mutter „einsam" und „kummervoll", nichts essend vor dem unangerührten Mahl sitzt, und „endlich ergriff sie die stille Lampe und ging langsam nach dem Alkoven, hinter dessen schneeweißen Vorhängen Heinrichs Wiege gestanden hatte." (29) Der Blick auf die Wiege zeigt ihre unbewusste Sehnsucht; als ein auf Fürsorge angewiesenes Kind wünscht sie sich den Sohn. Ihre Schwierigkeit, sich mit dieser Trennung auseinanderzusetzen, zeigt auch die zweite Fassung des Romans sehr deutlich. Statt der notwendigen Trauerarbeit leistet die Mutter überflüssige Hausarbeit, als ihr durch einen Blick auf den leeren Fleck des Stubenbodens, auf dem Heinrichs Koffer gestanden hat, der Abschied bewusst wird:

> *„Aber die Mutter überließ sich nicht lange diesem Vorgefühl der Einsamkeit, sondern raffte sich, da es Sonnabend war, nochmals auf, um die Stube in gewohnter resoluter Weise zu reinigen und nicht zu ruhen, bis alles getan war [...]" (V, 135 f.).*

308 Ebd.

### II.3.3 Die Aggressionen gegen die Mutter

Neben den aufgezeigten Gefahren für das Ich bestehen noch weitere Auffälligkeiten im Zusammenhang mit der mangelnden Verarbeitung der Trennung, die auf die „Schuldproblematik" zielen. Einerseits wird in der Forschung immer wieder Kellers Aussage hervorgehoben, dass er der Mutter mit dem Roman ein „Denkmal" setzen wollte (an Vieweg, 3. Mai 1850), und so wurde der Roman weitgehend gelesen. Aber Selbmann wirft die Frage auf, ob der Roman diese Vorgabe tatsächlich umsetzt; er zweifelt offenbar:[309]

> *„Doch, was entgegen einer am ödipalen Konfliktmodell orientierten Forschung hervorzuheben ist, die Verstrickung in Verschuldungskomplexe gegenüber der Mutter gilt so eindeutig nur für den handelnden Helden. Schon im Exposé streut Keller Zweifel an dieser Eindeutigkeit aus: ‚Die Schuld kann in vielen Fällen an der Gesellschaft liegen' (an Vieweg, 3. Mai 1850)."*[310]

Allerdings schiebt Keller - hier hat Selbmann nicht weiter zitiert - die Schuld nicht auf die Gesellschaft, denn „alsdann wäre freilich der Stoff derjenige eines sozialistischen Tendenzbuches." Selbmann führt weiter aus, dass der „Tod der Mutter, zugleich mit seiner Rückkehr inszeniert", Heinrichs Schuldgefühle mehr konstruiere, als dass er sie entstehen ließe.[311] Wo liegt nun der Ursprung der Schuldgefühle Heinrichs, wenn „Schuld und Unschuld so durchwebt sind?"[312], fragt Selbmann, ohne eine Antwort zu geben.

Ausgehend von dem im Namen Lee angelegten „Lebensprogramm" - der mangelnden Auseinandersetzung mit der Welt durch die übermäßig beschützende Mutter - wird deutlich, wo ein wesentlicher Ursprung der Schuldgefühle des Protagonisten liegt. Die Gründe für Heinrichs Scheitern werden im erzieherischen Versagen der Mutter gesehen. Sie wird für seine mangelnde Entwicklung verantwortlich gemacht und muss deshalb bestraft werden. Da der grüne Heinrich - und

309 E. Swales zweifelt ebenfalls, ob der Mutter ein „Denkmal" gesetzt wurde. Das sei zwar „über weite Strecken der Fall. Aber [...] zuweilen wird das ‚Denkmal' der Mutter kritisch abgebaut oder geradezu ins Groteske verzerrt", wenn zum Beispiel die Mutter während Heinrichs Aufenthalt in der Kunststadt in ihrer freiwilligen Askese geschildert wird. Vgl. E. Swales: Gottfried Kellers, S. 99.

310 R. Selbmann: Gottfried Keller, S. 20 f.

311 Ebd., S. 21.

312 Ebd., S. 31.

Kapitel III.1 zeigt die autobiographischen Parallelen - seine Wut nicht austragen kann, sondern sie unterdrückt, muss sie auf andere Weise ausgelebt werden. Mehr oder weniger versteckt in den Roman eingewebte Aggressionen gegen die Romanmutter, auf die ich in diesem und im nächsten Kapitel eingehe, lassen die Bestrafungsphantasien sowohl des Autors als auch des Erzählers sichtbar werden und belegen die These, dass diese Wünsche mit moralischen Bedenken kollidieren und Schuldgefühle erzeugen. Hätte der Autor der Mutter wirklich ein Denkmal gesetzt, wäre er für eine glückliche Kindheit, die in seinem Alter Ego nicht sichtbar wird, dankbar gewesen und Aggressionen wären nicht nachvollziehbar. Möglicherweise kann man diese Schuldzuweisungen leichter entdecken, wenn man seine Gegenübertragungen reflektiert und die „Beschmutzung" des Mutterbildes aushält.

Nach dem Abschied am Ostermorgen, so weiß der Erzähler zu berichten, sucht die Mutter „Trost in der Gemeinschaft der vollen Kirche"; dort „genoß die gute Frau vom ganzen Herzen nichts als das Vaterunser, welches sie recht inbrünstig mitbetete, dessen innerste Wahrheit sie aufrichtete." (20 f.) Vermutlich betet sie den ersten Teil des „Und vergib uns unsere Schulden, wie auch wir vergeben unsern Schuldigern" besonders inbrünstig mit. Nach dieser verdeckten Aggression folgt sofort eine Gegenreaktion, die Idealisierung der Mutter:

> *„Die Erinnerung an empfangene Liebe, als ein Zeugnis, daß man ein Mal im Leben liebenswürdig und wert war, ist es vorzüglich, welche die Sehnsucht nach der früheren Jugend nie ersterben läßt. Wer nicht das Glück hatte, eine aufknospende zarte und heilige Jugendliebe zu genießen, der hat dagegen gewiß eine treue und liebevolle Mutter gehabt, und in den spätern Tagen bringen beide Erinnerungen ungefähr den gleichen Eindruck auf das Gemüt hervor […]" (21).*

Den Abschluss der Abschiedsszene von der Mutter bildet die Ankunft in der Kunststadt, die nach dem Auferstehungsbild einen weiteren biblischen Bezug herstellt. Der Koffer, den der grüne Heinrich aus Zürich mitgebracht hat, ist seine „Arche Noä". In der deutschen Kunststadt hat der Protagonist demzufolge trockenes Land erreicht. Hier sitzt er „ausruhend und nachdenklich, wie einer, der für den Augenblick nicht weiß, was eigentlich zunächst nun zu beginnen ist" (48), und er liest in seiner Jugendgeschichte, „als ob er eine Richtschnur oder wenigstens die Anknüpfungspunkte für eine solche herausfinden wollte.“ (48) In diesem Bild macht der Erzähler Heinrich zum auserwählten, unschuldigen Noah. Gerettet wurde Heinrich vor dem Untergang bei der Mutter. Dieses Bild muss man allerdings zu Ende denken. Zürich, und damit die Mutter, wurde überflutet. Die Staumauern, die die Aggressionen nach außen eingedämmt und nach innen abgeleitet haben, sind gebrochen. Das Bild von der Sintflut wird im Übrigen bei Heinrichs Rückkehr nach seinem Scheitern in der Kunststadt wieder aufgenommen. Der Dauerregen erzeugt ein „Schlamm- und Wasserleben, [...] das bald alles Land und alle Wege überzog.“ (676) Wysling erkennt zutreffend die „Phantasmen von Sintflut und Weltzerstörung“ als „narzisstische Allmachtsphantasien“, erkennt allerdings nur im *Salander*, gegen wen sich solche Phantasien richten, nämlich gegen das „degenerierte Volk“.[313] Er thematisiert nicht, gegen wen sich die Wut im *Grünen Heinrich* richtet. Gegen irgendjemanden müssen sich diese Phantasien dort aber wohl richten!

Die Deutung der in die Abschiedsszene des Romans eingearbeiteten biblischen Parallelen zur Auferstehung, zur inbrünstig das Vaterunser betenden Mutter und zu dem die Flutkatastrophe überlebenden Noah wird durch eine andere für den Verlauf des Romans eher nebensächliche Textpassage gestützt, in der biblische Geschichten angesprochen werden, die von der Mutter bevorzugt werden. Elisabeth Lee verweilt bei ihren Gesprächen über Gott vor allem im alten Testament, „bei der Geschichte der Kinder Israel in der Wüste, oder bei den Kornhändeln Josephs und seiner Brüder, bei der Witwe Ölkrug, der Ährenleserin Ruth [...] oder ausnahmsweise bei der Speisung der fünftausend Männer im neuen Testamente.“ (84) Wenn man versucht, Parallelen zum Leben Heinrichs und seiner Mutter zu erkennen, fällt auf, dass in allen Textstellen Mütter eine besondere Rolle spielen.

Vor allem in der *Witwe Ölkrug*[314] wird die Schuld einer Mutter bzw. Witwe thematisiert. In dem Elija-Zyklus geht es um die „Auferweckung des Sohnes der Witwe“ durch Elija, d.h., es ist eine weitere Auferstehungsgeschichte. Die Mutter hat Angst, dass ihr Sohn getötet werden soll, um ihre „Verschuldung in Erinnerung zu bringen“, aber der Sohn wird - anders als Heinrich - durch Elijas Gebet gerettet.

Wo liegt die Parallele bei der „Speisung der fünftausend Männer“? Ist es das Ernährungsthema, das bei dem oral fixierten Heinrich eine

313 H..Wysling: Und immer wieder kehrt Odysseus heim, S. 154.
314 1. Könige, 17. 17-24

wichtige Rolle spielt, oder auch die böse Mutter? In der Vorgeschichte fordert nämlich Herodes' Tochter, die von der „bösen" Mutter angestiftet wird, den Kopf des Johannes. Es gab offenbar schon immer böse Mütter! In den *Kindern Israels* und der *Josephsgeschichte* steht jeweils ein erfolgreich zurückkehrender Sohn im Zentrum der Geschichte, der die Familie am Ende rettet und versorgt. Aber beide Söhne sind Vatersöhne, keine Muttersöhne wie Heinrich!

Die Geschichte der *Ährenleserin Ruth* gefällt der Mutter selbstverständlich. Im Gegensatz zu Heinrich klammert sich Ruth an ihre (Schwieger-)Mutter Noemi, die beide Söhne verloren hat und deren Frauen sie daraufhin zu ihrem Volk zurückschicken will. Sie macht beiden klar, dass sie keine Chance hätten, sich erneut zu verheiraten, wenn sie bei ihr bleiben würden. Doch Ruth „klammert" sich an ihre Schwiegermutter, und auch der Fortgang der anderen Schwiegertochter kann Ruth nicht dazu bewegen davonzugehen.

Aber nicht nur über die Bibel gibt es Anspielungen auf die Schuld der Mutter. Als Parallelgeschichte, in der sich Heinrichs Leben und seine Zukunftserwartung spiegelt, muss man die Lebensgeschichte von der „arme[n] Witwe" (333) und ihrem missratenen Sohn lesen, die den Protagonisten und seine Mutter „höchlich lachen" macht. Mit Humor wird zunächst der ernste Inhalt abgewehrt, und der Leser soll davon abgelenkt werden, kritisch über das Verhalten der Witwe nachzudenken. Diese Frau, die am Weihnachtstage ohne ihren Sohn zum Essen eingeladen wird, bietet dem jungen Heinrich schon früh die Gelegenheit, „einen Blick in das Leben einer Witwe zu werfen, welche aus ihrem Sohne einen Mann machen möchte und hierzu nichts tun kann als demselben Strümpfe stricken" (335), und Parallelen zu ziehen. Neben der textilen Metaphorik fällt auf, dass sich die Witwe in ihrem Verhalten gegenüber ihrem Sohn überhaupt nicht von Mutter Lee zu unterscheiden scheint:

> *Er „[war] doch der einzige Gegenstand ihrer Liebe und ihrer Sorge, so daß sie fortwährend von ihm sprach. Sie gab ihm alles, was sie irgend konnte, und gerade die Kleinheit dieser Gaben, die für sie so viel waren, mußte uns rühren und zugleich zum Lachen reizen, wenn sie die ‚Opfer', welche sie fortwährend bringe, mit gutmütiger Prahlerei aufzählte." (334)*

Zudem zeichnet sich die Besucherin durch den gleichen asketisch-aufopfernden Lebensstil aus, den der Leser von Elisabeth Lee kennt, während Heinrich in der Kunststadt weilt. Als der „arme[n] Witwe" eine Pastete angeboten wird, „schlug sie die Hände über dem Kopfe zusammen und versicherte, sie esse gewiß nichts davon, es wäre schade dafür", und ein anschließend servierter Hase wird besorgt zurückgewiesen; man solle ihn „unangetastet lassen und auf den zweiten Feiertag versparen, es sei nun schon mehr als genug" (333). Statt sich etwas zu gönnen, bedauert sie, ihrem Sohn nichts davon geben zu können, „obschon er es nicht verdiene." (335) Ebenso wie Heinrich vom Erzähler und Autor verdammt wird (siehe Kapitel II.4), wird auch dieser Sohn als „miserabler Kerl", „Knirps", „Milchpuppengesicht" und „elende Krautstorze" (334) beschimpft, der zudem etwas Grünes an sich hat, was die Parallelen unterstreicht: Wenn er seinem Meister helfen soll, versagt er und bleibt „mager, grün und bleich, wie eine Rübe." (334)

Als er mit dreißig Jahren heiraten möchte, weiß die Mutter, deren Bindungswunsch in der Fadenmetaphorik und in oraler Verwöhnung zum Ausdruck kommt, die Ehe zu verhindern:

> *„Da sie aber nun gerade ein Paar Strümpfe für ihn fertig gehabt, habe sie selbige unter den Arm genommen, auch eine Wurst gekauft und sei auf das Dorf hinaus gerannt, um ihm die saubere Idee auszutreiben. Bis er die Wurst fertig gegessen, habe er sich auch endlich in sein Schicksal ergeben [...]" (334).*

Obwohl der Mutter offensichtlich die Schuld daran zugewiesen wird, dass der Sohn missrät und nicht heiratet, bemüht der Erzähler als Erklärung für dessen Scheitern „ein böses Blut" (334), das das väterliche Erbe sei. In der Meretgeschichte und gegenüber Römer zeigt der Erzähler viel Einfühlungsvermögen in Bezug auf die Ätiologie für abweichendes Verhalten und Skepsis gegenüber Theorien, die das Handeln aus genetischen Faktoren herleiten. Warum sollte man ihm bei der Ursachenzuschreibung hinsichtlich des Sohnes der „arme[n] Witwe folgen, für den sicherlich auch gilt, dass „die Kindheit schon ein Vorspiel des ganzen Lebens ist" (176)? Eher kann man vermuten, dass sich hinter dem vom Erzähler hergestellten erblichen Zusammenhang ein weiterer Versuch verbirgt, davon abzulenken, in der Erzählung Parallelen zu Mutter Lee zu entdecken.

Im *Grünen Heinrich* wird noch von einem weiteren Sohn erzählt, der – ebenso wie Heinrich – „ganz jung, blühend und hoffnungsvoll, und doch mit seinem ganzen Schicksal schon um Stirn und Augen" (471), durch die Schuld der Mutter um sein Glück und Erbe gebracht wird. Dieser Sohn, den Ferdinand porträtiert, ist Hamlet, abermals ein unschuldiger Sohn. „Dieser Hamlet glich ebenfalls stark dem Maler selbst", und Heinrich gleicht Ferdinand, der durch seine Ambivalenz zwischen Agnes und Rosalie zur Identifikationsfigur Heinrichs wird (siehe Kapitel II.6.2).[315]

Der grüne Heinrich, so muss man die obigen Anspielungen und intertextuellen Bezüge verstehen, hat das Gefühl, durch die Schuld seiner Mutter am Eintritt in das Leben gehindert worden und ein „Toter" zu sein.

### II.3.4 Zur Todessymbolik

„Wie kaum ein anderer Roman der Literaturgeschichte ist der *Grüne Heinrich* vom Tode durchweht"[316]. Die Todesanspielungen im Roman zielen vor allem auf den Protagonisten. Das Leben in der Symbiose mit der Mutter und vor allem seine Beziehungslosigkeit in Bezug auf Frauen führt zu dem Gefühl, keine Entwicklung durchgemacht zu haben bzw. nicht zu leben, sondern ein Toter zu sein. Dass er in diesem Sinne nie gelebt hat, bringen die Verse, in denen er sich als „gefrorner Christ" (729) sieht, zum Ausdruck. Andere Metaphern und Symbole veranschaulichen dieses Lebensgefühl ebenfalls. Das Bild vom „ewigen Kind"[317] korrespondiert mit dem der Natur, die vor dem Erwachen steht. Der Vater, beruflich und in der Liebe erfolgreich, war ein „blühender Mann" (61), während Heinrich dieses Entwicklungsstadium nicht erreicht.

Noch deutlicher wird Heinrichs mangelnde Progression, als er in der Zweitfassung mit seinen autobiographischen Aufzeichnungen beginnt und das Gefühl hat, als ob er „eigentlich keine Jugend erlebt hätte [...]" (VI, 61), und schließlich weist eine Arbeitsnotiz zum *Grünen Heinrich* in diese Richtung: „Er [Heinrich] hat keine Vergangenheit" (XIX, 348). Folglich ist Heinrichs Begleiter ein Totenschädel, der das Gefühl symbolisiert, nicht gelebt zu haben. In der ersten Fassung verbietet ihm die

315 Als Spiegelbild Heinrichs bezeichnet Kaiser Ferdinand. Vgl. Kaiser: Gottfried Keller, S. 105.

316 R. Selbmann: Gottfried Keller, S. 37.

317 G. Kaiser: Gottfried Keller, S. 65.

Mutter, den Schädel mit auf die Reise zu nehmen (vgl. 17). In der zweiten Fassung gehört der Schädel Albertus Zwiehan; er ist ein weiterer Sohn, der „durch die Schuld seiner leiblichen Mutter" um sein „natürliches Recht" (V, 131 f.), den Besitz des väterlichen Vermögens, gebracht wird.[318] Wie die einer „falschen" Erziehung zum Opfer gefallene und daher nicht lebensfähige Meret, die einen Totenschädel beim Malen ihres Portraits in die Hand gedrückt bekommt (III, 49), nimmt Heinrich, der sich ebenso wenig als lebensfähig und als Opfer einer „falschen" Erziehung sieht, den Totenschädel von zu Hause, dem Ursprungsort seiner Leiden, mit auf die Reise in die deutsche Kunststadt. Das Todessymbol bleibt Heinrichs Begleiter. Beim Aufbruch aus der Stadt versucht er vergeblich, den Schädel seinem Vermieter zuzuschieben, doch der Totenkopf „kollerte und polterte" die Treppe hinunter hinter Heinrich her (VI, 141) und fängt auf dem Weg zu Dorothea, sein Scheitern der Beziehung zu ihr vorausdeutend, an zu drücken (VI, 152). Dorothea, die Heinrichs Reisekameraden den Aufenthalt etwas verschönert - sie schmückt den Schädel -, zielt mit dieser Zuneigungsbezeugung eigentlich auf den Protagonisten des Romans. Sie plant, den Totenschädel zu begraben (VI, 206) und somit ihren Besucher zum Leben zu erwecken. Heinrich bleibt aber „ewig tot" und nimmt seinen Begleiter mit nach Hause. Als der grüne Heinrich Dorothea von Meret berichtet, legt sie ein Efeublatt von einem Kindergrab in das Buch seiner Jugendgeschichte (VI,190) und macht es später zum „Herbarium" (VI, 245), zu einem Friedhof für Grünzeug. Ebenso wie die zum Tode erzogene Meret bekommt der nicht lebensfähige Romanheld als Zeichen dafür Blätter in sein Jugendbuch, das zum Todesbuch wird.[319] Der grüne Heinrich steht im Zeichen des Todes, sodass er in der ersten Fassung des Romans stirbt und Keller ihn in der zweiten Fassung entsagend weiterleben lässt. Dass der Autor sein Alter Ego als nicht lebensfähig einschätzt, geht auch aus einer Notiz aus dem Jahre 1850 hervor. Ursprünglich hatte er den Selbstmord des Helden vorgesehen.[320]

Heinrich ist vom Tod gezeichnet, was Kaiser verkennt. Er stellt die Natur in das Zeichen des Todes, um den Sog aus dem Mutterschoß und dem Muttergrab zu begründen. Heinrichs ersten Kuss am Grab der

318 Es gibt auch weitere Parallelen zu Heinrich. Beide stehen zwischen zwei Frauen und gehen an ihnen zugrunde. Vgl. Manz, K-D.: Gottfried Keller, Stuttgart 1995, S. 24.

319 Das Buch der Jugendgeschichte und der Schädel sind daher nicht als „Vanitas-Symbolik", die „Keller aus der Stillebenmalerei bekannt gewesen sein könnte", zu deuten. G. Kaiser: Gottfried Keller, S. 18.

320 Vgl. H. Wysling: Gottfried Keller. 1819-1890, Zürich/München 1990, S. 203.

Großmutter und den Ort seiner Liebesbegegnungen – das Wasser, in das die sterbenden Heiden gefallen sind – führt er u. a. als Belege an.[321] Meines Erachtens ist die Anspielung auf den Tod bei Heinrichs Versuchen, Liebesbeziehungen zu Anna und Judith einzugehen, die Vorwegnahme seines Scheiterns. Wie oben dargestellt, deutet ebenfalls seine erste Begegnung mit Dorothea auf dem Friedhof sein Versagen an, und auch das Zusammensein mit Hulda wird vom Tod begleitet. Heinrich erfährt, als er von dem Treffen mit dem Mädchen zurückkehrt, dass seine Wirtin gestorben ist. Während er morgens das Haus verlassen hat, muss der Tod ihm „sozusagen auf der Treppe begegnet sein." (VI, 103) All die Todesanspielungen weisen darauf hin, dass der grüne Heinrich dem Tode geweiht ist, die Natur hingegen steht im Roman im Zeichen des Lebens. An der „Brust der gewaltigen Natur" (184) schlief er einst hoffnungsvoll ein. Hier versuchte der mütterlich-städtisch Sozialisierte vergeblich Nahrung aufzunehmen.

Zweifel sind angebracht, wenn Selbmann urteilt, dass die Frauen „alle vom Tod infiziert" seien.[322] Wie oben dargestellt zielen all die Todesanspielungen eher auf Heinrich. Agnes, Rosalie, Judith und Dorothea erscheinen dem Leben zugewandt; Selbmanns Beobachtung trifft nur auf Anna zu, die der Natur entfremdet ist. Sie steht ebenfalls im Zeichen des Todes, weil sie wie Heinrich „falsch" erzogen wurde (Kapitel II1).

Berühmt ist auch das eigentümliche Mittagsmahl, ein „Art schwarzer Suppe" (597), von der sich die Mutter in ihrer Aufopferung für ihren in der Kunststadt weilenden Sohn ernährt. Obwohl zum Beispiel Muschg schwarz als Todesfarbe deutet,[323] wendet er die Erkenntnis nicht auf eine entsprechende Interpretation der Textstelle an. Eine Suppe, die kaum Gemüse oder Fleisch enthält, ist wässerig und durchsichtig. Der Erzähler lässt die Mutter jedoch eine schwarze Suppe essen. Elisabeth Lee verleibt sich den Tod ein, und die den Tod in sich tragende Mutter bringt den „toten" Sohn, den „Freund Hein", hervor. Die Farbe Schwarz wird ihr zudem bereits beim Abschied vom Sohn zugeordnet, als ihm an ihr „nichts auffiel, als daß sie noch kohlschwarze schwere Haare hatte, was ihr ein ziemlich junges Aussehen gab" (15). Auch wenn die Beschreibung Elisabeth Lees einen gefälligen Rahmen bekommt, assoziiere ich mit der Farbgebung den Kolkraben, der ein Symbol für den Tod darstellt. Der Grund dafür, dass Muschg die-

321 Vgl. G. Kaiser: Gottfried Keller, S. 78 f.
322 Vgl. R. Selbmann: Gottfried Keller, S. 35.
323 A. Muschg: a.a.O., S. 378.

se Schlüsse nicht zieht, könnte in einem idealisierten Elternbild liegen, aber auch darin, dass das Todessymbol - eingebettet in positive Schilderungen Elisabeth Lees - jeweils gut camoufliert wurde.

Dass es eine große Herausforderung für jeden Menschen darstellt, Schuldvorwürfe an seine Eltern zu richten, hebt die Psychoanalytikerin Alice Miller hervor:

> *„Häufig sind Vorwürfe an die Eltern mit Todesängsten verbunden. [...] Wie schwer es ist, das offensichtliche Verschulden der eigenen Eltern zu sehen und zu benennen, ließe sich an unzähligen Beispielen aus der Weltliteratur zeigen."*[324]

Diese Ängste sprechen auch aus der Reflexion des Erzählers:

> *„Wenn ich bedenke, wie heiß treue Eltern auch an ihren ungeratensten Kindern hangen und dieselben nie aus ihrem Herzen verbannen können, so finde ich es höchst unnatürlich, wenn sogenannte brave Leute ihre Erzeuger verlassen und preisgeben, weil dieselben schlecht sind und in der Schande leben, und ich preise die Liebe eines Kindes, welches einen zerlumpten und verachteten Vater nicht verläßt und verleugnet, und begreife das unendliche, aber erhabene Weh einer Tochter, welche ihrer verbrecherischen Mutter noch auf dem Schaffott beisteht." (62)*

Wenn der Erzähler an dieser Stelle schon so viel Verpflichtung gegenüber einer verbrecherischen Mutter empfindet, um wie viel größer muss die Verpflichtung gegenüber einer Mutter sein, die sich grenzenlos aufgeopfert hat und buchstäblich alles für ihren Sohn gegeben hat? Und das soll immer noch nicht genug gewesen sein? An derselben Textstelle zieht er auch seine Eltern in die Betrachtung mit ein und fühlt sich „doppelt glücklich, von ehrenvollen und geachteten Eltern abzustammen", spricht aber im Folgenden nur noch von seinem Vater und auffälligerweise nicht von der Mutter (vgl. 62 f.).

Die in den Roman eingebauten Aggressionen zeigen, dass nicht „Reue und Schuldeinsicht"[325] aus dem Werk sprechen, sondern dass Schreiben auch die Funktion haben kann, Aggressionen zu verarbeiten.

---

324 A. Miller: Das verbannte Wissen, S. 140.
325 G. Kaiser: Gottfried Keller, S. 25.

## II.4 Das Scheitern in der Kunststadt oder die Heimkehr des verlorenen Sohnes

### II.4.1 Rezeptionsgeschichtlicher Exkurs zu Gottfrieds/Heinrichs Verhalten

> *„Allerlei erlebte Not und Sorge, welche ich der Mutter bereitete, ohne daß ein gutes Ziel in Aussicht stand, beschäftigten meine Gedanken und mein Gewissen [...]" (XXI, 18).*
>
> *„Die Moral meines Buches ist: daß derjenige, dem es nicht gelingt, die Verhältnisse seiner Person und seiner Familie im Gleichgewicht zu halten, auch unbefähigt sei, im staatlichen Leben eine wirksame und ehrenvolle Stellung einzunehmen [...] Im gegebenen Fall aber liegt sie [die Schuld] größtenteils im Charakter und im besonderen Geschicke des Helden [...]" (an Emil Vieweg vom 3. Mai 1850).*

Vernichtend urteilte Keller über sich bzw. den grünen Heinrich, und Generationen von Germanisten folgten ihm und verurteilten das Verhalten des Autors und seines Alter Ego nach der Abreise aus Zürich, als gäbe es keinen Zusammenhang zwischen dem Verhalten eines Menschen als Erwachsenem und seinen Sozialisationserfahrungen in der Kindheit. Der auktoriale Erzähler des Romans sieht allerdings einen Zusammenhang. Als der grüne Heinrich in der Kunststadt angekommen auf seinem Koffer sitzt, liest er seine Jugendgeschichte, um sich „selbst wie sein ferneres Geschick desto klarer beurteilen zu können." (48) Der Erzähler ist davon überzeugt, „daß die Kindheit schon ein Vorspiel des ganzen Lebens ist und bis zu ihrem Abschlusse schon die Hauptzüge der menschlichen Zerwürfnisse im kleinen abspiegele", denn sonst hätte er sich „nicht so weitläufig mit den kleinen Dingen jener Zeit [beschäftigt]." (176) Nicht nur in der medizinischen Psychologie weiß man, dass aktuelle Konflikte im Leben eines Menschen oft schon durch die vorangegangene Entwicklung lange vorbereitet sind und dass Verhaltensstile erstaunlich dauerhaft sind,[326] solche Erkenntnisse sind heutzutage Alltagswissen. Statt es zu aktualisieren und dem Erzähler zu folgen, reproduzierten viele Germanisten Kellers vernichtende Selbstkritik. Während Heinrich die Schuld für sein Versagen zugewiesen wurde, spricht aus den Urteilen über die Mutter die gleiche Idealisierung, die auch den Roman zu durchziehen scheint. Einige Zitate mögen als Beleg für diese These dienen:

326 Vgl. F. C. Redlich/D. X. Freedman: Theorie und Praxis der Psychiatrie Bd. 1, Frankfurt a. M. 1976, S. 204.

*„Das Mütterlein schickt ihm Geld und wieder Geld und schreibt ihm Briefe voll tiefer Bemühung um sein Fortkommen, [...] [sodass] die Mutter eine Märtyrerin am Sohn" geworden ist und er ihre „Aufopferungsfähigkeit ohne Grenzen" bewundert.*[327]
*„[...] so opfert die Mutter des grünen Heinrich in der gleichen Hingabe dem Schaffen des Sohnes Habe, Glück und Leben."*[328]
*„Dann ertrotzt er von seiner ratlosen Mutter Geld [...]"*[329].
*„[...] in seinem verbissenen Ringen um die Malerei hat er die Mutter vernachlässigt und ist darum schuldig geworden [...]"*[330].
*„Er verstrickt sich in ein Schuldennetz, beutet die Mutter aus [...]", und es „wächst und gedeiht die Schuld am tristen Ende der Mutter. Sie wird zunächst als lebende Sparbüchse behandelt und geleert und dann um die letzte Sicherheit, Geborgenheit und Hoffnung gebracht."*[331]

Eine Idealisierung der Mutter Keller/Lee wird auch bei Muschg bzw. Kaiser deutlich, die zwar auch mit ihr „ins Gericht [...] gehen"[332], die aber ebenfalls Gottfried/Heinrich die Schuld für sein Versagen zuschreiben:

*„[...] daß gerade der Sohn sie ausnützt wie alle anderen: stiehlt, schwindelt, über seine Verhältnisse lebt und damit erst ihre Dürftigkeit preisgibt."*[333]
*„Weil er [Gottfried] nicht arbeiten lernt, muß sich die Mutter für ihn noch als Erwachsenen materiell, physisch und psychisch abarbeiten."*[334]

Weitgehend zutreffend fasst Würgau die Rezeptionsgeschichte in Bezug auf Elisabeth Keller bzw. die Mutter des grünen Heinrich zusammen:

---

327 E. Hitschmann: Gottfried Keller, S. 13 f.
328 E. Ermatinger: Einleitung des Herausgebers. Die Entstehung des Grünen Heinrich, in: Der grüne Heinrich, hg. von E. E., Stuttgart 1914, S. XI.
329 L. Wiesmann: Gottfried Keller. Das Werk als Spiegel der Persönlichkeit, Frauenfeld 1967, S. 8.
330 H. Boeschenstein: Gottfried Keller, Stuttgart 1969, S. 30.
331 W. Preisendanz: Gottfried Keller: Der grüne Heinrich (1963), in: W. P.: Wege des Realismus München 1977, S. 153 ff.
332 R. Würgau: Der Scheidungsprozeß, S. 5.
333 A. Muschg: Gottfried Keller, S. 19.
334 G. Kaiser: Gottfried Keller, S. 39.

*„Elisabeth Keller war durch das literarische Denkmal, das Gottfried Keller ihr in seinem autobiographischen Roman setzte, für die Keller-Leserschaft bis in die 60iger Jahre [...] [des 20. Jh.] eine vertraute, ja verehrte Erscheinung."*[335]

Danach setze die Korrosion ihres Denkmals ein, deren katastrophale Zerstörung in Muschg und Kaiser ihren Höhepunkt finde. Würgaus starke emotionale Beteiligung zeigt sich in seinem polemisch-ironisch gefärbten Verriss beider Keller-Studien. Zudem verdonnert er alle Germanisten, die in den letzten Jahren das Mutterbild Kellers zerstört hätten und knüpft wieder an die alte Tradition der Idealisierung der Mutter an. Sein These, dass „Elisabeth Keller „eine gute Mutter und Dichtermutter war", versucht er in seiner Untersuchung immer wieder zu bestätigen, und er kommt zu dem Schluss, dass es für den Autor keinen Grund gebe, an seiner leiblichen Mutter, der er Charakter, Erziehung und langjährige Unterstützung verdanke, Vergeltung zu üben.[336] Als krönenden Beleg führt er Kellers Verszeilen an:

*„Froh bin ich, daß ich aufgeblüht/In deinem runden Kranz/ Zum Dank trüb ich die Quelle nicht/Und lobe deinen Glanz" (I, 214).*

Freud ist der Ansicht, dass alle Beziehungen durch Ambivalenz gekennzeichnet sind.[337] Das trifft ganz sicher auf die Beziehung Kellers und seines Alter Ego zu ihren Müttern zu. Aus den im vorigen Kapitel dargestellten Schuldzuweisungen gegen die Romanmutter folgt, dass der Verdacht gerechtfertigt ist, der Autor wolle mit der Überhöhung der Mutter und der Betonung, die Quelle nicht zu trüben, die negative Seite dieser Ambivalenz verdecken. Wer unterstellt ihm denn böse Gedanken? Verständlicherweise legte Keller diese Ambivalenz nicht offen, dass sie aber in der Literaturwissenschaft kaum zur Kenntnis genommen wird, ist doch bemerkenswert. Der Grund dafür liegt möglicherweise in einer mangelnden Reflexion der Gegenübertragung.

Eine Gegenübertragungsanalyse wäre also in den jeweiligen Studien notwendig gewesen, um „erkenntnisverhindernde Wirkungen der Gegenübertragung" auszuschließen und „Gegenübertragung als Erkennt-

335 R. Würgau: Der Scheidungsprozeß, S. 4.
336 Vgl. ebd., S. 91.
337 Vgl. S. Freud: Zur Dynamik der Übertragung, GW Bd. VIII, S. 372 f.

nisinstrument"[338] zu nutzen. Ein Rezipient müsste folglich die den Roman vordergründig beherrschende positive Bewertung der Mutter, die mit eigenen Mutterbildern korrespondieren mag, kritisch hinterfragen. Er muss, um mit Pietzcker zu sprechen, „eigene Regungen, auch wenn sie unangenehm sind, aushalten"[339]. Die psychoanalytische Rezeptionstheorie hat in diesem Zusammenhang mit dem amerikanischen Anglisten und Literaturpsychologen Norman N. Holland festgestellt, dass der Leser das Werk „assimiliert", d. h. seinen eigenen Bedürfnissen und seiner individuellen Abwehrstruktur anpasst.[340] Der Interpret – Schönau/Pfeiffer unterscheiden zwischen Rezeption und Interpretation – hat die Aufgabe der „Bewußtmachung unterschwelliger, im Akt des Lesens mobilisierter Phantasien und der Art der Kommunikation, in die der Text den Leser hineinzuziehen versucht."[341] Er kann „durch sorgfältige Beachtung seiner Gegenübertragung diese ihm aufgezwungene Rolle erkennen und für diese spezifische unterschwellige ‚Rhetorik' hellhörig werden. Er wird dann erkennen, daß er als Rezipient sich nicht nur identifizierend und projizierend zu den Phantasien eines anderen verhält, sondern daß er, während er liest, in einem imaginären Szenarium eine Position zugewiesen bekommt und auf diese Rollenzuweisung antwortet, indem er dem Text/Autor nun in seinem Szenarium eine Position zuweist. So kann die psychoanalytische Rezeptionsforschung ihre Befunde nun nicht mehr nur als unbewußte Reaktion auf Figuren, Handlung, Gehalt usw. des Werks beschreiben, sondern auch als Antworten auf zugewiesene Positionen, also als Gegenübertragungen interpretieren [...]."[342] Das ist allerdings ein hohe Anforderung.

Bei der Lektüre des *Grünen Heinrich* sind es die in den Text eingearbeiteten Aggressionen gegen die Mutter, die man aushalten muss. Dem Psychiater hilft in der Auseinandersetzung mit solchen Gefühlen die Lehranalyse und die therapeutische Praxis;[343] beides hat der Literaturwissenschaftler in der Regel nicht, sodass ihm Gegenübertragungsphänomene möglicherweise nicht immer bewusst sind und er ihnen ausgeliefert sein kann.[344]

338 C. Pietzcker: Lesend interpretieren, S. 35.
339 Ebd., S. 14.
340 Vgl. W. Schönau/J. Pfeiffer: Einführung, S. 42 f.
341 Ebd., S. 37.
342 Ebd., S. 53.
343 Vgl. ebd., S. 15.
344 Als Laientherapeut war ich immer wieder durch die Berichte der Patienten mit brutalen, missbrauchenden, Aggressionen auslösenden Eltern konfron-

Vielleicht - und das ist ein zweiter Erklärungsversuch für die unzweideutige Parteinahme vieler Literaturwissenschaftler - liegt die Verurteilung Gottfrieds/Heinrichs, von der die Rezeptionsgeschichte spricht, aber auch an der im Protagonisten des Romans sichtbar werdenden passiven Erwartungshaltung. Für jemanden, der keine therapeutische Erfahrung hat, scheint es kaum verstehbar zu sein, warum der grüne Heinrich trotz aller offensichtlichen Anzeichen des Scheiterns die Realität so hartnäckig verleugnet und in die Katastrophe schlittert. Das mag, wenn man dieses Verhalten nicht vor dem Hintergrund seiner Sozialisationserfahrung deutet, Unverständnis und Aggressionen beim Rezipienten auslösen, deren Ursprung jedoch reflektiert werden sollte.

### II.4.2 Heinrichs Verhaltensweisen im Spiegel seiner Symbioseerfahrungen

Hoffnungsvoll „wie ein wahrer König" fährt der grüne Heinrich „in die helle Welt hinaus" (23) - in dieser Beschreibung spiegelt sich seine symbiotische Lebenserfahrung -, als Gescheiterter tritt er die Heimreise an. Den Prozess dieser schmerzhaften Erkenntnis werde ich nachzeichnen. Gleichzeitig werden in der folgenden Darstellung die Verhaltensmuster während seines Aufenthalts in der deutschen Kunststadt vor dem Hintergrund seiner mütterlichen Sozialisationserfahrungen gedeutet; die Kindheit ist schon ein „Vorspiel des ganzen Lebens", sodass sich seine Schuld relativiert.

Gleich zu Anfang des Erzählabschnitts nach der Jugendgeschichte wird über die ersten beiden Jahre, die Heinrich in der Kunststadt verbracht hat, reflektiert. Längst hat er „sein Sammetbarett und den beschnürten grünen Rock abgelegt und ging in schlichten Kleidern", sodass „unser Held in der großen Stadt rasch die Freiheit und Sicherheit der äußerlichen Bewegung [...] angenommen hatte" (466). Er bleibt aber, obwohl er durch das Ablegen des Grüns eine Ablösung von der Mutter demonstriert, der „inwendig grüne Heinrich" (466), als der er auch am Schluss des Romans erscheint, als Dorothea ihm empfiehlt, sich wieder einen „grünen Rock" (715) anzuschaffen. Bereits an dieser Eingangsszene nach dem Ende des Jugendbuches zeigt sich, dass der Erzähler offenbar einen Zusammenhang zwischen den Kindheitserfahrungen und Heinrichs Treiben während der Jahre in der Kunststadt

---

tiert, sodass idealisierende Elternbilder zerstört wurden. Zudem wurde versucht, Gegenübertragungsphänomene in Teambesprechungen und Supervisionen bewusst zu machen.

sieht; *Kleider machen Leute* gilt für den Protagonisten des Romans offenbar nicht, dessen Verhalten durch sein Inneres bestimmt wird, das entscheidend in mütterlicher Sozialisation geprägt wurde.

Nachdem das erste Jahr in der Hauptstadt vergangen ist, zweifelt Heinrich „noch nicht im mindesten", bald sein Brot selbst zu erwerben. Sein erster Versuch, ein Bild zu verkaufen, scheitert, weil ein erfahrener Meister Heinrichs Idee plagiiert hat (vgl. S. 606 ff.), und nach einiger Zeit malt der junge Held „überhaupt nur wenig und machte selten etwas ganz fertig; desto eifriger war er dahinter her, [...] Skizzen auszuführen, welche immer einen bestimmten, sehr gelehrten oder poetischen Gedanken enthielten und sehr ehrwürdig aussahen." (475) Folglich bleibt sein narzisstisches Gleichgewicht erhalten; er macht unbedenklich Schulden „und fand es ganz in Ordnung, auf diese Weise bequem und ohne weiteres Kopfzerbrechen das zweite Jahr hindurch zu leben." (611) Die aus dieser Situation entstehenden Gefahren und die damit verbundenen Unlustgefühle werden verleugnet; er berichtet „der Mutter in jedem Briefe, es ginge ihm gut", ohne seine Schulden zu erwähnen (613). Je mehr seine Gläubiger ihn „zu drängen anfingen und er höchst verlegen und kleinlaut war, wurden auch seine Briefe seltener und einsilbiger". (614) Der grüne Heinrich hat durch das symbiotische Leben mit der Mutter nie gelernt, sich aktiv mit Schwierigkeiten auseinanderzusetzen; stattdessen vermeidet er alles, was sein Selbstwertgefühl beeinträchtigen könnte. Tatsächlich, seiner Kindheitserfahrung entsprechend, werden die Konflikte von der Mutter gelöst. Sie bringt ihm Erlösung, bietet Schutz vor den Anforderungen der Außenwelt, indem sie für die Schulden aufkommt, „und zweifelte nicht, daß damit nun etwas Gründliches und Rechtes getan sei." (614). Der Erzähler scheint zu zweifeln! Die Mutter wird noch häufig Geld schicken, sodass Heinrichs Realitätssinn weiter unterentwickelt bleibt.

Künstlerische Misserfolge werden in der Welt der Studenten kompensiert, in der der Held des Romans „ein Weiser und Gerechter, ein geachteter Tonangeber war" (617), sodass er vorerst ausreichende Bestätigung für sein Selbstwertgefühl erhält. Lange Zeit lebt er hin im Glauben, „etwas zu werden", und macht weiter Schulden. Die Mutter zahlt ebenfalls weiter. Der Erzähler führt einige Gründe an, warum sie das tut; zum Beispiel teilt sie seine Hoffnungen, dass aus ihm etwas werde, dass er „manches lerne und studiere", hauptsächlich aber zahlt sie, „weil in ihm der gleiche Trieb, etwas zu werden, wie im verstorbenen Vater zu leben schien und sie selbst ja sich nur als eine Vermittlung zwischen diesen beiden Gliedern betrachtete [...]" (618). Danach wird das vermutlich entscheidende Motiv des mütterlichen Handelns genannt: „[...] zuletzt aber auch einzig und allein, weil das Kind dessen bedürftig war und es forderte" (618). Nur weil das Kind etwas fordert, darf man dessen Wunsch selbstverständlich nicht nachgeben, sodass erneut das grenzenlose Gewährenlassen der Mutter kritisiert wird. Folglich beschreibt der Erzähler sie beim Verschicken des Geldes auch so, als ob sie sich schuldig fühlt, weil sie sich unangemessen verhält:[345]

> *Sie schleicht auf Seitenwegen zur Post, „denn sie wünschte um alles in der Welt nicht, daß jemand sie sähe [...]. Sie reichte, den seidenen Ridikül verschämt und zitternd abstreifend, den Pack durch das Schiebefensterchen, [...] und sie machte sich davon, als ob sie so viel Geld jemandem genommen anstatt gegeben hätte." (619)*

Wiederholt wird die Kritik am mütterlichen Verhalten indirekt geäußert, indem Nachbarn, die vorsichtshalber als „selbstzufriedene und prahlende Männer und Frauen" (619) diffamiert werden, den Kritikerpart übernehmen, aber in derselben Textpassage wird der versteckte Angriff wieder zurückgenommen, indem der Erzähler die Mutter überhöht:

> *„Nichtsdestominder fühlte sie einen gewissen mütterlichen Stolz, als sie durch so viele selbstzufriedene und prahlende Männer und Weiber hindurchging, welche unfehlbar ihren Gang scharf getadelt hätten und selbst eher dafür, daß sie den Knieriemen tüchtig handhabten, sich am liebsten von ihren Kindern gleich einen Erziehergehalt ausbezahlen ließen, anstatt irgend etwas Ungewöhnliches für sie zu opfern oder zu wagen." (619)*

Als Heinrich das Geld empfängt, nimmt er sich zum wiederholten Mal vor, „diesmal weltklug zu sein [und] ganz gewiß mit festem Willen den Anfang zu einem selbständigen Leben zu machen." (619) Bald wird er jedoch feststellen - um mit Freud zu sprechen -, nicht „Herr im eigenen Haus" zu sein. Nach einiger Zeit nämlich - inzwischen ist sein

345 In Bezug auf Keller spricht auch A. Muschg von Schuldgefühlen der Mutter: „Sie wird freilich das Gefühl nie ganz los, daß sie ihren Kindern die Anleitung zum praktischen Leben schuldig bleibt, also, von ihrem Mann aus gedacht: die Hauptsache." A. Muschg, S. 19 f. Die Frage ist allerdings, ob sie sich wirklich schuldig fühlt oder ob der Erzähler ihr das Schuldgefühl unterschiebt.

Versuch, eine Beziehungen zu Agnes aufzubauen, misslungen - spitzt sich die Situation so zu, dass sein Scheitern nicht mehr verleugnet werden kann. Sein Vermögen ist vollständig aufgebraucht:

> *„Obgleich er dies vorausgewußt, so war er doch ganz verblüfft darüber und [...] auf einmal verließ ihn alle die Herrlichkeit, Weisheit und Gewandtheit, der Schleier fiel von der dürren Lage der Dinge, und er ergab sich ganz demütig und geduldig dem Gefühl der nackten Armut." (620)*

Aus den Größenphantasien bei der Abreise sind Ohnmachtgefühle geworden. Heinrichs Verhaltensweisen und Abwehrmechanismen muss man vor dem Hintergrund seiner Sozialisationserfahrung deuten und verstehen. Rational ist sein Handeln sicher nicht zu erklären, aber dass des Menschen freier Wille begrenzt sein kann und er mehr als ein zweckrational handelndes Wesen ist, spricht aus den Worten des Erzählers, der aus der Bergpredigt zitiert: „Richtet nicht, damit ihr nicht gerichtet werdet!" (623) Damit wendet sich der Erzähler, gleichwohl sein Schöpfer Gottfried Keller sein Alter Ego scharf richtet, gegen alle, die Heinrich die Schuld für sein Verhalten zuweisen. Vielleicht hatte der Erzähler auch die Generationen von Germanisten mit ihren vernichtenden Verdikten im Sinn. Ihm ist jedenfalls klar, was dem grünen Heinrich zur Entwicklung des Realitätssinns fehlte, nämlich Lebenserfahrungen zu sammeln, die ihm die Mutter in der symbiotischen Beziehung genommen hat:

> *„Heinrich mußte sogleich erfahren, daß dieser Keim, dieser löbliche Vorsatz des freien Willens, auch beim besten Willen, noch über seine Meinung hinaus das bedingteste Wesen von der Welt ist und ohne die notwendige Nahrung, ohne einen gesättigten Grund von Erfahrung [...] ruhig schläft [...]" (586 f.).*

Solche Textpassagen sind ein Beleg dafür, dass die Aggressionen gegen die Mutter nicht aus dem Unbewussten stammen. Es muss dem Erzähler und damit auch dem Autor bewusst gewesen sein, dass die mütterliche Fürsorglichkeit maßgeblich daran beteiligt war, dem grünen Heinrich die „Nahrung der Erfahrung" zu entziehen.

### II.4.3 Heinrichs innerer Kampf gegen die Heimkehrwünsche

Den weitere Verlauf der Entwicklung des grünen Heinrich bestimmen Regressionen, Loslösungswünsche und die durch sein Scheitern hervorgerufenen Schuldgefühle bzw. die Auseinandersetzung mit der Frage, wer schuld an seinem Scheitern ist.

Das „Programm des Lustprinzips" setzt „den Lebenszweck, [...] doch ist sein Programm im Hader mit der ganzen Welt [...]"[346]. Das Programm des Lustprinzips zu erfüllen, kann man verschiedene Wege einschlagen, „entweder den positiven Inhalt des Ziels, den Lustgewinn, oder den negativen, die Unlustvermeidung, voranstellen."[347] Das letztere tut der Eremit; er „kehrt dieser Welt den Rücken, er will nichts mit ihr zu schaffen haben. Aber man kann mehr tun, man kann sie umschaffen wollen, anstatt ihrer eine andere aufbauen [..]."[348] Die Welt aktiv zu verändern, dazu ist der grüne Heinrich nicht in der Lage. Konnte er noch Lustgewinn aus seiner künstlerischen Tätigkeit ziehen bzw. das Unbehagen als „Zecher"[349] (615) lindern, so werden nach seinem künstlerischen Scheitern die Unlustgefühle - die Gefahren, die dem Ich durch die Außenwelt drohen - so groß, dass er sich nur noch durch Regression[350] schützen kann; er schlägt also einen negativen Weg ein. Heinrich zeigt in dieser Situation ein Problemlösungsverhalten, das aus der Zeit seiner Kindheit stammt. Hilflos und unselbstständig sehnt er sich nach Versorgung und „Ruhe":

> *„[...] und als er sich zum dritten Mal ungegessen ins Bett legen mußte, [...] gedachte [er] [...] sehnlich und bitterlich seiner Mutter, nicht besser als ein* sechsjähriges Mädchen, *das sich verlaufen hat. Wie er aber an die Geberin seines Lebens dachte, fiel ihm auch [...] der liebe Gott ein [...], so betete er ohne weiteres Zögern [...] um das tägliche Brot." (621,* Hervorhebung CT*)*

> *„Das Bedürfnis nach dem ‚sicheren Hort oder Hafen' oder [...] nach einer zuverlässigen Bindungsperson, die in Gefahrensituationen Schutz und Hilfe gewährt, bleibt aber während des ganzen Lebens bestehen. Auch bei Erwachsenen wird in einer solchen Lage das in*

---

346 S. Freud: Das Unbehagen, S. 434.
347 Ebd., S. 442.
348 Ebd., S. 439.
349 Rauschmittel sind eine Möglichkeit, das Leiden zu lindern. Vgl. ebd. S. 434 f. Heinrich nutzt dieses Mittel.
350 Im Allgemeinen kann eine Regression „partiell und selektiv oder total und massiv, sie kann temporär oder dauerhaft sein." F. C. Redlich/D. X. Freedman: Theorie und Praxis, S. 205.

*der frühen Kindheit ausgeprägte Bindungssystem aktiviert und löst schutzsuchendes Bindungsverhalten aus."*[351]

Es sind Schutz- und Geborgenheitswünsche, die den grünen Heinrich, der sich mit einem kleinen Mädchen vergleicht, nach Hause treiben, nicht aber „inzestuöses Heimweh"[352]. Seine Regressionen haben eine die Psyche stabilisierende und angstvermindernde Funktion. Dass es das Gefühl der Einsamkeit ist, das in ihm den Wunsch auslöst, nach Hause zu drängen, hatte einst bereits Römer prophezeit, der Recht behalten sollte:

> *„Wenn Sie einst getrennt von Ihrer Heimat und von Ihrer Mutter und allem, was Ihnen lieb ist, in der Fremde umherschweifen, [...] haben Kummer und Sorge, sind wohl gar elend und verlassen: so wird es Ihnen des Nachts unfehlbar träumen, daß Sie sich Ihrer Heimat nähern; [...] da entdecken Sie plötzlich, daß Sie zerfetzt, nackt und kotbedeckt einhergehen; eine namenlose Scham und Angst faßt Sie [...]" (404).*

Einige Zeit vermag der grüne Heinrich noch durch den Verkauf seiner Bilder und das Bemalen von Fahnenstangen gegen die regressiven Wünsche anzukämpfen. Doch als er eines Tages wieder niedergeschlagen durch die Stadt läuft, wird seine regressive Sehnsucht bei der Begegnung mit seinem Landsmann und dessen Braut, die sich auf der Hochzeitsreise befinden, erneut geweckt. Die Heimatsprache des Paares klingt Heinrich, dem „kalten Weltleben" (225) in der fremden Stadt ausgesetzt, „wie ein Laut aus besserer Welt" (644). Im Vergleich mit dem Landsmann, der gerade mit der „Gründung seines Hauses" beginnt, erkennt Heinrich erneut seinen Misserfolg, was auch das Scheitern seiner Beziehungen einschließt. Doch als Gescheiterter will er nicht zur Mutter zurückkehren, sodass „süße Freude und trauriger Schreck sich mischten und bekämpften [...]" (644). Schon vor Heinrichs Zusammentreffen mit dem Landsmann hat die Einsicht in sein Scheitern einen Kampf zwischen Selbstbezichtigung und Schuldabwehr ausgelöst, der sich auch in der komplexeren Syntax spiegelt und in dessen Beschreibung der Erzähler vollkommen in der Erlebnisperspektive Heinrichs verschwindet:

---

351 L. Köhler: Vorwort, in: K. H. Brisch: Bindungsstörungen, S. 13.
352 A. Muschg: Gottfried Keller, S. 102.

*„So kam es, daß er, während er für seine Person sich schuldlos fühlte und die Dinge nicht fürchtete, in Ansehung seiner Mutter eine große Schuld erwachsen sah, an der er doch wieder nicht schuld zu sein meinte [...]" (643).*

Angstvoll tastet er sich vor, der Mutter die Schuld an seinem Versagen zuzuweisen:

*„Denn wenn er sich bemühte [...] an der Mutter selbst eine Art Schuld aufzufinden, welche eine solche Leidensschule verursacht, so konnte er keine finden, und diese ganze Untersuchung dünkte ihn lästerlich und unkindlich [...]" (643).*

Die Mutter mit Schuld zu belasten, empfindet er jedoch als so angsterzeugend, dass er diese Überlegung im gleichen Atemzug zurücknimmt und von einer „Art Schuld" spricht. Doch im selben Augenblick werden die Vorwürfe noch einmal aufgenommen:

*„[Er] dachte, daß vielleicht gerade das ängstliche Wesen der Mutter in irdischen Dingen, der große Wert, den sie auf ein sicheres Auskommen und auf eine herbe Sparsamkeit legte, ihr Vergehen sei [...]" (643 f.).*

Aber auch diese Überlegung wird sofort verworfen.[353] Als Kritik an der Mutter ist auch der Bericht des Landsmannes aus der Heimat zu sehen, durch den Heinrich erfährt, dass „vorlaute und unverständige Weibsen und auch ebensolche Männer", die von den Opfern der Mutter gehört haben, dieselbe tadeln und ihr sagen, „daß sie unrecht getan und sowohl ihrem Sohne schlecht gedient als durch solche unzukömmliche Opfer sich selbst überhoben habe." (646) Als unverständiges „Geschwätz" (646) tut der Landsmann die Vorwürfe ab. Erneut wird die Kritik an der Mutter vom Erzähler versteckt, diesmal hinter dem „Geschwätz" herabgewürdigter Personen. An dieser Textstelle wird besonders deutlich, wie angstbesetzt der Gedanke für den Erzähler sein muss, die Mutter für sein Versagen verantwortlich zu machen und Aggressionen gegen sie zu richten. Heinrichs Konflikt

*„ist nicht nur ein Konflikt des Individuums mit der herrschenden, gesellschaftlichen Meinung, sondern ein Konflikt, in den sein Ver-*

353 Bei Dorothea werden nochmals Aggressionen gegen die Mutter deutlich. Dabei wird der Irrealis benutzt, um den Angriff zu entschärfen.

*halten das Individuum mit dem Teil seines Selbst gebracht hat, der diese gesellschaftliche Meinung repräsentiert; es ist ein Konflikt seines eigenen Seelenhaushalts; er selbst erkennt sich als unterlegen an. Er fürchtet den Verlust der Liebe oder Achtung von Anderen, an derer Liebe und Achtung ihm liegt [...]".*[354]

Dieser Automatismus mache das Individuum wehrlos.[355] Wie stünde der grüne Heinrich in den Augen anderer da, die von der sich opfernden Mutter hören? Die Dorothea der zweiten Fassung lässt erkennen, wie Fremde die Mutter beurteilen und bewundern:

*„Wer ein solches Mütterchen hat, sollte seinem Schöpfer danken! [...] Mehr als einmal [...] dachte ich, könntest du doch bei einem solchen Mütterchen mit unterkriechen [...]" (VI, 13).*

Mütter sind offenbar besonders durch die moralischen Werte der Gesellschaft vor Aggressionen geschützt. Das Vierte Gebot repräsentiert solche Normen, die Heinrich – und vermutlich auch obige Interpreten – zweifellos fest verinnerlicht hat.

Die Auseinandersetzung mit der Schuld der Mutter wird durch das Treffen mit dem Landsmann fortgesetzt. In seinen Erzählungen werden vor allem die starken Bindungswünsche der Mutter erkennbar, die durch die „Fadenmetaphorik" ausgedrückt werden. Heinrich wird massiv von der Mutter unter Druck gesetzt zurückzukehren, als er erfährt, dass sie im „tiefsten Kummer" ist und sich vor Sehnsucht nach ihm „aufzehrt und Tag und Nacht nicht anderes denkt." (646) Den ganzen Tag sitzt die Mutter am Fenster und

*„[...] spinnt jahraus und ein, als ob sie zwölf Töchter auszusteuern hätte [...]. Wie es scheint, glaubt sie durch diesen Vorrat weißen Tuches, das sie jedes Jahr weben läßt* Ihr *Glück herbeizulocken,*

354 So heißt es bei N. Elias in Bezug auf „Scham-Angst". Diese Beobachtung trifft auf Heinrichs Angst zu, Aggressionen gegen die Mutter zu richten. N. Elias: Über den Prozeß der Zivilisation (1936), Bd. 2, Frankfurt a.M. 1979, S. 398. Elias denkt auch in Beziehungen. Er spricht von Interdependenzen und kritisiert, dass das Ich als etwas von allen Menschen und Dingen draußen Abgeschlossenes verstanden wird. In seinem Werk untersucht er die Geflechte der Angewiesenheit von Menschen aufeinander, d. h. ihre Bindungen.

355 Vgl. ebd., S. 398.

*gleichsam wie in ein aufgespanntes Netz [...]" (646 f., Hervorhebung CT).*

Die Menge der Leinwand, die sie für Heinrich webt, entspricht dem Opfer, das sie erbracht hat, d. h., so viel „Gutes" hat sie für ihn getan. Mit diesen Opfern bindet sie ihn an sich, spinnt ihn ein und verhindert, dass er sich schuldfrei lösen kann. Für zwölf Töchter würde die Liebe ausreichen, für eine Person wird sie zur Last, zum erdrückenden Schuldgefühl. Im Traum wird die Leinwand zur Bürde:

> *„[...] und plötzlich fühlte Heinrich ein schweres Gewicht auf seiner Schulter und entdeckte, daß er den vergessenen Mantelsack trug, der von den feinen Hemden ganz geschwollen war." (656)*

Auch diese wurden von der an einem Bächlein sitzenden Mutter gesponnen, die „kreuz und quer" (656) ihre Fäden über den Abhang zog. In den verschiedensten Varianten wird das Bild von der die Autonomie des Sohnes verhindernden Mutter wiederholt. Ein anderer Trauminhalt macht deutlich, dass die Mutter ihn daran hindert:

> *„Sie hütete mit einer grünenden Rute eine kleine Herde großer Silberfasanen, und wenn einer sich aus ihrem Umkreise entfernen wollte, schlug sie leise auf seine Flügel [...]" (656).*

Frei fliegen möchte der Narziss, der sich als prächtigen Vogel sieht. Aus Sicht der Mutter ist der in der deutschen Kunststadt weilende Heinrich weggeflogen, und die Mutter schaut immer in die Ferne, wenn sie in schwindelnder Höhe des Daches die Betten ausschüttelt. Dort schwebt sie in steter Gefahr herabzustürzen. Warnungen vor dieser Gefahr schlägt sie ebenso aus wie Hilfsangebote, sodass der Landsmann zu dem Schluss kommt, nur noch Heinrichs Heimkehr könne die Mutter retten (vgl. 647). Nach Schilderung dieser suizidalen Szene, die den Protagonisten stark unter Druck setzen muss, bleibt ihm kaum eine andere Wahl, als nach Hause zurückzukehren. Doch nochmals lehnt er unter Hinweis auf seine ungelöste „Tagesaufgabe" (648) die Heimkehr ab, fühlt sich aber durch die Opfer, die er seiner Mutter immer wieder abgefordert hat, „an das ferne Elend gefesselt [...]" (649).

Ähnliche Bindungskraft und Schuldgefühle lösen die mütterlichen Briefe aus, die „die Hoffnung seiner baldigen Heimkehr jedes Mal mit der Todesanzeige eines Verwandten, Freundes oder Nachbarn" verbinden, sodass er die „Vereinsamung seiner Mutter [...] doppelt [fühlte].“ (643) Sie gibt ihm damit zu verstehen, dass auch sie bald sterben könnte! Da der grüne Heinrich nicht gelernt hat, Konflikte mit der Mutter auszutragen, muss er sich gegen solchen Druck mit Schreibhemmungen wehren, die nicht nur darin begründet sind, dass er von keinen Erfolgen berichten kann. Die medizinische Psychologie kennt solche Fälle elterlicher Bindungskraft:

> *„Unter fortgesetzten Hinweisen auf die eigene Kränklichkeit und Schwäche suggerieren sie [die Eltern] ihren Kindern laufend Selbstvorwürfe als Strafe für deren Verselbständigungs- und Distanzierungswünsche. [...] Der Hinweis auf das Grab, an dessen Rand die Kinder vielleicht noch einmal ihren Egoismus bereuen würden, ist meist der letzte Trumpf dieser ebenso grotesken wie allzuoft noch effektiven Strategie.“*[356]

Auch Redlich/Freedman sehen das Phänomen elterlicher Bindungskraft ähnlich: „Das Kind fühlt sich verantwortlich und macht sich die Vorstellung zu eigen, daß es schlecht sei [...], die Eltern alleinzulassen.“[357]

Zusammenfassend lässt sich feststellen, dass der Protagonist des Romans von einer höchst ambivalenten Gefühlslage beherrscht wird. Er gibt zwar vor, seine „Tagesaufgabe“[358] erfüllen zu müssen, es sind aber vor allem seine Autonomiebestrebungen, die ihn von der Mutter fernhalten. Auf der anderen Seite sind es die Bindungswünsche der Mutter, die in diesem Zusammenhang ausgelösten Schuldgefühle und Heinrichs regressive Wünsche, die ihn nach Hause ziehen.

### II.4.4 Heinrichs Heimkehrerträume

Gibt es neben dieser regressiven Sehnsucht, die im grünen Heinrich erkennbar ist, ein aus anderen Persönlichkeitsschichten des Autors stammendes inzestuöses Begehren, das Keller in seinem Alter Ego auslebt? Dieses lässt sich am ehesten in einem der Heimkehrerträume vermuten, in dem der erfolgreich zurückkehrende Protagonist „seine Mutter

---

356 H. E. Richter: Patient Familie, S. 41.

357 F. C. Redlich/D. X. Freedman: Theorie und Praxis, S. 776.

358 Dass die Erfüllung der „Tagesaufgabe“ aber nur eine untergeordnete Rolle zu spielen scheint, wird bei Dorothea deutlich; finanziell gut stehend und mit erfolgreichem Abschluss seines künstlerischen Schaffens bleibt nur noch sein Autonomiestreben, das ihn von der Mutter fernhält.

im Glanze der Jugend und Schönheit" (667) erblickt. „Die Traummutter ist so jung, schön und verlockend, wie die wirkliche nie war [...]"[359], so fühlt sich Kaiser in seiner Deutung bestätigt. Den vermeintlich sexuellen Charakter dieser Träume erkennen auch Neumann[360] und Selbmann, der konstatiert, dass sich „Heinrichs erotische Vorstellungswelt [...] ungeschützt [zeigt]".[361] Teile des im Roman erzählten Traumes gehen jedoch, das ist besonders wichtig hervorzuheben, nicht auf einen Traum bzw. die Wunschphantasie des Erzählers oder Autors zurück, sondern eindeutig auf einen Brief Elisabeth Kellers vom 21. November 1840:

> *„Mir träumte diese Woche einst, Du seiest heimgekommen, und zwar auf einem prachtvollen Pferde – sehr schön gekleidet! Das war mir eine größere Freude als der vorige Traum, in zerrissenen Kleidern und schrecklich blaß und mager!"*

Diese Trauminhalte erscheinen im Roman als von Heinrich geträumt und verdeutlichen vor allem, wie die mütterlichen Wünsche[362], einen erfolgreich Sohn zu haben, in Selbstzwänge übergehen.[363] In den hohen mütterlichen Erwartungen liegt der Ursprung seiner Angst zu versagen. Im Traum versucht der Gescheiterte mit „saurer Mühe", seine „schlechten Lumpen in die Strömung hineinzustoßen; aber die morsche Stange brach und brach immer wieder [...]" (653); „jeder Freud-Leser hat mit solchen Symbolen männlichen Mißerfolgs leichtes Spiel."[364] Dass Traumdeutungen innerhalb eines literarischen Werks problematisch sind, darauf weist Selbmann hin[365], dass es aber höchst problematisch ist, Träume ohne die Assoziationen des Analysanden zu deuten, müsste jedem Nichtanalytiker einleuchten. Traumdeutung wäre tatsächlich ein „leichtes Spiel". Nicht jede Stange oder Schlange – auf Kel-

359 G. Kaiser: Gottfried Keller, S. 66. Ähnlich auch H. Wysling: Und immer wieder kehrt Odysseus heim, S. 151.

360 Vgl. B. Neumann: Gottfried Keller, S. 108.

361 R. Selbmann: Gottfried Keller, S. 33.

362 Wenn man erotisches Begehren in den Träumen entdecken möchte, müsste man es bei der Mutter suchen, was ich aber zurückweisen würde. Es sind wohl eher „harmlose" Wünsche einer Mutter, die sich einen beruflich erfolgreichen Sohn erträumt.

363 Wysling ordnet die Träume ebenfalls dem Erzähler/Autor zu: „Erlebt sind die demütigen Heimkehren von München und Berlin erträumt ist die Heimkehr in Glorie, sei es auf einem Goldfuchs oder in einer Kutsche." H. Wysling: Und immer wieder, S. 153.

364 A. Muschg: Gottfried Keller, S. 90.

365 Vgl. R. Selbmann: Gottfried Keller, S. 33.

lers berühmten Schlangentraum gehe ich in Kapitel III.1 ein - muss ein Phallussymbol sein.[366] In diesem Kampf mit den Lumpen kann man auch - ganz frei von Erotik - die Verzweiflung sehen, sich gegen das berufliche Scheitern zu wehren. Im Traum kommt Heinrich schließlich, ängstlich seine Reichtümer hütend, wohlgekleidet nach Haus, jedoch verliert er die Kleider wieder, denn Meierlein reißt sie ihm in Fetzen (667). Würde man die erotischen Assoziationen fortspinnen, wäre der Jugendfreund ein Nebenbuhler. Das wirkt nicht sehr überzeugend.

Druck auf Heinrich entsteht auch dadurch, dass die Romanmutter wiederholt träumte, „der Vater sei plötzlich von einer langen Reise aus weiter Ferne, Glück und Freude bringend, zurückgekehrt [...]" (63). Man muss den Blick eigentlich noch stärker auf die Erwartungen der Mutter lenken. Richter schildert Fälle, in denen die unbewussten elterlichen Erwartungsphantasien darauf gerichtet sind, das Kind zum Gatten-Substitut zu machen, was sich nicht unbedingt auf die erotischen Aspekte der Beziehung reduziert.[367] Die Heimkehrerträume bezeugen wohl eher den wunscherfüllenden Charakter in Bezug auf den beruflichen Erfolg Heinrichs. In der Wirklichkeit des Romans wird er schließlich während des Aufenthalts beim Grafen vom Druck erlöst, als Gescheiterter heimkehren zu müssen. Der Graf verschafft Heinrich diese Erfüllung. Dass es neben dieser Belastung noch ein inzestuöses Begehren gibt, das ihn treibt und hemmt, bleibt bloße Spekulation.[368] Die Träume machen vor allem deutlich, wie eng die verschiedenen Psychen, die des Protagonisten und seiner Mutter bzw. die des Romanautors und seines Alter Ego, miteinander verwoben sind, um es mit textiler Metaphorik auszudrücken. Der Begriff der Symbiose wird besonders augenscheinlich.

---

366 Die Deutung von Schlangen als Phallussymbol spiegelt nach V. Kast: Vom Sinn der Angst. Wie Ängste sich festsetzen und wie sie sich verwandeln lassen, 2. Aufl., Freiburg i. B.1996, S. 202, eine zu enge Sicht wider.

367 Vgl. H. E. Richter: Eltern, S. 108 ff.

368 Das Heimkehrermotiv in *Pankraz, der Schmoller* zeigt ebenfalls, dass sich kein Ödipus hinter der Figur versteckt. Harmlos dürften die Umarmungen des heimkehrenden Pankraz sein. Als Kind war er dem Bericht der Mutter zufolge alles andere als ein Ödipus: „[...] ehe das Bürschchen sieben Jahre als gewesen, hatte es schon angefangen, sich ihren Liebkosungen zu entziehen, und seither hatte Pankraz in bitterer Sprödigkeit und Verstockung sich gehütet, seine Mutter auch nur mit der Hand zu berühren [...]" (VII, 21 f.). Pankraz entzieht sich wohl eher ihrem Bindungswunsch, als dass er fürchtet, der erotischen Anziehungskraft der Mutter zu erliegen!

### II.4.5 Der Entschluss zur Heimkehr

Einige Zeit gelingt es Heinrich noch, gegen seine regressiven Wünsche anzukämpfen, aber als ihm schließlich sein Zimmer gekündigt wird und er nachts allein in der kalten Stadt steht - gänzlich hilf- und obdachlos (vgl. 672) - werden seine Regressionen massiv und total. So lernt er jetzt die „allerursprünglichsten menschlichen Zustände kennen“ (673) und tritt den Heimweg an.

Die Regengüsse machen deutlich, dass die Rückkehr zur Mutter einem Untergang gleichkommt. Mit ihrer Beschreibung nimmt der Erzähler das Bild von der Arche Noah und der Sintflut wieder auf:

> *„[Das graue Nebeltuch] begann sich langsam in nasse Fäden zu entfasern, bis ein gleichmäßiger starker Regen weit und breit herniederfuhr, welcher den ganzen Tag anhielt. Nur manchmal wechselte das naßkalte Einerlei mit noch stärkeren Wassergüssen, welche einen kräftigen Rhythmus in das Schlamm- und Wasserleben brachten, das bald alles Land und alle Wege überzog.“ (675 f.)*

Doch Heinrichs Schutzbedürfnis ist so groß, dass er „unverdrossen durch die Fluten“ marschiert (676). Er sucht die windgeschützte Lee-Seite. „Die Sehnsucht nach dem fraglosen Zustand findet ihren Ausdruck in symbiotisch zu nennenden Bedürfnissen, und deren Befriedigung schafft die Fähigkeit, die ‚Zumutungen‘ zu ertragen, die darin besteht, dass es eine unabhängige Realität gibt.“[369]

### II.4.6 Vom Austreiben der „Eitelkeit“ - die Flurschützszene

Der grüne Heinrich kommt, wenn er über seine Bestrafungsphantasien gegen die Mutter nachdenkt, nicht nur mit den eigenen Moralvorstellungen in Konflikt, sondern er reflektiert auch die Ursachen seiner Aggressionen. Anlass dafür ist die Begegnung mit dem „alten Mütterchen“, als er sich nach seinem Scheitern in der Kunststadt auf dem Heimweg befindet. Dort beobachtet er das alte Mütterchen, das „ein elendes Bündel kurzen Reisigs“ (676) und eine abgebrochene Birkenstaude hinter sich herzieht. Zunächst einmal fällt an diesem Bild auf, dass diese Mutterfigur in Anlehnung an die Fadenmetaphorik ein Geflecht aus Zweigen auf dem Kopf trägt. In Kapitel II.6 wird gezeigt, dass sich Heinrich bei seinen Liebesabenteuern wiederholt in solchem Gestrüpp verfängt.

---

369 M. Dornes: Infantile Sexualität, S. 126.

Als der Flurschütz, der Heinrich als Projektionsfläche für seine Bestrafungsphantasien dient, die alte Frau erblickt und sie wegen des Diebstahls strafend am Ohr packt und heftig schüttelt, verteidigt der heimkehrende Held das Mütterchen, indem er den Mann mit seiner in ein Wachstuch eingewickelten Jugendgeschichte schlägt und davonjagt. Lange verharrt der Protagonist und denkt über „den Grund von dessen bestialischem Wesen" (678) nach. Obwohl ihm der Waldhüter völlig unbekannt ist - daran erkennt man die Projektion -, entdeckt der völlig erschöpfte Heinrich, „daß das Fundament alles dieses anmaßlichen behaglich brutalen Gebausches eine *unbegrenzte* Eitelkeit sei, die sich, da sie einer halben Bestie angehörte, nicht anders als in solcher Weise äußern konnte" (678, Hervorhebung CT). Diese „Eitelkeit" kann man als Narzissmus bezeichnen, dem man Grenzen setzen muss. Dann charakterisiert er diesen Typus:

> „*Dieser Kerl, welcher vielleicht der beste Vater und Gatte war und ein ganz guter Geselle unter seinesgleichen,* insofern man ihn nur nicht im Prahlen und Ausbreiten seiner Art behinderte, *dieser Kerl gefiel sich ausnehmen wohl und hielt sich für einen Kerl, nach Maßgabe seiner Dummheit, als er die alte Frau am Ohr zerrte." (678 f., Hervorhebung CT)*

Wenn man ihn am „Ausbreiten der Art" behindert, wird er wütend, dann entlädt sich seine narzisstische Wut. Dieser Charaktertyp kennt zwar moralische Gebote, denn er sieht „in der Kirche oder im Beichtstuhl" zuweilen ein, „daß er unchristlich lebe und handle; der Rausch der Eitelkeit und Selbstgefälligkeit ist es" (679) jedoch, der sein Handeln in dieser Situation bestimmt. Damit wird zum Ausdruck gebracht, dass der Mensch durchaus zu vernunft- und moralgesteuertem Handeln fähig ist. Deshalb gelingt es ihm - genau so wie dem Waldhüter -, einen ordentlichen Beruf auszuüben und eine Familie zu gründen (vgl. 678 f.) -, aber manchmal treibt den Menschen etwas Dunkles, das tief in einem steckt und offenbar nur schwer zu kontrollieren ist. Das kann folgendermaßen gelingen:

> *„Gegen alles das Übel, was von diesem Mehlstaub Eitelkeit stammt, hilft nur die einfache rein sachliche Gegenwirkung: die Eitelkeit immer und allüberall zu verletzen, sie bei der Nase zu nehmen und ihr die eigene Zwecklosigkeit deutlich zu machen, d.h. insofern als sie nicht die unschuldige Beschäftigung mit der eigenen Person,*

*sondern die Reibung an den Mitmenschen zu ihrer Befriedigung wählt." (679)*

Wenn jemand keine Hörner hat, so ist er „bei der Nase zu nehmen". Man muss frühzeitig Grenzen gesetzt bekommen, damit es nicht zu einer übermäßigen Selbstliebe kommt, die sich in Aggressionen entlädt, wenn erst im späteren Leben Schranken gesetzt werden. Ein entsprechendes Versäumnis in der Kindheit kann bis ins hohe Alter nachwirken; das zeigt sich zum Beispiel am Waldhüter, der ebenso alt ist wie das Mütterchen. Die Folgen solcher Unterlassungen sollen an ihm demonstriert werden. Wenn man in der Auseinandersetzung mit dem alten Mann ödipale Phantasien wirken sähe, entginge einem die narzisstische Dimensionen und man würde den Text missverstehen.

Heinrichs ausufernder innerer Monolog in dieser Szene will kaum enden, und „endlich [lenkte er] seine Gedanken auf sich selbst und fragte sich, zum ersten Male im Leben, ob er selbst nicht eitel sei, und in welcher Weise, in der verwerflichen oder in der guten Art?" (680) Das war also das Ziel seiner Reflexionen, sich im Waldhüter zu spiegeln. Also muss Heinrich doch auch so eine dunkle Seite in sich spüren und Bestrafungsphantasien wahrnehmen! Warum hätte er sich sonst mit dem Fremden vergleichen sollen?

Selbstkritisch befragt Heinrich sich und blickt dabei auf das Wachspäckchen, mit dem er zugeschlagen hat und in dem seine Jugendgeschichte steckt, deren Inhalt wohl das „Produkt der Selbstgefälligkeit sein dürfte, welche ihn in so frühem Alter unbewußt getrieben hatte, ein Bild von sich selbst zu entwerfen und festzuhalten." (680) Also wurde während seiner Kindheit versäumt, „die Eitelkeit immer und allüberall zu verletzen", und dafür macht er wohl vor allem die Mutter verantwortlich. Nachdem er lange darüber nachgedacht hat, ob „man gut oder böse sei", hofft er doch anders zu sein als der Flurschütz, denn Heinrich erkennt in sich „die Liebe zur Wahrheit und Aufrichtigkeit", ohne die „die Eitelkeit in allen Fällen ein schädliches Laster" ist (681). So beherrscht er seine dunkle Seite, aber Aggressionen lassen sich wohl nicht so ohne weiteres kontrollieren; sie regen sich immer wieder.

Einige Tage später beschäftigt den Helden während eines Gesprächs mit dem Grafen „die [...] so oft gestellte Frage, ob er an sich gut sei," (725) erneut. In dem aus schwarzem Marmor gehauenen Ritter, der eine weitere Projektionsfläche Heinrichs bildet, wird die Frage von Dorothea positiv beantwortet. Während das Hausmädchen beim Schütteln des vertrockneten Herzens des Ritters Angst empfindet, wird es von Dorothea beruhigt, die mit ihrer Antwort den Helden im Sinn hat: „Sieh, wie es ein guter Kerl ist!“ (744)

Woher kommen Heinrichs beständige Zweifel an seiner moralischen Integrität? Sie könnten zwar aus dem Gefühl erwachsen, auf Kosten der Mutter zu leben; vermutlich haben sie ihren Ursprung jedoch in seinen Bestrafungsphantasien ihr gegenüber. Da er seine Aggressionen nicht ausleben kann, potenzieren sie sich zu Tötungsphantasien, und diese geheimen Wünsche werden darin sichtbar, dass die Romanmutter sterben muss. Folglich kommt es dem grünen Heinrich in ihrem Sterbezimmer so vor, „als ob alle Mütter der Erde ihn durchschauten, alle glücklichen ihn verachteten und alle unglücklichen ihn haßten als auch zur Rotte Korah gehörig“ (764). Korah erhob sich gegen Gottes Gesetze und wird daher von der Erde verschlungen.[370] Heinrich möchte nicht zu denen gehören, die gegen das Mutterrecht verstoßen. Was wäre das für eine Gesellschaft, in der jeder seine Aggressionen auslebte? Sie könnten zufällig ein Mütterchen treffen, „das vielleicht dem Lande arbeitende und starke Söhne geboren hatte“! „Scham“ (676) müssen solche Phantasien auslösen. Folglich glaubt er am Totenbett der Mutter, dass „in Wirklichkeit nichts an ihm zu durchschauen war als das lauteste und reinste Wasser eines ehrlichen Wollens“ (746).

Rothenbühler befasst sich mit der Flurschützszene, die er als Kritik an der extremen Polarisierung der Geschlechter liest,[371] ebenfalls sehr ausführlich. Er greift die Textstelle „Froher als der junge Moses, der den ägyptischen Aufseher erschlagen, atmete er [Heinrich] auf [...]“ (677) auf und erkennt darin Heinrichs Selbstüberhebung zum Moses-Nachfolger: „Heinrich begeht eine ähnliche Vermessenheit als mosaischer Rächer eines Mütterchens“; er habe selbst „in der Vernichtung seiner Mutter die Gesetze der ‚Mütter der Erde‘ verletzt.“[372] Meines Erachtens ist Heinrich froher als der junge Moses, weil er seine dunkle Seite im Waldhüter bekämpft und überwunden zu haben glaubt. Rothenbühler ist wohl ein weiter Rezipient, der Heinrich die Schuld am Tod der Mutter gibt und die verdeckte Wut nicht wahrnimmt.

370 Vgl. 4. Moses, 16.
371 Vgl. D. Rothenbühler: Der grüne Heinrich, S. 309 ff.
372 Ebd., S. 312.

### II.4.7 Die erste Unterbrechung der Heimkehr durch das Reedukationsprogramm des Grafen[373]

Aber schon bald „hatte [es] zu regnen nachgelassen, doch tröpfelte es noch ziemlich, indessen gegen Abend ein schmaler feuriger Streifen Abendrot auf den Hügeln lag [...]. Nun kam ein schlankes weibliches Wesen unter den Bäumen hervor [...]" (684 f.). Einhergehend mit der Wetterbesserung lassen auch Heinrichs Regressionen nach; die Hoffnung, in Dorothea eine Lebenspartnerin zu finden, hemmt den Heimweg des Helden.

Während des Aufenthalts beim Grafen gelingt dem grünen Heinrich allerdings nur eine wichtige Entwicklung in beruflicher Hinsicht. Unter Anleitung des Grafen durchläuft der Protagonist ein „Reedukationsprogramm", das ihn den Winter über auf dem Schloss hält und seine Regressionswünsche aufhebt. Bald entwickelt er sich dort zu einem realitätstüchtigen Maler:

> *„Er überhastet sich nicht und schleppte oder faulenzte nicht, sondern führte Zug um Zug fort, bei der Beschäftigung mit dem einen, ohne zerstreut zu sein, an den nächsten und an das Ganze denkend, und indem es ihm wohl gelang, freute er sich dessen [...]" (716 f.).*

Beim Grafen wird die Entwicklung, die beim Trödler Schmalhöfer begann, fortgesetzt. Beim Trödler, bei dem der grüne Heinrich „vom letzten Sockelstumpf seiner Kunst auf den Boden" herabstieg - womit er die Reste seiner narzisstischen Größenphantasien beschreibt -, lernte er, „die wahre Lebenslinie" der Fahnen „akkurat und rasch" zu ziehen; somit knüpfte er auf andere Weise an die „ewige Linie" der väterlichen Lebenslinie an.[374] Diese Arbeit war für Heinrich „trotz ihrer Geringfügigkeit recht bedeutsam" (636), denn er konnte realitätsgerechtes Verhalten einüben und lernen, so zu arbeiten, dass „die Linie sich nicht verwirrte" (636), was durch den Einfluss einer väterlichen Figur bewirkt wurde. Endlich schaffte Heinrich es, „gleichmäßig, rasch und

373 In der älteren Forschung wurde Heinrichs „ursprünglich angelegte, lange unterdrückte Fähigkeit zu realitätsgerechtem Verhalten", das nach dem Künstlerfest „freigesetzt" werde und beim Grafen seinen Abschluss finde, festgestellt. H. Laufhütte: Gottfried Keller: ‚Der grüne Heinrich'. Zur Problematik literaturwissenschaftlicher Aktualisierung, in: H. Steinecke (Hg.): Zu Gottfried Keller, Stuttgart 1984, S. 27. Ursprünglich angelegt ist diese Fähigkeit allerdings nicht.

374 R. Selbmann: Gottfried Keller, S. 45.

doch vorsichtig, ohne zuletzt einen Klecks zu machen [...] oder einen Augenblick zu verlieren durch Unschlüssigkeit oder Träumerei" (636) die Linie zu ziehen, d.h. zu arbeiten. Während dieser Tätigkeit wurde Heinrich vom Trödler auch erstmals mit „mein Söhnchen" angeredet. Das Diminutiv bringt zum Ausdruck, dass Heinrich sich noch ganz am Anfang seiner Entwicklung befindet; immerhin ist er schon so (lebens-) tüchtig, dass er mehr Stangen als erwartet fertigstellt und der Trödler sich über Heinrichs hohen Verdienst ärgert, der nun das erste Mal in seinem Leben durch eigene Anstrengung Geld verdient. Beim Grafen findet Heinrichs Entwicklung in Bezug auf seine künstlerischen Fähigkeiten ihren Abschluss. Der nun erwachsene Held schafft Bilder, „die nicht mehr Ausdruck einer Befindlichkeit oder mit dem Anspruch beladen sind, eine Entwicklungsgeschichte der Künstlers zu dokumentieren. Vielmehr entstehen Bilder, die handwerkliches Können mit besonnener Publikumsorientierung verbinden."[375] Durch Heinrichs Kunst wird jetzt nicht mehr „unbewußt" (180) sein eigenes Wesen ausgedrückt, und er hat auch die im Gespräch mit seinem Oheim deutlich gewordene selbstbezogene Kunstauffassung aufgegeben, nach der man nur „die Bäume in den Himmel" zu wachsen lassen braucht (216), sondern er weiß sich auch an den Ansprüchen der anderen zu orientieren. Das bedeutet die Anerkennung des Realitätsprinzips.

Der Erfolg des Nacherziehungsprozesses zeigt sich nicht nur darin, dass Heinrich gelernt hat, einen angemessenen Preis für seine Bilder beim Grafen durchzusetzen, sondern sein Körpergefühl verändert sich während dieser Entwicklung ebenfalls. Er fühlt sich inzwischen wie ein borghesischer Fechter, wenn auch im modernen Gewand:

> *„Wenn ehemals ein abenteuernder Held in einer befreundeten Burg einkehrte und sich erholte, so reichte man ihm ein neues Schwert, wenn das seinige im Kampfe mit den Riesen und Ungeheuern zerbrochen war. Heute reicht man ihm, wenn es recht hoch und kühnlich hergeht, ein Bündel Banknoten, welche er auch ganz stillvergnügt einsteckt und mit denen er, statt eines Schwertes, um sich schlagen und weiterfechten muß, um sich Luft zu schaffen für seine wunderlichen und unerheblichen Taten." (703)*

Der Graf bestätigt diese Sichtweise und rät dem grünen Heinrich, die eingeschlagene Richtung beizubehalten. Er solle zusehen, dass ihm das „moderne Schwert nie mehr zerbricht!" Angeregt durch die Gespräche

375 Ebd., S. 46.

mit der Vaterfigur nimmt Heinrich, der nun sein bisheriges Verhalten gegenüber anderen Menschen reflektiert, sich ebenfalls vor, seine Selbstbezogenheit aufzugeben und sein Handeln dem „freien Willen" zu unterwerfen:

> *„Wen er nicht leiden konnte, mit dem ging er nicht um und war gewohnt, seine Abneigung wenig zu verhehlen sowie auch jede Unverschämtheit sogleich zu erwidern und nichts zu ertragen, was ihn nicht ansprach. [...] So lernte jetzt Heinrich nach dem Beispiele des Grafen sich auf seinem Stuhle ruhig zu verhalten, die Fratzen, die Rotznasen und die Erbsenschneller zu ertragen [So schnell lernt er offenbar nicht, seine Selbstbezogenheit abzulegen; seine Überheblichkeit gegenüber anderen bleibt bestehen, CT] und sich gegen jedermann artig zu benehmen, [...] ersehend, wie in jedem Geschöpfe etwas ist, was wert ist, daß man einige Liebe auf es wirft und ihm einigen Wert verleiht." (718)*

Der grüne Heinrich kann wegen seines baldigen Todes nicht mehr beweisen, ob er dazu in der Lage ist.[376] Dem Autor des *Grünen Heinrich,* dessen Alter Ego nun ein Leben führen könnte, in dem ihm zumindest künstlerischer Ruhm zufallen könnte, scheint dieser sublimierte Lustgewinn nicht erstrebenswert zu sein, denn er lässt Heinrich sterben. In der Negierung künstlerischen Erfolges ähnelt Keller dem unglücklichen Römer, der Anerkennung als Künstler mürrisch und verächtlich zurückwies, nachdem der junge, lebensunerfahrene Heinrich dessen Werke gelobt hatte: „Was hilft das Zeug?" (406)

In Bezug auf Heinrichs Bindungsfähigkeit trägt das Reedukationsprogramm des Grafen nämlich keine Früchte, die Bande zur Mutter las-

376 In der Novelle *Frau Regel Amrain und ihr Jüngster,* in der sich Keller nach R. Selbmann: Gottfried Keller, S. 65, „ein Wunschleben zurechtgeschrieben" hat, gelingt es dem Protagonisten, diesen Anspruch umzusetzen: „was seiner Mutter am besten gefiel, war seine Fähigkeit, mit allen Leuten umzugehen, ohne ihre Art anzunehmen." (SW, Bd. 6, 160) Verantwortlich dafür ist Frau Regel Amrain, die das „Geheimnis aller Erziehung" kennt und den Sohn durch liebevolle Strenge erzieht, sodass sich die vom Vater geerbten Defizite des Kindes verlieren.
Dass in dieser Novelle, in der die zweite Ehe der Mutter mit dem Gesellen verarbeitet wird, ödipale Konflikte sichtbar werden, bezweifelt Würgau. Er verstehe die Eifersuchtsgefühle eines 7-Jährigen, die für ihn nichts Außergewöhnliches seien. Vgl. R. Würgau: Der Scheidungsprozess, S. 70 ff. Unabhängig vom Geschlecht gibt es in Dreierbeziehungen oft Eifersuchtsgefühle, die nicht ödipalen Ursprungs sind.

sen sich nicht lösen und der junge Held muss „[s]ein ungeteiltes Herz zu ihr bringen"; er fürchtet, dass es „um die Liebe zu seiner Mutter geschehen sein müsse" (715), ginge er dem Wunsch nach, Dorothea seine Liebe zu gestehen. In der Konkurrenz zwischen Mutter und Dorothea siegt die „Spinnerin". Das macht ihn so wütend, dass er auf die Bindungswünsche der Mutter mit dem Abbruch des Briefkontakts reagiert (vgl. 752 f.), für den Kaiser keine „rationalisierende Motivierung"[377] findet. Am Ende seines inneren Kampfes steht die Entscheidung, den Verlockungen Dorotheas, „welche ihn von dem harten und schmalen Wege seines guten Instinkts wegziehen und in die Irre führen möchten" (714), nicht nachzukommen, sondern zur Mutter zu eilen. Kaiser erkennt darin den Ödipus; in Kapitel II.6 wird deutlich, dass Heinrich hier seine Angst, eine Beziehung einzugehen, rationalisiert. Wysling, dessen Sicht auf den grünen Heinrich von der Lektüre Muschgs und Kaisers beeinflusst ist, verkennt ebenfalls die Ambivalenz der Gefühle des Helden bei dessen Heimkehr. Heinrich habe keinen „sehnlicheren Wunsch als heimzugelangen", weil er sich mit der „Mutter-Geliebten" vereinigen wolle. Wyslings Elternbild scheint von Elternidealisierungen geprägt zu sein:

> *Verlorene Söhne würden von ihren Eltern „immer [aufgenommen], mögen sie ihnen auch Sorgen bereitet haben. Heimat ist der Ort, wo Leute auf einen warten, wo man aufgenommen wird."*[378]

Meines Erachtens wehrt sich Heinrich, zur Mutter zurückzukehren, die er für sein Scheitern der Liebe zu Dorothea verantwortlich macht, denn Elisabeth Lee hat den „gefrornen Christ[en]" hervorgebracht.

### II.4.8 Die zweite Unterbrechung der Heimkehr durch den Aufenthalt in Basel

Durch das Verweilen beim Grafen wird Heinrich nicht nur von den Schuldgefühlen gegenüber der Mutter, die aus seinem beruflichen Versagen stammen, befreit. Ein Brief Ferdinands, der dessen Ego-te-

---

377 G. Kaiser: Gottfried Keller, S. 114. „Heinrich krankt an einer Schreibhemmung, die seine Korrespondenz mit der Mutter zum Verdorren ins Geschäftsmäßige bringt [...]", so Kaisers Erklärungsversuch. Ebd., S. 19. Von Keller weiß Carl Helbig, dass der Dichter „streckenweise ein so karger Briefeschreiber [an seine Mutter]" war. C. Helbig: Gottfried Keller. Gesammelte Briefe, Band 1, Bern 1950, S.13. Man ahnt, warum Keller nicht geschrieben hat.

378 H. Wysling: Und immer wieder kehrt Odysseus heim, S. 151.

absolvo - Heinrich fühlte sich für dessen Tod verantwortlich (vgl. 748 f.) - enthält, erleichtert ihn ebenfalls, sodass er mit den Ratschlägen des Grafen im Ohr die unterbrochene Heimreise fortsetzt. In Basel unterbricht der Held die Rückkehr jedoch erneut und nimmt an dreitägigen Feierlichkeiten teil. Dort findet die vierhundertjährige Jubelfeier der Schlacht bei St. Jakob an der Birs und das große eidgenössische Schützenfest statt. Während dieser Zeit wird ihm noch einmal der Gegensatz zwischen ihm und seinen Mitbürgern bewusst:

> *„Als Heinrich [...] diese Kraft und Fülle sah, schien ihm dies fast bedenklich; denn nach dem stillen und innerlichen Leben, das er in der letzten Zeit geführt, dröhnte ihm das gewaltige Getöse betäubend in das Gemüt; denn obgleich da durchaus kein wüstes oder kindisches Geschrei herrschte, sondern ein ausgedehntes Meer gehaltener Männerstimmen wogte, aus dem nur hie und da eine lautere Brandung oder ein fester feuriger Gesang aufstieg, so bildete doch diese handfeste Wirklichkeit und Rührigkeit einen grellen Gegensatz zu dem lautlosen entsagungsbereiten Liebesleiden Heinrichs von jüngst [...]" (757 f.).*

In dem von den Männern gesungenen Lied, das „nicht etwa ein Zeichen des Verfalls sei", werden die „sogenannten alten frommen Schweizer" besungen,

> *„welche so andächtig niederknieten, ehe sie sich schlugen, mit ihren langen Bärten und schiefen Kerbhütchen zuweilen noch viel wilder tun, bankettieren und rumoren konnten als die jetzigen und daß also deswegen kein Verfall eingetreten und die Schweizer Schützen immer noch die seien, deren Vorfahren vor Jahrhunderten die Straßburger besucht, wenn diese schossen." (758)*

In seinen Mitbürgern lebt die Tatkraft fort, die Heinrich - trotz seiner scheinbar erfolgreich verlaufenen Nacherziehung - bei sich offenbar doch vermisst. Diesen Mangel beobachtet er auf dem Schießplatz, auf dem sich fünftausend waffenkundige Männer versammelt hatten und „ein Rottenfeuer eröffnet wurde, welches acht Tage lang anhielt, ohne einen Augenblick aufzuhören. Dies war kein blindes Knattern wie von einem Regiment Soldaten, sondern zu jedem Schusse gehörte ein wohlzielender Mann mit hellen Augen, der in einem guten Rocke steckte, seiner Glieder mächtig war und wußte, was er wollte." (754) Diese Männer sind moderne borghesische Fechter. Angesichts der

Schützen möchte Heinrich wissen, ob er nicht auch eine gewisse Lebenstüchtigkeit erreicht hat, sodass er sich ein Gewehr kauft, „nicht um irgend sein Glück zu versuchen, sondern um zu sehen, ob er für seinen Handgebrauch und für den Notfall etwa im Ernste mitzugehen imstande wäre." (758) Heinrich kommt zu der Erkenntnis, dass der mütterliche Einfluss sich tatsächlich im Laufe der Zeit verliert:

> *„Jetzt erfuhr er, wie der Ernst des Lebens und die Zeit fähig machen, auch die einfachsten Dinge besonnener in die Hand zu nehmen, und während des Tages, an welchem er fleißig schoß, erlangte er die Gewißheit, bei fortgesetzter Übung sich die Eigenschaft zu erwerben, nicht bloß ein Maulheld zu sein oder ein Bratenschütze, sondern in der Stunde der Gefahr etwa für seine Person, und was ihm teuer war, einzustehen." (758 f.)*

### II.4.9 Die Heimkehr - Bestrafung der Mutter und Selbstbestrafung

Dieser Zwischenstopp in Basel ist noch in anderer Hinsicht bedeutsam. Nach dem Aufenthalt beim Grafen heißt es, dass der grüne Heinrich „endlich ohne Hindernis nach seiner Heimat und zu seiner Mutter" (748) hätte eilen können. Aber er reist nicht auf dem „alten geraden Weg", sondern „in einem Bogen" auf die Stadt Basel zu, in der er noch drei Tage verweilt, sodass sein Heimweg abermals „gehemmt und aufgehalten" (759) wird, bis zuletzt äußere Ereignisse - überfüllte Fuhrwerke, die ihn zwingen, zu Fuß zu gehen - die Heimkehr des Helden verzögern. Kaiser sieht darin ein Traumprinzip hinsichtlich seines Inzestwunsches: „Heinrich trifft auf Hemmnisse, weil er Hemmungen hat heimzukommen."[379]

Meines Erachtens sträubt sich der Protagonist, zur Mutter heimzukehren; der Erzähler hat die Heimkehr verzögert, um den letzten Wunsch der Mutter, „das Kind nur ein einziges Mal noch zu sehen" (763), nicht zu erfüllen. Bei dieser Verweigerung handelt es sich um eine weitere verdeckte Bestrafungsphantasie. Die aggressive Wunscherfüllung aus Sicht des Autors hebt auch Muschg hervor, der Keller allerdings ödipale Tötungsphantasien unterstellt. Die Mutter im *Grünen Heinrich* müsse sterben, weil sich Elisabeth Keller wieder verheiratet habe,[380] und Kaiser führt zur Heimkehr weiter aus:

379 Ebd., S. 115.
380 Vgl. A. Muschg: Gottfried Keller, S. 20.

*„Der nicht heimschreibende und nicht heimkehrende Keller verstrickt sich in die Geschichte eines nicht heimschreibenden und nicht heimkehrenden Helden, [...] aber dann wird der eine in den Tod geschickt, damit der andere, der [...] Verseschmied, mit dem Mütterchen lebenbleiben kann."*[381]

Zuerst wird die Romanmutter in den Tod geschickt. Keller lässt sie sterben, weil er Muttersohn bleiben muss und selbst nicht Vater werden kann.

Interpretationsbedürftig ist auch die Beschreibung der Beerdigung der Mutter, die der grüne Heinrich in einem depersonalisierten Zustand erlebt, in dem man eine innere Leere verspürt, als trenne einen eine Glaswand von dem ab, was um einen geschieht.[382] Beim Protagonisten führt das zu seiner „Unfähigkeit zu trauern", weil er von seinen Gefühlen abgeschnitten ist. Ohne zu wissen, dass die Mutter beerdigt wird, schließt er sich einer Trauergemeinschaft an, die den Heimkehrenden ebenfalls nicht erkennt. Dem Sarg folgt ein langer Trauerzug, „wie wenn ein Unbescholtener begraben wird" (761). Zweifelt er, dass eine Unbescholtene begraben wird? Heinrich will, „indem er im Vorbeigehen dem Begräbnis beiwohnte, [...] eine gesellschaftliche *Pflicht* erfüllen" (761, Hervorhebung CT). In der Kapelle wird seine gestörte Wahrnehmung beschrieben:

*„Er trat mit den Leuten, die ihn nicht kannten, in das kleine Kirchlein und hörte deutlich den Geistlichen, der das Gebet zu sprechen hatte, den Namen seiner Mutter verkünden mit ihrem Geburts- und Todestage und die Zahl ihrer Jahre mit ihrem Herkommen und ihrem Stande.*
*Ohne weiter zu hören, ging er hinaus und suchte das Grab [...]" (761).*

Schließlich wird der Sarg in die Erde gesenkt, aber Heinrich „rührte sich nicht. Die Leute verliefen sich, unter denen Heinrich eine Menge sah und kannte, ohne sie doch zu sehen und zu kennen[...]" (762). Der Protagonist fühlt sich fremd, als wäre er gar nicht dabei.

Der alte Fährmann, dem der grüne Heinrich am Schluss des Romans begegnet, ist der letzte Zeuge dafür, dass die Ursache für das Schei-

381 G. Kaiser: Gottfried Keller, S. 19 f.
382 Vgl. J. Bowlby: Verlust, S. 485.

tern des Helden bei der Mutter liegt. Der Fährmann, der von sich behauptet, schon viel gesehen zu haben und „alles" (766) sehe, weshalb er auch sofort die Gesichtszüge des Protagonisten den Lees zuordnet, hat schon früh die Anzeichen des Verfalls bei der Mutter erkannt. Bei seiner ersten Begegnung mit ihr, als sie noch ein dreijähriges Kind war, trug sie „ein närrisches rosenrotes Kleidchen" (767). Warum wird das Kleid nicht einfach wertneutral beschrieben, was soll daran närrisch sein? Als während der Überfahrt das Schiff zu schwanken beginnt und das Kind weint, wird es von einer überfürsorglichen Mutter beschützt - sie „schloß es in die Arme" (767)[383] - und beruhigt, obwohl gar keine Gefahr besteht, denn die anderen Reisenden singen vergnügt und bespritzen sich derweil mit Wasser. Was ist an dieser Szene so wichtig, dass sie erzählt werden muss? Offenbar lässt sich die übertriebene Fürsorglichkeit noch eine Generation weiter zurückverfolgen. Das Kind „wird es gewiß immer gut haben", weiß der Fährmann. Hatte die Mutter, als sie noch ein Kind war, es ebenso wie der Protagonist viel zu gut? Erst wenn man die Voraussicht des Allessehers so versteht, ergibt sie einen Sinn, denn Elisabeth Lee lebte später in prekären Verhältnissen.

Als der Fährmann die Mutter zum zweiten Mal traf, war sie sechzehn, und er beobachtete ihre Sprödigkeit gegenüber dem männlichen Geschlecht. Während ein ganzer Haufen jungen Volkes am Ufer tanzte, entzieht sie sich den Annäherungsversuchen und strickt. Erneut ist ihr in dieser Szene die Fadenmetaphorik zugeordnet:

> *„Eure Mutter beschied sich aber in ihrer Fröhlichkeit und tanzte nicht so viel, und als ein paar Gelbschnäbel ihr zu eifrig den Hof machten, floh sie in das angebundene Schifflein und fing fleißig an zu stricken."* (767)

Haben sich nicht die Ängste der Mutter und ihre Sprödigkeit auf den Sohn übertragen? Damit der Rezipient die Textstelle nicht als Kritik an der Mutter liest, wird das altersgemäße, harmlose Werben der jungen Männer herabgewürdigt; sie sind „Gelbschnäbel", die ihr zu eifrig den Hof machten. Als Kritik an Elisabeth Lee liest auch von Loewenich die Textstelle. Die Mutter ziehe nützliche Tätigkeit der sinnlichen Freude vor, sodass sie „der lebensfernen Sphäre des Todes jetzt schon näher

383 Umschlingende Arme symbolisieren Bindungswünsche. Das wird in der Beziehung Heinrichs zu Judith deutlich.

ist als dem Leben, dem ihre Spiel- und Tanzgefährten mit Freude zugetan sind."[384]

Auf die Bestrafung der Mutter im Roman folgt die Bestrafung Heinrichs, der ebenfalls ins Grab geschickt wird. Kaisers These, dass der Sog, der vom Mutterschoß ausgeht, zum Vereinigungswunsch im Muttergrab - das im Übrigen auch Vatergrab ist (768) - führt, erscheint sehr spekulativ. Der Protagonist muss aber auch sterben, weil er ohne Mutter nicht lebensfähig ist. Diese Erkenntnis spricht aus dem Gedicht vom verlorenen Glück und Recht. „Glück wie Unglück mich zerbricht" (766), singt der Fährmann. Auf Heinrich übertragen heißt das, dass er mit der Mutter nicht leben will und ohne sie nicht leben kann.

Wie der Seemann durch die Tötung der Meduse, so hat Heinrich durch den Tötungswunsch hinsichtlich der Mutter das „Recht" verloren. Weil die Mutter eine Meduse ist, muss sie sterben. Nach Kaiser, der Kellers Zeitgenossen Bachofen zitiert, ist die „schlangenhäuptige Meduse [...] ein Symbol der das Kind tödlich bedrohenden, verschlingenden Mutter, die es umfängt und, unter dem Schein es zu säugen, selbst aussaugt."[385] Weil Kaiser die Beziehung Heinrichs zur Mutter triebtheoretisch deutet, zieht er die falschen Schlüsse: „Auch das gehört zum Sog, der vom Muttergrab in der Muttererde ausgeht."[386] Meines Erachtens hat Elisabeth Lee, die Spinne, mit ihrem Bindungswunsch das Kind ausgesaugt, sodass er nicht lebensfähig ist. Aus der Abhängigkeit eines Menschen zieht auch der vermeintlich Starke Lebenskraft, der, „unter dem Schein es zu säugen", selber säugt! Wenn man das Bild der Meduse auf den Autor bezieht, heißt das, dass er ewig „Säuger" bleiben muss: „Bis zum neunundzwanzigsten Lebensjahr hat sich Keller von Mutter und Schwester ernähren lassen."[387] Elisabeth Keller hat den Sohn allerdings zum abhängigen Kind gemacht, das verkennt Kaiser, der Kellers Versorgungswünsche als „parasitäre Verhaftung"[388] verurteilt. Kaisers Vorwurf, das ewige Kind sauge die Mutter aus,[389] korrespondiert mit dem Selbstvorwurf des Autors:

384 C. von Loewenich: Gottfried Keller, S. 20.
385 G. Kaiser: Gottfried Keller, S. 53.
386 Ebd., S. 53.
387 G. Kaiser: Gottfried Keller, S. 42.
388 Ebd., S. 128.
389 Vgl. ebd., S. 46.

*„Ich bin die unnütze Zierpflanze, die geruchlose Tulpe, welche alle Säfte dieses Häufleins edler Erde, das Leben von Mutter und Schwester aufsaugt ..." (XXI, 77).*

Von der Meduse geht aber noch eine weitere Gefahr aus. Der Anblick der Meduse lässt den Menschen versteinern, erstarren. Deshalb muss die Meduse sterben. Heinrich war der Erziehung seiner Mutter ausgesetzt und ist daher zum „gefrornen Christ[en]" geworden, der bei den Versuchen, Beziehungen zu anderen Frauen einzugehen, erstarrt, was in Kapitel II.6 deutlich werden wird; daher muss auch sie sterben.[390]

Wie oben dargestellt, durchziehen verdeckte Aggressionen und Bestrafungswünsche den gesamten Roman. Diese dürften wohl der Grund dafür sein, dass Keller sich später so vehement gegen die erste Fassung des Romans ausgesprochen hat (siehe Kapitel I.4.1). Wahrscheinlich hat Keller zu Recht befürchtet, dass man seinen Phantasien, die er nicht auf den Erzähler hätte abwälzen können, auf die Spur kommt. Vermutlich hat er deshalb gedroht, dass demjenigen die Hand „verdorren" solle, der die erste Fassung des *Grünen Heinrich* wieder zum Abdruck bringe. Bestätigt wird diese These durch die zweite Fassung, in der die Bestrafungswünsche besser kaschiert werden. Beispielsweise hat Heinrich nach dem Aufenthalt bei Dorothea das Glück, dass „Bruchstücke von Eisenstraßen" fertiggestellt sind und er daher „rascher die Schweizer Grenze erreichen" kann (VI, 283). Ohne Verzögerung tritt er ins Haus der Mutter. Die Mutter liegt im Sterben und „richtet einen langen fragenden Blick" (VI, 291) auf Heinrich. Unmittelbar darauf muss sie sterben, ohne noch ein Wort mit dem Sohn zu sprechen. Die Strafe fällt weniger hart aus. [391]

---

390 D. Rothenbühler bestätigt Kaisers Thesen, sieht aber im Fährmannslied nicht in erster Linie ödipale Wünsche und Ängste zum Ausdruck kommen, sondern erkennt Kritik an der übersteigerten Polarisierung der Geschlechterrollen im 19. Jahrhundert. Vgl. D. Rothenbühler: Der grüne Heinrich, S. 297 f.

391 Auch Wenzel Strapinski aus *Kleider machen Leute* hat es eilig, nach dem Militärdienst zur Mutter zu gelangen. Als er ankommt, ist sie gerade gestorben. Wenzel sollte sich von der Mutter trennen, um mit der Gutsherrin in die Residenzstadt zu gehen, musste aber zu Hause bleiben, weil die Mutter „traurig wurde"; sie ist überzeugt, nicht mehr lange zu leben. So bindet sie ihn, und er muss „betrübt" zu Hause bleiben. Nur durch den Tod der Mutter kann er sich befreien (vgl. SW, Bd. 6, S. 332).

Selbstvorwürfe und Schuldgefühle sind der Preis für Gottfrieds/Heinrichs Wünsche, die Mutter zu bestrafen. Die medizinische Psychologie bietet Bestätigungen für diese These: Den Schlüssel für das Krankheitsbild des Melancholikers, als den man Keller wohl bezeichnen muss,[392] findet man, „indem man die Selbstvorwürfe als Vorwürfe gegen ein Liebesobjekt erkennt, die von diesem weg auf das eigene Ich gewälzt sind."[393] Bei Redlich/Freedman heißt es, „daß der Depressive seine Eltern in seiner Phantasie herabsetzt und zerstört und daß er dafür mit seinem Schuldgefühl bezahlt."[394] Die Selbstbestrafungstendenzen des Autors/Erzählers spiegeln sich im Erzählkommentar über Heinrich wider:

> *„Denn da er die unmittelbare Lebensquelle, welche ihn mit seinem Volke verband, vernichtet, so hatte er kein Recht und keine Ehre, unter diesem Volke mitwirken zu wollen [...]" (763).*

In der zweiten Fassung überlebt der grüne Heinrich. Diese Übervorteilung seines Alter Ego gegenüber der Mutter führt wieder zu härtesten Verdammungen. „Unverdientermaßen bleibt der Kerl jetzt leben", schreibt Keller im Brief an Paul Hayse vom 9. August 1880. Rational und distanziert betrachtet, hätte Heinrich es eigentlich verdient, am Leben zu bleiben, denn nicht er, sondern „unglücklicher Zufall und die Arglist Gewinnsüchtiger" (VI, 295) sind am Tod der Mutter schuld. Zudem wird er durch einen Irrtum des Buchhändlers, der die Jugendgeschichte in teuren Seidenstoff statt in Leinwand bindet, um seine letzte Barschaft gebracht (VI, 61 f.).

## II.5 Die „Samstagstragödie" - vom Funktionsverlust der Hausfrau

Lobpreisungen und verdeckte Schuldzuweisungen gegen die Mutter durchziehen den Roman. Als Interpret sollte man selbstverständlich Distanz zu seinem Untersuchungsgegenstand halten, um die Roman-

---

392 Als Sechzigjähriger spricht Keller in einem Brief vom 21. April 1881 an seinen Freund Wilhelm Petersen von der „stillen Grundtrauer", mit der er lebe. Freuds *Trauer und Melancholie* zeigt, dass Heinrich zu den melancholisch Erlebenden gehört. Neumann weist auf immer wiederkehrende depressive Phasen in Kellers Leben hin. Vgl. B. Neumann: Gottfried Keller, S. 19. Als Melancholiker sieht Enayat den grünen Heinrich, der manisch-depressive Symptome zeige. Vgl. E. Enayat: Gottfried Keller, S. XL.

393 S. Freud: Trauer und Melancholie, S. 434.

394 F. C. Redlich/D. X. Freedman: Theorie und Praxis, S. 774.

mutter weder zu idealisieren noch mit den Schuldzuweisungen gegen sie in die gleiche Kerbe zu schlagen wie der Autor. Wie in Kapitel I.3.2 dargestellt, hatte zum Beispiel Adolf Muschg diese Distanz offenbar nicht. Er hat in seinem literarischen Portrait Kellers nicht mehr analysiert, sondern „angeklagt und gerichtet“[395].

Ebenso wenig wie Heinrich/Gottfried gerichtet werden wollte und wogegen sich der Erzähler mit dem „Richtet nicht, damit ihr nicht gerichtet werdet“ (623) wehrt, darf ein Interpret über das Verhalten der Mutter zu Gericht sitzen, sondern sollte gleichfalls versuchen, ihr Handeln zu verstehen. Im Folgenden werden daher die individuellen und gesellschaftlichen Hintergründe beschrieben, die das mütterliche Bindungsverhalten erklären könnten. Bei diesem Versuch gebe ich die Trennung zwischen der fiktiven und der wirklichen Mutter allerdings auf. Der Briefwechsel des Autors mit seiner Mutter (Kapitel III.1) rechtfertigt dieses Vorgehen. Das mütterlich-fürsorgliche Verhalten wird offenbar aus gleicher Quelle gespeist.

Nach John Bowlby können individuelle Erfahrungen mit Tod und Trennungen zu Verlustangst, exzessiver Fürsorge und verstärktem Bindungsverhalten führen.[396] Folglich könnte der Tod des Ehemanns - das trifft sowohl auf die Romanmutter als auch Elisabeth Keller zu - den unbewussten Wunsch hervorgebracht haben, den Sohn „festhalten“ zu wollen. Diese Bindungswünsche erstreckten sich gleichermaßen auf Gottfrieds Schwester Regula (siehe Kapitel III.1). Hinzu kamen weitere wichtige Ereignisse im Leben Elisabeth Kellers, die der Autor im *Grünen Heinrich* nicht verarbeitete. Der Tod der vier früh verstorbenen Kinder Elisabeth Kellers[397], den die Romanmutter nicht zu bewältigen hatte, war bestimmt von besonderer Bedeutung. Diese wiederholten Erfahrungen mit dem Tod könnten übermäßige Bindungswünsche verstehbar machen und erklären. Dazu kam die nach wenigen Monaten gescheiterte Ehe Elisabeth Kellers mit dem Gesellen Wild; auch diese Trennung könnte zu einem verstärkten Rückbezug auf die Kinder beigetragen haben.

Der Umzug vom vertrauten Dorf in die anonymere Stadt, der für beide Mütter gilt, mag ebenfalls zu einer Verstärkung von Bindungswünschen führen. Im Roman erzählt Heinrich vom isolierten Leben mit der

---

395 R. Voris: Biographie, S. 302.

396 Vgl. J. Bowlby: Verlust, Trauer und Depression, S. 204 ff.

397 Vgl. B. Neumann: Gottfried Keller, S. 18.

Mutter, das dem Kind eine besondere Bedeutung zuweist, und von der Leere, die mit ihren Erzählungen ausgefüllt wird:

> *„Sie suchte mich [...] durch fortwährende mündliche Unterhaltungen zu beschäftigen und erzählte mir tausend Dinge aus ihrem vergangenen Leben sowohl wie aus dem Leben anderer Leute, indem sie in unserer Einsamkeit selbst eine süße Gewohnheit darin fand." (116)*

„Im Käfig ihres Hauses, freiwillig von fast allen gesellschaftlichen Kontakten abgeschnitten, widmet sie sich der Erziehung ihres Sohnes"[398]; auch Selbmann erkennt das Problem und eröffnet mit seinem Hinweis eine weitere Dimension bei der Suche nach den Ursachen für das Verhalten der Mutter, nämlich die psychosozialen Bedingungen zu analysieren, die den mütterlichen Bindungswunsch verstärken. Das Auseinandertreten von Berufs- und Familiensphäre hat eine Reduzierung der Fähigkeiten der Frau auf den häuslichen Bereich mit sich gebracht.[399] Hausarbeit und Erziehung/Versorgung der Kinder sind die wesentlichen Tätigkeiten, durch die sie Anerkennung und Bestätigung finden muss. Die geschlechtsspezifische Arbeitsteilung, die zu erhöhter Intimität führt, birgt sowohl Gefahren für die Individuation des Kindes als auch für die psychische Gesundheit der Mutter. Die „Hausfrauendepression" ist das psychiatrische Etikett, das die Entstehungsbedingungen und Leiden zusammenfasst:

> *„Das Überwiegen depressiver Frauen erklärt die Rollentheorie damit, daß Frauen allgemein weniger befriedigende und durch erreichte Ziele belohnte Rollen leben; daher ist es für sie eher notwendig, ins Depressivsein auszuweichen. In der Tat ist die depressive 35 bis 50jährige Hausfrau, die ihre Tätigkeit ziel- und sinnlos findet, während die Kinder sich selbständig machen und der Ehemann größeres soziales und erotisches Prestige als sie in der Öffentlichkeit hat, ein sehr häufiger Typ – eben die* ‚Hausfrauendepression'*."[400] (Hervorhebung im Original)*

398 R. Selbmann: Gottfried Keller, S. 20.

399 Zur Kritik der Geschlechterrollen siehe auch D. Rothenbühler: Der grüne Heinrich, S. 305 ff. Er hat Kellers in den Roman eingearbeitete Kritik an der damals allgemein vorherrschenden Auffassung über die Mann-Frau-Beziehung analysiert. Meine Darstellung, die allerdings stärker auf die Auswirkungen auf die Psyche des Protagonisten zielt, und Rothenbühlers Ergebnisse ergänzen sich.

400 K. Dörner/U. Plog: Irren ist menschlich, S. 92.

Auch Richter erkennt, dass die Einschränkung des sozialen Wirkungsgrades der Hausfrauen zu einem Problem werden kann, wenn die Kinder größer und selbstständiger werden:

> *„Verfügen sie nicht spontan über spezielle Interessen oder mißlingt es ihnen, sich aktiv kompensatorische menschliche Kontakte zu eröffnen, können depressive Empfindungen von Leere, Minderwertigkeit und Sinnlosigkeit leicht überhandnehmen."*[401]

Der kleine Haushalt der Mutter Lee bietet ihr wenig Selbstbestätigungsmöglichkeiten. Daher muss sie durch die Versorgung des Kindes Anerkennung bekommen. Diese findet sie vor allem, wenn das Kind schwach und hilflos ist, sodass sie ein unbewusstes Interesse daran hat, das Kind unselbstständig zu halten, es in die „Rolle des schwachen Teils"[402] zu drängen.[403] Die Angewiesenheit der Mutter auf Heinrich als affektive Stütze und Kompensationsmöglichkeit wirkt sich für ihn als Bindungszwang aus.

Der Funktionsverlust Elisabeth Lees zeigt sich besonders beim wöchentlichen Einkauf auf dem Gemüsemarkt, in dessen Beschreibung das Problem thematisiert wird. Dieser Gang bietet ihr noch einen „Zusammenhang mit der Welt" und ist „Gelegenheit", „den Weltlauf zu sehen." (597) Dort - so weiß der Erzähler - würde sie gern leichtsinnige Dienstmägde zurechtweisen, die sich beim Abwiegen der Ware betrügen lassen, wenn sie „die Herrin solcher Mädchen gewesen wäre", aber sie hat nur noch „Macht" über ihr „eigenes Pfündchen Fleisch" (598). Ihre Energie verliert sich, wenn sie nicht irgendwo gebunden

---

401 H. E. Richter.: Patient Familie, Reinbek b. Hamburg 1972, S. 38.

402 Ebd., S. 53. Rolle definiert er als „das strukturierte Gesamt der unbewußten und bewußten Erwartungen, die Partner aufeinander richten." Ebd., S. 50.

403 Dieses Phänomen existiert nicht nur in der Interaktion zwischen Mutter und Kind, sondern auch unter Erwachsenen. J. Willi hat zur Analyse des unbewussten Zusammenspiels in der Partnerwahl und des Paarkonflikts das Kollusions-Konzept entwickelt. Die orale Kollusion kreist um die Thematik Liebe als Einander-Umsorgen, Pflegen und Nähren. Es gilt in Paarbeziehungen ebenso wie in institutionalisierten Beziehungen, zwischen den in sozialen Berufen Tätigen und dem Patienten. Der Helfende zieht aus der Hilflosigkeit des Partners Selbstbestätigung und Anerkennung. Willi hat zum Beispiel beobachtet, dass Krankenschwestern am Patienten mehr Freude haben, solange er völlig hilflos ist, als wenn er seine Autonomie zurückerlangt hat. Vgl. J. Willi: Die Zweierbeziehung, Reinbek b. Hamburg 1975, S. 89 ff. Der Ehepartner bzw. Patient hat allerdings andere Möglichkeiten als das Kind, sich dem Versorgungszwang zu entziehen.

wird. Dem Erzähler ist der Funktionsverlust der Mutter bewusst, der nur noch die Erinnerung an eine Zeit der Tätigkeit in den „Gärten ihrer Jugend" bleibt, in welchen sie „einst selbst so gedeihlich gepflanzt hatte":

> *„Hätte sie noch große Vorräte für eine zahlreiche Familie einzukaufen und zu ordnen gehabt, so würde das ein Ersatz gewesen sein für das Pflanzen und Graben; aber auch dieser Beruf war ihr genommen und daher war die Handvoll grüner Bohnen, Spinatblättchen oder junger Rübchen, welche sie endlich in ihr Körbchen tat, nachdem sie manchen scharfen Verweis und Zuspruch wegen Überteuerung ausgeteilt, ihr ein notdürftiges Pfand und Symbolum [...]" (598).*

Der Gebrauch der Diminutive unterstützt die Unbedeutendheit ihres Aufgabenbereichs, sodass der Erzähler das übertriebene Feilschen um den Preis und das Erkämpfen eines „Büschelchen Petersilie oder Schnittlauch", das sie gratis bekommt, als ihre „Poesie, Elegie und Samstagstragödie" (598) bezeichnet. Abgesehen von diesen Auftritten in der Öffentlichkeit, scheint sich Mutter Lee immer weiter zu isolieren:

> *„Zugleich wurde sie karg und herb gegen jedermann, in ihrem gesellschaftlichen Leben vorsichtig und zurückhaltend, um alle Ausgaben zu vermeiden, und bewirtete niemanden, oder doch so knapp und ängstlich, daß sie bald für geizig und ungefällig gegolten hätte [...]" (598f.);* zudem ist sie *„spröde in sich verschlossen" (599).*

In frühen Jahren gelang es der Romanmutter in der Nachbarschaft, als Helferin und Versorgerin Anerkennung und Lustgewinn zu erzielen. Immer wenn jemand krank und hilflos war, lebte sie auf:

> *„Überall wo sie mit Rat und Tat beistehen konnte, im ganzen Umkreise ihrer Nachbarschaft, war sie immer wach und rüstig bei der Hand, keine Mühe und Ausdauer vermeidend, insofern sie nur nichts kostete, und da sie für sich bald fertig war und sonst nichts zu tun hatte, so verwandte sie fast ihre ganze Zeit zu solchen Dienstleistungen, still und fleißig denselben obliegend [...], wo Krankheit oder Tod die Menschen bedrängten." (599)*

Der Charakterzug des sich Aufopferns wurde auch sichtbar, als Anna krank und schwach zu Bett lag. In solchen Situationen blühte Mutter

Lee auf und fühlte sich stark. Ihre eigenen Bedürfnisse vernachlässigend, erscheint sie beim Krankenbesuch im Heimatdorf ganz altruistisch:

> *„Sie enthielt sich jedoch, alle die Orte, die ihr teuer waren, aufzusuchen und ihre gealterten Bekannten zu sehen, sondern eilte, sich bei dem kranken Kinde einzurichten" (435).*
> *„Meine Mutter war so ruhig, zufrieden und gesprächig im Gefühle der erfüllten Pflicht und eines immer gleichen anspruchslosen Lebens [...]" (447).*

Das aufopferungsvolle Verhalten, das die Romanmutter auszeichnet, zeigte auch Elisabeth Keller, als sie ihre Tochter Regula pflegte, sodass Keller am 15. September 1847 voller Lob in seinem Tagebuch festhält, „stolz auf die Stärke und Kraft [s]eines armen Mütterchens" zu sein.

Sich für die Kinder aufzuopfern, gehört wahrscheinlich zu der Rollenvorstellung, die die meisten Menschen von Müttern haben, sodass es schwierig wird zu erkennen, wann aufopferungsvolles Verhalten in eine „zwanghafte Fürsorge für andere"[404] umschlägt. Bowlby beschreibt in seiner Studie Menschen, die sich intensiv und oft exzessiv um das Wohl anderer Menschen kümmern. Schlimmstenfalls könne die Fürsorge „zu einer überaus possessiven Beziehung führen, die zwar angeblich dem Wohl des Umsorgten dient, diesen aber schließlich zu einem Gefangenen macht."[405] Mit dieser Beschreibung lässt sich wohl auch die Beziehung zwischen Heinrich/Gottfried und seiner Mutter charakterisieren.

Einen tiefen Einblick in das Erleben der Mutter in Bezug auf ihre Sparsamkeit, die eine Allianz mit ihrem Bindungswunsch eingeht, gibt der Erzähler dem Leser in den Textpassagen, in denen sie beim Einkaufen beschrieben wird:

> *„Mit der Ausdauer und Konsequenz des Geizes sammelte sie Geld , aber nicht zu ihrer Freude und zur Lust ihrer Augen, denn das Gesammelte beschaute sie niemals und überzählte es nie, und hierdurch unterschied sich ihr Tun und Lassen von demjenigen der Geizigen." (599f.)*

---

404 J. Bowlby: Verlust, S. 204.
405 Ebd.

Elisabeth Lee scheint nichts für sich zu tun und sich offenbar gar nichts zu gönnen. Stattdessen opfert sie ihr Leben der Existenz des in der Fremde weilenden Sohnes und erscheint vollkommen altruistisch. Erwartet sie dafür eine Gegenleistung? Zwingt sie den grünen Heinrich damit, zu ihr zurückzukehren, weil ohne ihn das Leben sinnlos und leer ist? Der vermeintlich starke Part der Symbiose verrät seine gänzliche Hilflosigkeit. Dieser extreme Altruismus der Mutter ist im Grunde höchst egoistisch. Da es ihr während ihrer Einkäufe offenbar nur zum Teil gelingt, Kompensation zu finden, braucht sie den in der Fremde weilenden Heinrich, um depressiven Empfindungen zu entgehen, sodass er zum Anti-Depressivum der Mutter wird.[406]

## II.6 Vom „Leben und Weben der Liebe" - Heinrichs Beziehungen zu anderen Frauen

Anna und Judith sind nach der Mutter die ersten beiden Frauen, die für den grünen Heinrich von Bedeutung sind. In der Forschung wurde die Gegensätzlichkeit der beiden Liebesbeziehungen hervorgehoben und männlichen Frauenbildern zugeordnet. „Gespaltener Eros"[407]

---

406 Kellers Spätwerk Martin Salander thematisiert ebenfalls das Problem der Hausfrauenrolle. Salander lässt seine Frau - unter seiner Kontrolle - eine kleine Handelsanstalt im Hause führen (XII, 97 ff.). Das Geschäft entwickelt sich zu einer kleinen Goldgrube, doch Salander „mochte nicht länger ansehen, wie Frau Marie ohne alle Not sich als Handelsfrau plagte" (XII, 116), und überträgt das Geschäft einem jungen Kaufmann. Die normative Geschlechtsrollenverteilung bestimmt die Entscheidung Salanders und lässt die Ehefrau einwilligen. In einem später stattfindenden Gespräch mit dem Ehemann bedauert die Mutter, keinen Beruf erlernt zu haben. Auch hätten beide „gewiß gefehlt", dass die Töchter ebenfalls nichts erlernen konnten, „was einem Berufe ähnlich war" und dass sie nicht „in die Welt geschickt" wurden (XII, 117 f.). Marie Salander ist ebenfalls eine Mutter, die ihre Kinder binden will. Die Töchter wollen das Haus verlassen, und die Mutter gerät in Sorge. Da sie „nun mit Gedanken und Sorgen, die sie drückten, nicht mehr hinter dem Kaufmannspult untertauchen konnte ..." (XII, 116), kann sich ihr Bindungszwang entfalten. Die Töchter, die schließlich doch heiraten und deren Ehen später scheitern, leiden unter mangelnder Beschäftigung als Hausfrauen. So berichtet Setti, die wie ihre Schwester keine Kinder hat: „Zuweilen arbeite ich sogar ein wenig für die lange Weile, wenn die Kanzlei leer steht, und habe schon manche Hofbeschreibung kopiert." (XII, 248) Vielleicht arbeitete Keller im Salander auch seine Schuldgefühle gegenüber seiner Schwester Regula ab, für deren Daheimbleiben bei der Mutter er sich stark machte (siehe Kapitel III.1).

407 G. Sautermeister: Gottfried Keller, S. 94.

überschreibt Gert Sautermeister das einschlägige Kapitel. Kaiser folgt dieser Sichtweise. In der Gegensätzlichkeit dieser beiden Frauen werde das der männlichen Adoleszenz zugrundeliegende psychische Muster der Spaltung zärtlicher und sinnlicher Strebungen sichtbar.[408] Diese Polarität ist tatsächlich im Roman angelegt; Ferdinand bestätigt sie im Streit mit Heinrich nach dem Künstlerfest: „Die sinnliche Hälfte an das reife kräftige Weib, die zarte geistige an das junge transparente Mädchen" (545). Selbmann erkennt darin allerdings eine „Beschwichtigungsstrategie" des Helden im Umgang mit Frauen und fragt, ob man sie mit der Darstellungsstrategie Kellers gleichsetzen dürfe.[409] Zudem wirft er die Frage auf, „ob dieses Frauen-Doppelbild, das Anna und Judith verkörpern, als Keller-spezifisch verstanden oder vielmehr als Problemkodierung im Sinn des klassisch-romantischen Dualismus gelesen werden muss, wie es in der Restaurationszeit im Schwange war"[410].

Der Roman leitet aus dieser Gegensätzlichkeit unstreitig seine Struktur ab.[411] Im folgenden Teil der Arbeit gehe ich davon aus, dass die Polarität der Frauenbilder Keller-spezifisch ist und dass sich dahinter „Beschwichtigungsstrategien" bzw. Abwehrmechanismen verbergen, die Heinrichs Angst verdecken, Liebesbeziehungen einzugehen. Die Ursache für seine Bindungsangst liegt in der Beziehung zwischen dem Protagonisten und seiner Mutter, die die Matrix seiner Beziehungen zu anderen Frauen bildet:

> *„Hauptdeterminanten des Weges, den die Entwicklung des Bindungsverhaltens eines Individuums einschlägt, und des Musters, nach dem es organisiert wird, sind die Erfahrungen, die es während der Jahre der Unreife – Säuglingszeit, Kindheit und Adoleszenz – mit Bindungsfiguren macht.*
> *Auf die gleiche Weise, in der das Bindungsverhalten eines Individuums innerhalb seiner Persönlichkeit organisiert wird, gestaltet sich das Muster der gefühlsmäßigen Bindungen, die es im Lauf seines Lebens anknüpft."*[412]

---

408 Vgl. ebd. S. 94 ff. und vgl. G. Kaiser: Gottfried Keller, S. 97. Auch Neumann vertritt eine ähnliche These, wonach Anna und Judith die geistige bzw. sinnlich-körperliche Spielart der Liebe verkörpern würden. Vgl. B. Neumann: Gottfried Keller, S. 84.

409 Vgl. R. Selbmann: Gottfried Keller, S. 35.

410 Ebd.

411 Vgl. G. Sautermeister: Gottfried Keller, S. 83.

412 J. Bowlby: Verlust, S. 60.

Heinrich, der sich nicht aus der Symbiose mit der Mutter lösen konnte, hat Angst, erneut in einer symbiotischen Beziehung zu verschmelzen und damit der Gefahr des Ich-Verlusts bei Trennungen ausgesetzt zu sein.

Dass eine symbiotische Beziehung allerdings nicht nur Angst auslöst, sondern geradezu lustvoll erlebt werden kann, wird durch eine Phantasievorstellung des Autors deutlich, die seine Verschmelzungswünsche offenbaren. In einem Brief vom 29. Juni 1837 entfaltet Keller gegenüber Johann Müller, einem Jugendfreund, seine Vorstellungen von Freundschaft. Zwei wahre Freunde „lieben sich nur aus Eigennutz, damit ihr teures Ich einen treuen Freund habe; d. h. sie sollen eigentlich nur *Ein* Ich haben, und dieses *Ich* soll jeder pflegen, unterhalten, wärmen, schützen" (Hervorhebungen im Original). Das sind wahrhaft mütterlich-symbiotische Phantasien! Diese Beschreibung klingt nicht nur sehr „modern", sie verrät auch, wovon sein Inneres beherrscht wird. Weiterhin imaginiert er:

> *„Wir wollen also einander ein wenig auskundschaften, und sehen, ob wir uns fügen – nicht so, der Ausdruck ist schlecht, ich wollte sagen: ineinander schmelzen, prasseln, aufglühen [...]. Wir würden dann leben wie zwei Wesen, die einen unzerteilbaren Diamant [...] besäßen".*

Dieses Ideal konnte Keller bezogen auf Frauen genauso wenig realisieren wie der Protagonist seines autobiographischen Romans. Der leidet unter Bindungsangst, die noch der späte Heinrich der zweiten Fassung rationalisiert. Er macht bei Dorothea die „unliebsame Entdeckung, daß durch die wahre Leidenschaft [...] die Freiheit der Person und jede vernünftige Selbstbestimmung verloren gehe" (VI, 247). Für das Selbstwertgefühl ist es offenbar angenehmer, von Freiheit schwärmen zu können, als sich Ängste eingestehen zu müssen. Die Angst vor einem Ich-Verlust durch eine Liebesbeziehung bringt der Erzähler am deutlichsten in Ferdinand zum Ausdruck. Dieser hat zwar schon einige „Liebesabenteuer in verschiedenen Ländern" (479) erlebt, aber „ohne bisher ein Gefühl für Treue und bindende Dauer empfunden zu haben" (478). Der Erzähler kennt Ferdinands Seelenhaushalt besser als jener selbst, wenn er beschreibt, woran der Malerfreund leidet. Ferdinand „glaubte überhaupt nicht an seine Liebe, er bildete sich ein, nicht dauernd lieben zu können oder zu dürfen, und wußte nicht, daß Liebe im Grunde leichter zu erhalten als auszulöschen ist" (487). Das Auslöschen der Liebe, d. h. die potenzielle Trennung, bereitet Ferdinand Angst und hat zur Folge, dass „dieser verzweifelte Zweifel an sich selbst [...] keine [...] tiefere Neigung in ihm reif werden" (487) lässt.

Den grünen Heinrich führt die Beziehungsangst dazu, „spröde" (219), „zurückhaltend, scheu und fast grob" (479) gegenüber Frauen zu sein. Während die Schüchternheit unmittelbar einleuchtet, werde ich zeigen, dass er „grob" und „spröde" gegenüber Frauen wird, wenn sie zu viel Nähe fordern. Wenn er Gefahr läuft, einer Beziehung nicht mehr ausweichen zu können, muss er zum „gefrornen Christ[en]" werden. Im Folgenden wird also Heinrichs in allen Liebesbeziehungen erkennbar werdender innerer Kampf dargestellt, Nähe zu suchen und herstellen zu wollen, aber gleichzeitig immer wieder davor zurückweichen zu müssen. Nähe erzeugt Angst; sie ist ihm „nicht angenehm". Ferdinands Worte gegenüber Heinrich - „Du wirst zu jeder Zeit [...] das lassen, was dir nicht angenehm ist!" (544) - treffen besonders auf die Frauenbeziehungen des Protagonisten zu. Während dieser inneren Auseinandersetzung gelingt es ihm nicht, über eine angstfrei erlebte „neutrale Mitte" (36, 231), in der nur seine narzisstischen Bedürfnisse befriedigt werden, hinauszukommen. In Kapitel II.1.2.1 wurde der Unterschied zwischen narzisstischer und libidinöser Besetzung von Objekten thematisiert. Der Genitalcharakter, der beide Besetzungen integriert,[413] wird in Liebesbeziehungen libidinös und narzisstisch befriedigt. Die folgende Darstellung zeigt, dass Heinrich in allen Beziehungen zu Frauen nur narzisstische Befriedigung erlangt, deren Ziel Ruhe ist und bei dem Objekte nur dem eigenen Wohl dienen. Sein Kampf um ein befriedigendes Verhältnis zwischen Nähe und Distanz bleibt gegenüber allen Frauenfiguren immer derselbe, es wird nur - abhängig von seinem Alter und dem der Frauengestalten - unterschiedlich gestaltet.

Ein weiterer Problemkomplex, der zu beleuchten ist, beschäftigt sich mit der Frage, wie Heinrichs in der Symbiose mit der Mutter ausgebildetes Ich in Situationen sinnlicher Erregung reagiert. Siegmund Freud erkennt, wie eingangs erwähnt, die Gefahr, die dem Ich „von der Libido des Es" droht, die Angst vor dem Ich-Verlust durch Triebüberflutung. Auch Dörner/Plog sprechen von den „Risiken des Liebens"; diese ergeben sich aus der Hingabe, dem Kontrollverlust und der teilweisen Ich-Auflösung im orgiastischen Verschmelzungserleben mit dem Partner. Diese Risiken entstehen, wenn die Ich-Entwicklung noch

413 Vgl. H. Argelander: Der Flieger, S. 28.

nicht so stabil erlebt wird, dass die Bedrohung der orgiastischen Regression angstfrei zugelassen werden kann.[414]

### II.6.1 Anna und Judith

Nach Hartmut Laufhütte trägt die Vorstellung Sautermeisters vom „gespaltenen Eros“ nicht. Er kritisiert an dieser Bestimmung des Gegensatzes, dass weder Heinrichs Beziehung zu Anna mit „zärtlich“ noch zu Judith mit „sinnlich“ hinreichend charakterisiert sei.[415] Ich halte die obigen Thesen ebenfalls nicht für brauchbar, die Schwierigkeiten Heinrichs zu erklären. Sinnlich erregt wird Heinrich sowohl von Anna als auch von Judith, und zärtlich ist er in erster Linie zu Judith und nicht zu Anna, die er kaum zu berühren wagt. Alle Frauen erregen Heinrich im Übrigen sinnlich, das weiß der Narziss - „ausgenommen die häßlichen und schlechten“ (733). Deshalb gilt es, die aus den Liebesbeziehungen erwachsenen Gefahren für sein Ich, wie sie in der Nähe zu Anna und Judith deutlich werden, herauszuarbeiten.

Die Überhöhung der Frauen und die Negation ihrer „fleischlichen Realität“ hat Theweleit als eine Form der Unterdrückung der Frauen bezeichnet.[416] Heinrich dient die Überhöhung der Angstabwehr, daher entwirft er von Anna ein Bild der „Höhe und Weite“[417]; die Verkleinerung durch Diminutive unterstützt ihre Entlebendigung. Wenn Heinrich sich Annas Gestalt vorstellt, erscheint sie ihm „wie eine Elfe und als ob sie keine irdischen Bedürfnisse hätte“ (233), „mit silberne[m] Krönchen auf dem Kopfe und silberblinkende Tränchen vergießend“ (407); er macht sie zur „heiligen Cäcilie“ (294), zur „märchenhaften Kirchenheiligen“ (311) und zum „Engelchen“ (412) und kleidet sie und ihre Umwelt mit Diminutiven ein, als er sie das erste Mal sieht:

> *„[...] und aus der Haustür trat, ein zierliches Treppchen herunter, das junge Bäschen schlank und zart wie eine Narzisse in einem weißen Röckchen [...], blauen Äuglein, [...] einem kleinen lächelnden Mündchen [...] [und mit einem feinen] Glockenstimmchen [...]“ (211).*

414 Vgl. K. Dörner/U. Plog: Irren ist menschlich, S. 219.

415 Vgl. H. Laufhütte: Gottfried Keller: ‚Der grüne Heinrich‘. Zur Problematik literaturwissenschaftlicher Aktualisierung, in: Steinecke, Hartmut (Hg.): Zu Gottfried Keller, Stuttgart 1984, S. 25.

416 Vgl. K. Theweleit: Männerphantasien, S. 293 f.

417 Ebd., S. 295.

Durch dieses Frauenbild hält er Anna auf Distanz. Der Distanzierungswunsch kommt besonders zum Ausdruck, als Anna und ihr Vater in Erwägung ziehen, in die Stadt umzuziehen. Diese Aussicht erfüllt Heinrich „teils mit Freude", teils aber hätte er sich „Anna doch lieber für immer als das Kleinod [...] [der] grünen entlegenen Täler gedacht" (313).

In den realen Begegnungen mit Anna muss Heinrich sie ebenfalls auf Distanz halten; zugleich genießt er jedoch immer ihre Nähe und seine nach außen nicht sichtbare Verliebtheit. Seine pubertäre Schüchternheit wird während der ersten Treffen mit Anna deutlich, bei denen er „still und ziemlich befangen" (217) wird: „Wir berührten uns kaum mit den Fingerspitzen und nannten uns höflich Sie" (219). Gleichzeitig fühlt er sich jedoch „glücklich und wohlgemut in der Nähe des lieblichen Mädchens" (217) und lässt beim Singen sein „inneres Glück unbefangen und frei in den Gesang strömen" (218), denn er trägt jetzt „ein allerliebstes Schätzchen" von seinem Alter „im Herzen" (219). Als Heinrich das Mädchen bald darauf beim Tanzen sieht, ist er „zufrieden und innerlich hoch vergnügt" (228), doch weil er mit ihr tanzen soll, behandelt er sie „ungehobelt und [sucht] unter tausend Ausflüchten auszuweichen." Beim folgenden Tanz wagt er nicht, Anna anzusehen, und er berührt sie „kaum". Im Inneren kostet er die Situation wieder aus: Ihm ist, als ob er „einen jungen Engel an der Hand führte und im Paradiese herumwalzte". Schließlich wird es ihm jedoch zu eng und er ist erleichtert, sie „wie ein glühendes Eisen" (229) loslassen zu können. Gefahren für sein Ich entstehen, wenn er mit ihr allein ist: Als er Anna nach der Tanzveranstaltung begleiten muss, weil seine Verwandten ihn dazu genötigt haben, klingt ihm diese „Kunde [...] wie Musik", doch andererseits hat er Angst davor, sodass er tut, „als ob es [ihm] [...] verdrießlich und unbequem wäre". Auf dem Heimweg „stürmte" er daher „ohne zu sprechen" voran, sodass „das arme Kind [ihm] [...] beinahe nicht folgen konnte." (230) Die Situation entspannt sich erst, als Anna ihn anspricht, sodass er seine „Freude" und seinen „Stolz, eine Geliebte am Arme zu führen, als welche [er] sie ein für allemal betrachtete" (231), auskosten kann. Er erfreut sich an der „stillschweigend geschlossenen Freundschaft" (232). Sie vermeiden aber während der Wanderung das Nähe erzeugende Du, das vor ihnen wie ein Stern „in neutraler Mitte" schwebt und das Anna erst „unter dem Schutze ihres Vaterhauses" wieder verwendet (231). Sie an den folgenden Tagen zu besuchen und damit seine Wünsche öffentlich werden zu lassen, ist ihm jedoch unmöglich. Erst die Aufforderung des Schulmeisters zu einem Besuch in seinem Hause liefert einen Vorwand, erneut in Kontakt zu dem Mädchen treten zu können (vgl. 232 f.).

Bei den ersten Zusammentreffen mit Anna zeigt sich bereits ein typisches Reaktionsmuster, das auch später in den Beziehungen zu anderen Frauen deutlich wird: Einerseits befriedigt ihn die Nähe Annas narzisstisch; je näher sie ihm aber kommt oder je größer die Gefahr ist, dass seine Liebe öffentlich werden könnte, desto stärker muss er sich dagegen wehren. Bei zu viel Nähe „verzagt" er und wird „spröde" (219). Diesen Zusammenhang begreift Heinrich, als er sich mit Anna auf dem Heimweg befindet: Er erkennt, dass es ihm unmöglich ist, „gegen das junge Ding freundlich zu tun, und je lieber [er] [...] es in [s]einem Herzen gewann, desto mürrischer und unbeholfener wurde [s]ein Äußeres" (229). In seiner Sprödigkeit zeigen sich bereits erste Anzeichen, sich in einen „gefrorne[n] Christ[en]" zu verwandeln.

In dem Beziehungskonzept, das den Roman durchzieht, hat das Küssen eine besondere Bedeutung, die aber erst bei der Darstellung der Entwicklung der Liebe zwischen Ferdinand und Agnes (Kapitel II.6.2.1) voll entfaltet wird. Das Küssen ist das äußere Zeichen dafür, dass eine Beziehung begonnen hat, aus der man sich nicht mehr schmerzfrei lösen kann. Das erste Mal wird diese Bedeutung erkennbar, als Anna und Heinrich mit der Magd Katherine Bohnen schneiden. Die Realisierung seines Wunsches, Anna zu küssen, entspringt nicht seiner Aktivität, sondern die Magd schafft ein Arrangement, das Heinrichs Sehnsucht verdeckt und ihn in einer verdachtsfreien Passivität lässt. Die beiden Adoleszenten haben ihre Hände in einem Bohnenberg vergraben, und - so belehrt ihn Katherine - wenn es ihm gelänge, Annas Finger zu berühren, sei sie „der Sitte gemäß verpflichtet", ihn zu küssen, wenn der Berg darüber nicht zusammenfalle (236). Sollte der Bau jedoch zusammenbrechen, müsse sie ihn auf jeden Fall küssen. Am Ende hilft die Magd nach und gibt dem Tisch einen Stoß, sodass das gewünschte Ergebnis eintritt. Vorläufig wird das Versprechen aber nicht eingelöst, und Heinrich ist froh, „der feierlichen Zeremonie entflohen zu sein"; er kann die „Sache" jedoch zu seinem Vorteil lenken, nämlich auch in Zukunft passiv bleiben zu können, das Gefühl der Liebe genießen zu dürfen und nicht aktiv um Anna werben zu müssen: „Gut, so versprich mir, daß du mir immer und jederzeit einen Kuß schuldig sein willst!" (237)

Im gemeinsam gesungenen Lied vom weißen Mäuschen werden zur Warnung die Gefahren der Liebe durch die Fadenmetaphorik zum Ausdruck gebracht:

> *„Man hat es noch gefangen,/Am Füßchen angebunden/Und um die Vordertätzchen*
> *Ein rotes Band gewunden;//Es zappelte und schrie:/Was hab ich denn verbrochen?/*
> *Da hat man ihm ins Herzlein/Ein goldnen Pfeil gestochen." (237 f.)*

Am Ende der Szene hätten sie sich fast doch noch geküsst. Ihr „Hauch vermischte sich [nur] [...] und das Herz blieb [...] ruhig" (238). Es besteht keine Gefahr für das Ich durch sinnliche Erregung, weil Heinrich noch sehr jung ist. Dass die Angst vor der Triebüberflutung in dieser Lebensphase noch nicht existiert, wird kurze Zeit später durch die Sinnbildlichkeit der Szene an der „Heidenstube" zum Ausdruck gebracht. Schon in der Bohnenbergszene war von tiefen Schächten, Hohlwegen und Stollen die Rede (vgl. S. 236). Auf dem Weg zum Oheim ruhen sie dort, „wo das Wasser sich in einer Erweiterung des Bettes sammelte und stille stand",[418] und Anna spiegelt sich wie Narziss im Wasser, sodass „aus der tiefen dunkelgrünen Flut" ihr Bild lächelnd heraufschaut. „Aus der gegenüberliegenden Seite des Wassers [...] stieg eine Felswand empor, beinahe senkrecht [...]. Ihre Steile verkündete, wie tief hier das kleine Gewässer sein müsse" (239). Felswand und Wasser symbolisieren das Ich und das Es; beide sind voneinander getrennt. Gefahren der Triebüberflutung bestehen noch nicht, weil nicht die Befriedigung erotischer, sondern narzisstischer Bedürfnisse ihr Handeln leitet. Heinrich und Anna schmiegen sich nicht aus sinnlichem Begehren aneinander, sondern aus Angst, weil sie glauben, einer Sinnestäuschung zu erliegen. Sie dachten, eine sich im Wasser spiegelnde „Bande Heimatloser" (240) gesehen zu haben. Noch können Heinrich und Anna unbefangen dahinleben, denn in den Augen der Verwandten ist die Beziehung zwischen beiden eine Freundschaft, „an der niemand ein Arges fand"; nur Heinrich ist „am Ende der einzige, welcher heimlich ihr den Namen Liebe gab" (241), die er auskosten kann, weil sie nicht öffentlich ist, sondern nur in seinem Inneren existiert.

---

418 Die Interpretation der folgenden Passagen wurde wieder angeregt durch K. Theweleit: Männerphantasien, Bd. 1, S. 235 ff., der Fluten und Dämme als Geschehen zwischen Ich und Es deutet.

Am Tage der Beerdigung der Großmutter kommt es auf dem Kirchhof - die Todessymbolik nimmt sein Scheitern vorweg - zum Küssen. Nicht Heinrich ist aktiv, sondern Anna will ihm endlich den Kuss geben. Vorerst ist er ganz auf die technische Seite konzentriert, sodass es zuletzt ganz „vollendet und schulgerecht" funktioniert (vgl. S. 249). Nach einer unruhigen Nacht muss Heinrich, trotz der Aufforderung des Oheims und seiner Sippe zu bleiben, die Flucht ergreifen. Warum er flüchten muss, ist ihm weitgehend klar:

> *„Dies alles tat ich halb unbewußt in der Verwirrung, zum Teil weil ich wähnte, man würde mir auf der Stelle ansehen, daß ich wegen Anna bliebe und daß ich sie wirklich liebe, und endlich auch aus unerklärlicher Laune." (250)*

Diese „unerklärliche Laune" repräsentiert seine Bindungsangst; noch belastet es ihn nicht, dass sie sich nicht vom „freien Willen" beherrschen lässt. Die gewonnene Distanz von Anna - gerade ist er „hundert Schritte vom Dorfe entfernt" - löst in ihm Sehnsucht nach Nähe aus, sodass ihn seine übereilte Abreise sofort „reute" (250). Hier zeigt sich dieses Handlungsmuster zum ersten Mal: Nähe erzeugt Angst, und Distanz erweckt Sehnsucht nach Nähe. Als er sich noch ein letztes Mal umschaut, nimmt er hinter seinem Rücken wahr, dass „das Hochgebirge aus größeren und tiefern Seen emporstieg" (250) - die Integrität des Ich ist nicht mehr bedroht; Gebirge und See erscheinen voneinander getrennt.

Als Heinrich seinem fünfzehnten Geburtstag entgegengeht, besucht er den Oheim in der mütterlichen Heimat aufs Neue. Täglich fürchtet er, Anna wiederzusehen, und wagt nicht, nach ihr zu fragen. Heinrich, der immer versuchte, seine Gefühle Anna gegenüber vor den anderen zu verbergen, ist jetzt aber plötzlich „innerlich" gekränkt, dass niemand „die geringste Ahnung zu haben [schien], daß [er] [...] irgend eine Veranlassung oder ein Bedürfnis haben könnte, von ihr zu hören." (269) Ohne zu wissen, dass Anna in einer Bildungsanstalt weilt, schwebt er in ständiger Angst, ihr zu begegnen und die mit dem Kuss begonnene Beziehung fortzusetzen. So ist er dauernd versucht, Annas Vater zu besuchen, kehrt aber immer wieder auf halbem Wege dahin um. „Endlich" wird er gefragt, warum er den Schulmeister nicht besuche, und Heinrich erfährt von der Abwesenheit Annas. Mit dieser Sicherheit kann er ihren Vater täglich aufsuchen, und der Held beginnt,

„immer kecker und vertraulicher“ lange Liebesbriefe an die weit entfernt lebende Anna zu schreiben, die nie abgeschickt werden.

Als Heinrich auf den sechzehnten Geburtstag zugeht, er befindet sich jetzt im Stimmbruch und ist „rasch gewachsen“ (282), hört er von der Rückkehr Annas. Die Gedanken an sie verscheuchen nun seine „Unsicherheit und Zaghaftigkeit“ (282), und er bricht zum dritten Mal auf, um ins mütterliche Dorf zu gelangen. Inzwischen ist auch dort eine Veränderung eingetreten; Heinrich bemerkt, „daß die Gegenstände der Liebe und der geschlechtlichen Verhältnisse“ nun die Gespräche der Jugendlichen beherrschen. Die Vettern und Basen können aber offenbar mit pubertären Ängsten spielerischer umgehen; sie behandeln den „Stoff“ im „neckischen Gespräch“ (282). Heinrich jedoch fehlt es an Zwischentönen in Situationen, in denen andere spielerisch Annäherungen probieren, denn durch das überwiegend ruhige, zurückgezogene Leben bei der Mutter ist er im Umgang mit anderen Menschen ungeübt und ungeschickt. Er versteht diese spielerischen „Scheingefecht[e]“ zwischen den Geschlechtern nicht und hält sie „für vollen Ernst“ (282). Es ärgert ihn, dass die Jugendlichen „mitten im Krieg“ der Geschlechter Zärtlichkeiten austauschen. Heinrich manövriert sich immer stärker in eine Außenseiterrolle, sodass er am Ende als „ein erklärter Weiberfeind“ dasteht und zu „ewigem Frauenhasse [...] [getauft wird.] Das Licht der Liebe soll [ihm] [...] für immerdar erlöschen!“ (283) Die Nacht im Bett zeigt ihn als einen in der Mutterbindung Gefangenen. Er schläft verknotet in einem „verwünschten Sack“, sodass er sich nicht ausstrecken kann und in seiner Bewegung „auf das unangenehmste gehemmt und zusammengebogen“ wird. Es ist ihm unmöglich, die Leinentücher zu entwirren. Ohne Schlaf zu finden, erkennt er, dem „gewohnten Krieg und Verkehr nicht gewachsen“ zu sein, sodass er versucht, in seinem „Leinwandlabyrinth Mädchen, Liebe, Mainacht und Verdruß zu vergessen“ (vgl. 283 ff.), d. h. zu verdrängen. Voller Selbstzweifel gibt er sich entschlossen, sich zukünftig anders zu verhalten, sein „nächstes Benehmen zu bedenken“ (285). Darin zeigt sich schon früh der Wunsch, sein Handeln dem „freien Willen“ zu unterstellen.

Als Heinrich in dieser Situation Anna nach zwei Jahren das erste Mal wiedersieht, zeigt sich die bekannte Schüchternheit: Bei der Begrüßung sehen sie auf den Boden und reichen sich nur die „Fingerspitzen, die sich kaum berührten“. Ganz verlegen grüßt er mit dem distanzierenden Sie (vgl. 286). Zunehmend verunsichert gerät er in eine

Außenseiterposition. Während die anderen zur Kirche gehen, bleibt er als Einziger zu Hause. Allein und mit der nötigen Distanz, die seine Ängste zum Verschwinden bringen, wird er zum Briefe schreibenden Liebhaber, der seine Gefühle in „feurigen Worten“ zum Ausdruck bringt und „so häufig als möglich das Du“ benutzt (289). Die Schwierigkeit liegt darin, den Brief zu übergeben. Hochambivalent sitzt er am Tisch und verwirft den Gedanken, ihn offen liegenzulassen, damit seine Liebe endlich erkennbar werde. Schließlich soll der Zufall helfen, seine Bindungsangst zu überwinden. Tagtraumhaft wird beschrieben, dass ein Liebesbrief aus dem Fenster fliegt, hinter einem Bienenkorb landet und Heinrich beim Versuch, ihn wiederzubekommen, von einer Biene gestochen wird, sodass er „halb und halb froh“ ist, seine Erklärung aus dem Bereich seines „Willens einer allfälligen Entdeckung ausgesetzt zu wissen“ (290). Die Sehnsucht, die Angst zu überwinden und Nähe herzustellen, treibt ihn so weit, es äußeren Zufällen zu überlassen, ob seine Liebe entdeckt wird. Dass es sich bei dem davonfliegenden Liebesbrief nicht um wirklich Erlebtes handelt, müsste unmittelbar einleuchten. Wahrscheinlich handelt es sich um Tagträume Kellers, die im *Grünen Heinrich* Literatur geworden sind.[419]

Auch in den folgenden Tagen gelingt es dem grünen Heinrich nicht, dem „freien Willen“ Geltung zu verschaffen und die Distanz zu Anna zu überwinden; lieber hätte er „einen Drachen geküßt als so leichtsinnig die Schranke gebrochen“ (302). Stattdessen verhärtet er mehr und mehr; der „gefrorne Christ“ (729) zeigt sich im Anfangsstadium seiner Entwicklung. Während die anderen Jugendlichen ihre spielerischen Neckereien beenden und Beziehungen eingehen - selbst die jüngste Cousine, „ein Ding von sechzehn Jahren“ wie er, „welches sich im Kriege [der Geschlechter] immer am wildesten und feindseligsten gebärdet“ (303), lässt sich vom neuen Junglehrer des Dorfes küssen -, bleibt Heinrich Außenseiter. Er, der „nie im Kriege“ mit Anna gelegen hat, weil er „kein Sterbenswörtchen“ (305) mit ihr spricht, kann auch keinen Frieden schließen, d. h. eine Beziehung eingehen, sondern er muss „seine Liebe verbergen“ (303). Hingewiesen sei hier schon auf das typische Verhalten des Helden, seine Gefühle der geliebten Person nicht mitteilen zu können.

Der grüne Heinrich fragt sich schließlich, wie er auf andere wirke und ob sein Verhalten gegenüber Anna nicht auffalle (vgl. 302). Bald sitzen

---

419 Zum Prozess der Umwandlung von Tagträumen in Literatur siehe S. Freud: Der Dichter und das Phantasieren, S. 211-233.

tatsächlich die Cousinen, die glauben, seine Liebe zu Anna entdeckt zu haben, über ihn zu Gericht. Er muss Auskunft über seine Sprödigkeit ihr gegenüber geben. Zunächst schiebt er die Schuld auf Annas Zurückhaltung und sieht nicht ein, dass eine Junge den aktiven Part bei der Werbung übernehmen müsse. Doch schließlich wird Heinrich verurteilt, Anna bei jedem Treffen mit Namen zu grüßen, nach ihrem Befinden zu fragen und ihr die Hand zu geben (vgl. 306). Mit so einem Wunschurteil müsste ihm in Zukunft eigentlich geholfen sein, seine Schüchternheit zu überwinden. Am Ende der Verhandlung wollen die Mädchen ihn doch noch zu einem Geständnis seiner Liebe bringen, denn sie haben zuvor ein von Heinrich gemaltes Portrait Annas entdeckt, das „von jedermann als ein ziemlich deutliches Geständnis der Liebe angesehen werden mußte." (304) Damit wollen sie ihn zwingen, seine Liebe endlich zu gestehen. Doch Heinrich findet eine „Ausflucht" (307), indem er behauptet, das Portrait für Annas Vater angefertigt zu haben, dem er eine kleine Freude zu seinem Namenstage machen wollte. Heinrich wird jedoch weiter in die Enge getrieben, sodass ihm „kalt und heiß" (317) wird. Seine davongeflogene Liebeserklärung wird ihm vorgelesen. Wieder findet er einen Fluchtweg, indem er „so trocken als möglich" erklärt, der Brief sei eine übersetzte Abschrift aus einem Schäferroman und er habe nur zum Spaß den Namen Annas davorgesetzt. So ist der grüne Heinrich in den Augen der anderen frei vom Verdacht der Liebe zu ihr. Gegenüber Anna, die erkennen konnte, dass der Brief an sie gerichtet war, bleibt das Geständnis in der Schwebe. Unter „dem Mantel des Scherzes" haben beide - vor allem aber Heinrich - die „volle Freiheit" anzuerkennen, was ihnen beliebt (vgl. 309). Er hält sich die Möglichkeit einer Distanzierung von seiner Liebeserklärung offen: „[...] ich konnte seine Wirkung sich selbst überlassen, ohne mit meiner Person unmittelbar dazu zu stehen" (308).

Hier erscheint bereits der als Narr verkleidete grüne Heinrich auf dem Künstlerfest in der deutschen Hauptstadt, der in seinem Liebeswerben von niemandem ernst genommen werden möchte. Hervorzuheben ist zudem, das hat die Gerichtsverhandlung gezeigt, seine Angst, andere könnten von seiner Liebe erfahren; er fürchtet nämlich, sich aus der Beziehung nicht mehr zurückziehen zu können: Trotz der „Öffentlichkeit der Verhandlung" kann er das „zarte Geheimnis" seiner Liebe schützen. Doch gegenüber Anna fühlt er jetzt die „Gewaltsamkeit [...] [seiner Liebes-] Erklärung" (309). In dieser Situation ist ebenfalls die narzisstische Befriedigung erkennbar, die er aus dem Verhältnis zu Anna zieht. Dem grünen Heinrich geht es weniger um eine wirkliche Liebesbeziehung als um das positive Gefühl, geliebt zu werden:

> *„Ich sehnte mich auch nicht sowohl nach einer Erwiderung von ihrer Seite als nach einem schweigenden und ruhigen Einverständnis und nach sicheren Zeichen, daß nicht etwa eine andere Neigung in ihrem Herzchen entstanden sei." (309)*

Nach der Gerichtsverhandlung ist Heinrich enttäuscht, dass es ihm unmöglich ist, die neue Stufe in der Entwicklung der Beziehung „zu benutzen und mit ihr [Anna] schön zu tun", sondern dass das Urteil der Gerichtsverhandlung eher dazu beiträgt, seine „Annäherung zu Anna zu erschweren" (311). Unverrichteter Dinge muss er alsbald erneut zur Mutter zurückkehren.

Die wirkliche Beziehungsaufnahme ist ihm auch kurz später unmöglich, als der Schulmeister und seine Tochter Elisabeth Lee einen Besuch in der Stadt abstatten. Heinrich beobachtet, dass seine Mutter mit Anna Freundschaft schließt, während er die Beziehung zum Schulmeister vertieft. Heinrich gefällt das Gefühl des elterlichen Einverständnisses, aber zwischen ihm und Anna verändert sich nichts:

> *„Wir wetteiferten nun förmlich, ich dem Schulmeister meine Achtung darzutun und sie meiner Mutter, und über diesem angenehmen Streite fanden wir keine Zeit, miteinander selbst zu verkehren, oder wir verkehrten vielmehr nur dadurch miteinander. So schieden sie von uns, ohne daß ich mit ihr einen einzigen besonderen Blick gewechselt hätte." (313 f)*

Als Siebzehnjähriger bricht Heinrich unter dem Vorwand, bei den Vorbereitungen des Tell-Festes helfen zu müssen, ein weiteres Mal ins mütterliche Dorf auf. Sein Wunsch, seine Ambivalenz zu überwinden und Anna endlich seine Liebe zu gestehen, wird zunehmend größer. Um eine Annäherung zu erreichen, phantasiert er, als Rudenz aus Schillers *Wilhelm Tell* Anna seine Liebe zu gestehen.[420] Doch, darauf weist Brenner hin, ist der Plan „schon im Voraus zum Scheitern verurteilt, denn Heinrich hat, abweichend von der Originalkostümierung, einen spanischen Toledodegen bei sich, der wiederum auf Don Quixotte ver-

420 Auch diese Phantasien scheinen Tagträumen zu entspringen, die Literatur geworden sind.

weist.[421] Im Übrigen trägt er einen „grün und jägermäßig gewählt[en]" (340) Anzug, der sein Scheitern frühzeitig ankündigt.

Heinrich, dessen Pläne die Dorfbewohner nicht durchschauen, weil sie die Originalausgabe Schillers nicht besitzen, hat für Anna die Rolle der Bertha ausgesucht. Dialogpassagen der Waldszene aus dem *Tell* zwischen Rudenz und Bertha spiegeln die Beziehung zwischen Heinrich und Anna wider:

> *„Rudenz [...]*
> *Fräulein, jetzt endlich find ich Euch allein,*
> *[...]*
> *Vom Herzen wälz' ich dieses lange Schweigen –*
> *[...]*
> *O Bertha, all mein Sehnen in das Weite,*
> *Was war es, als ein Streben nur nach Euch?"*[422]

So hätte er, hinter der Maske des Rudenz versteckt, angstfrei seine Gefühle äußern können; er brauchte nicht unmittelbar mit seiner Person dazu zu stehen. Würde die Angst zu groß werden, wäre ein Hintertürchen zur Flucht offen. Auch der Schluss der Szene bietet Heinrich Identifikationen. Rudenz' Verhältnis zum Kaiser entspricht Heinrichs symbiotischer Beziehung zur Mutter:

> *„Rudenz*
> *Doch wie mich retten – wie die Schlinge lösen,*
> *Die ich mir thörigt selbst um's Haupt gelegt?*
> *Bertha*
> *Zerreiße sie mit männlichem Entschluß!"*[423]

Doch Berthas Rezept wird Heinrich genauso wenig anwenden können wie später den Rat Eriksons, er solle zusehen, wie er aus der verfluchten Spinnwebe herauskomme (vgl. 564).

Heinrichs Pläne, den *Tell* nach seinen Vorstellungen aufzuführen, lassen sich allerdings nicht realisieren. Kurz vor der Aufführung erhält Anna

---

421 A. Brenner: Leseräume, S. 134 f. Sie untersucht in ihrer Studie intertextuelle Bezüge.

422 F. Schiller: Wilhelm Tell, in: ders.: Sämtliche Schriften. Histor.-kritische Ausgabe, Bd. XIV, hg. von H. Oesterlein, Stuttgart 1872, Dritter Aufzug, Zweite Szene, S. 343 ff.

423 Ebd., S. 348.

die Szene zum Lesen und stürmt errötend davon (vgl. 364).[424] Triebintensität und die Gefahren der Triebüberflutung des Ich kennzeichnen sinnbildlich die Szene, als Heinrich die Verfolgung Annas aufnimmt: Dicht reitet er neben Anna her; balsamisch ist die Luft, in der Annas Haar wie „ein leuchtender Streif waagerecht" schwebt. „Wolkengebirge" übertürmen sich, „Gletscherhäupter und Wolken [werden] durcheinander geworfen" (365), „schmelzender Schnee" (366) liegt auf dem Weg; und ebenso droht sich Heinrichs Ich aufzulösen:

> *„[...] ich sah und hörte jetzt nichts mehr, als wir uns zum dritten Male küßten. Zugleich umschlang ich sie mit den Armen, drückte sie mit Heftigkeit an mich und fing an, sie mit Küssen zu bedecken." (367)*

Nachdem bereits drei große Weihen, die sich unaufhörlich begegneten, ihm signalisierten zu fliehen, fühlt Heinrich plötzlich eine „sonderbare Verwandlung": „Die Küsse erloschen wie von selbst, es war mir, als ob ich einen urfremden, wesenlosen Gegenstand im Arme hielt" (367). Heinrichs Angst vor dem Ich-Verlust, die offenbar besonders groß ist, weil er keine stabilen Ich-Grenzen ausgebildet hat, schlägt sich körperlich nieder. „Die Grenze des Körpers ist die Hautoberfläche; die Begrenzung des psychischen Selbst, d. h., die Grenze zwischen Ich und Nicht-Ich, wird häufig als Ichgrenze bezeichnet."[425] Heinrich muss, um der Angst vor der Vernichtung des Ich zu entgehen, erstarren, „in eisige Kälte" (368) versinken und Annas Körper zu einem „urfremden, wesenlosen Gegenstand" (367) machen, mit dem er nicht verschmelzen kann. Als sie sich beruhigt haben, erkennen beide, dass sie nur narzisstische Befriedigung und keine Triebbefriedigung genießen können. Anna fühlte sich im bisherigen Schwebezustand ihrer Beziehung genauso wohl wie Heinrich: „O es war so schön!" (368) In seiner Phantasie wird abschließend noch einmal sinnbildlich die Gefahr vor den Tiefen des Wassers und den Möglichkeiten der narzisstischen Spiegelung verdeutlicht:

---

424 Es kommt also doch nicht ganz zur „erfolgreichen Inszenierung", wie Brenner schreibt. Trotzdem schafft es Heinrich, Anna zu küssen. Den Grund für das baldige ersterben der Küsse erkennt Brenner ganz richtig darin, dass „die Protagonisten sich von der provozierten Erotik überfordert fühlen und in gewohnte Bahnen des Umgangs miteinander zurückkehren wollen." Ebd. S. 136. Ich lege allerdings in meiner Interpretation der Szene einen anderen Schwerpunkt.

425 F. C. Redlich/D. X. Freedman: Theorie, S. 138.

*„Ich glaubte sie zu verstehen, weil ich ziemlich das gleiche fühlte, nur nicht so tief und fein wie sie; daher erwiderte ich nichts, sondern setzte mich still neben sie, sie lehnte sich auf meine Schulter, und so blickten wir mit düsterem Schweigen in das feuchte Element, von dessen Grund unser Spiegelbild, Haupt neben Haupt, zu uns herauf sah." (368)*

Im folgenden Erzählabschnitt reflektiert der Ich-Erzähler das Vorgefallene. Indem er sie so gewaltsam an sich gedrückt und sie dies erwidert habe, „neigten wir den Becher unserer unschuldigen Lust zu sehr; sein Trank überschüttete uns mit plötzlicher Kälte und das fast feindliche Fühlen des Körpers riß uns vollends aus dem Himmel." (368) Vielen möge das „närrisch" vorkommen, glaubt er, aber ihn „dünkte die Sache gar nicht spaßhaft". Heinrich vermag sich die Körperreaktion nicht zu erklären. In seiner Suche nach Aufklärung wird deutlich, dass die Störung nicht aus dem Über-Ich kommt: „Daß wir etwas Unrechtes getan konnte mir nicht einfallen" (369). Auch der Gedanke, dass einer den anderen nicht liebe, wird verworfen. Auf die Schwierigkeiten, die Angst vor der Vernichtung des Ich durch das Es sprachlich zu erfassen, habe ich bereits hingewiesen. Der Ich-Erzähler beschreibt dieses Problem aus der späteren Distanz zu dem Geschehenen:

*„Den wahren Grund der schreckhaften Begebenheit ahnte ich gar nicht; denn ich hatte keine Ahnung davon, daß in jenem Alter das rote Blut weiser sei als der Geist und sich von selbst zurückdämme, wenn es in ungehörige Wellen geschlagen worden." (369)*

Sigmund Freud erklärt das Phänomen der Angst vor dem Ich-Verlust durch Triebüberflutung ebenfalls: „Was das Ich von der [...] Libidogefahr im Es befürchtet, läßt sich nicht angeben; wir wissen, es ist Überwältigung oder Vernichtung [...]"[426].

Letztlich fühlt Heinrich sich einerseits schuldig, andererseits ist er jedoch ganz froh, dass sein Plan in Bezug auf Rudenz und Bertha doch noch zu einer solchen „Vertraulichkeit" geführt hat; hoffnungsvoll liest er in Annas Blick ein Versprechen auf die Zukunft: „Wage es ferner nicht, uns berührend zu begegnen, bis die rechte Stunde gekommen!" (370) Zu Hause auf dem Gehöft empfindet Heinrich bei der Versorgung der Pferde, während Anna in sicherer Distanz aus dem Fenster

426 S. Freud: Das Ich und das Es, S. 287.

zuschaut, wieder die in der Beziehung zur Mutter erlebte „Ruhe"; er fühlt sich narzisstisch befriedigt:

> *„Die gemächliche Beschäftigung unserer Hände in der Stille, die über dem Gehöfte lagerte, erfüllte uns mit einer tiefen und von Grund aus glücklichen Ruhe, und wir hätten Jahre lang so verharren mögen; [...] so schien auch die jetzige Art unseres Zusammenlebens das rechte Fahrwasser zu sein, in welches wir nach dem kleinen Sturme eingelaufen und in welchem wir bleiben sollten. Anna gab ihre Zufriedenheit auch dadurch zu erkennen, daß sie [...] mir noch ein liebevoll schalkhaftes Adieu nachrief." (370 f.)*

Am gleichen Abend beim Tanz - Anna ist nun nicht dabei - schwelgt Heinrich in männlicher Großmäuligkeit, die scheinbar keine Ängste kennt. Zornig, sie nicht verführt zu haben, phantasiert er, dass sich das Mädchen nun „schlaflos auf ihrem Lager" nach ihm sehne (vgl. 373 f.). Die sichere Distanz zu ihr schafft den starken, heldenhaften Eroberer; in der Phantasie herrscht das Lustprinzip.

Sinnlich erregt durch tanzende Paare, entdeckt Heinrich Judith, die er nun schon zwei Jahre nicht mehr gesehen hat. Früher konnte er ihr gegenüber noch ganz „unbefangen" Zärtlichkeiten austauschen. Sein Bekenntnis „wenn mich verlangte, schöne Frauen zu liebkosen, [hatte ich] immer mir sonst gleichgültige, meist nicht ganz junge Weiber im Sinne, nicht ein einziges Mal aber Anna" (368) lässt erkennen, dass bei reiferen Frauen seine Bindungsangst weniger aktiviert wird. Zwar möchte Heinrich Judith ebenfalls ausweichen und gibt vor, seine Verwandten suchen zu müssen, als sie den Befehl zum gemeinsamen Aufbruch erteilt. Zudem zeigt er auf dem Heimweg den bekannten „geistigen Hochmut der Sprödigkeit und Unfehlbarkeit" (380), eine Arroganz, die ihm hilft, Nähe zu vermeiden. In der Beziehung zu Judith kann er sich jedoch passiv verhalten, d. h., er nähert sich ihr im regredierten Zustand. Er zeigt dabei kein aktives Streben wie der Genitalcharakter, sondern eher eine „passive Haltung", die Bestandteil der „primitiven Beziehung"[427] ist. Bei Judith angekommen, braucht er daher nicht aktiv zu werden, sondern sie lädt ihn ein, sodass er „keinen Widerstand" zu leisten braucht und ihr „unwillkürlich" folgt. Dort legt sich seine Schüchternheit bald, denn die erfahrene Frau bewegt sich so sicher und frei, „daß diese Sicherheit auch auf [ihn] [...] überging." (381) Judith kennt offenbar auch Heinrichs Bindungsängste, die sich zu Ver-

427 M. Balint: Therapeutische Aspekte, S. 90.

schlingungsängsten steigern; sie droht, den Helden zu „fressen" (382). Als sie ihn an sich zieht, empfindet er zunächst wieder eine „schöne Ruhe" (383) und fühlt sich „ganz außer der Zeit, wir waren gleich alt oder gleich jung in diesem Augenblicke" (383). Heinrich kann sich in engster Umschlungenheit wohl fühlen und Ruhe empfinden, weil Judith noch keine sexuellen Ansprüche stellt.[428]

Im Gespräch mit Judith entfaltet sich die Besonderheit ihres Verhältnisses. Deutlich wird, dass Heinrich bei ihr seinen Triebwünschen nachgehen kann, ohne eine partnerschaftliche Beziehung eingehen zu müssen: „Aber ich könnte doch nicht dein ernsthafter Liebhaber oder gar dein Mann sein?" (385) Das ist auch ihr bewusst, und sie nimmt Heinrich die Angst, die anderen Dorfbewohner könnten erkennen, dass eine Liebesbeziehung zwischen beiden besteht; tagsüber wollen sie Begegnungen vermeiden. Das hat sicher in erster Linie moralische Gründe, aber es spiegelt auch seine Beziehungsangst wider. Judith gibt ihm vorerst auch die Sicherheit, keine sexuellen Ansprüche zu stellen, denn sie will nur „ein wenig küssen", ihn „ein wenig in die Schule nehmen" und in ihm, in Ermangelung eines anderen, den Mann lieben, der noch verborgen ist (vgl. 385 f.). Ihre Motive, sich mit dem Jungen einzulassen - Einsamkeit nach enttäuschten Liebesbeziehungen -, werden erst später vollends deutlich (vgl. 419). So lässt Heinrich sich widerstandslos aufs Bett ziehen. Der Übergang zu sinnlicher Erregung in engster Umschlungenheit ist aber schmal; wird dieser erreicht, ist es mit der Ruhe vorbei und ein Abgrund tut sich auf. Als Judith wieder anfängt, ihn zu küssen, wird ihm „glutheiß", der „balsamische Atem aus dem Innern eines schönen und starken Weibes" strömt „in vollen Zügen" in ihn über. Plötzlich, „mitten im heftigen Küssen", geht ihm „Annas Stern" (386) auf. Schuldgefühle, Anna zu verraten, dienen der Triebabwehr. Heinrich sucht Distanz, und wie zu erwarten, tut es ihm „schneidend weh", sich „frei zu fühlen", sodass er sofort wieder wünscht, in ihre Arme zurückzusinken. Letztlich muss der Held aber doch die Flucht ergreifen; er will nie wieder zurückkommen (vgl. 386 f.). Diese Textstelle zeigt im Übrigen, dass Heinrichs Freiheitswünsche, die den Roman durchziehen, rationalisierte Bindungsängste sind. Sie sind die andere Seite derselben Medaille.

428 Kaiser verkennt Heinrichs Zustand der Ruhe, wenn er ihn als „Vorgriff auf die zeitlose Todesruhe bei der Mutter im Grab" deutet. G. Kaiser: Gottfried Keller, S. 83.

In den Begegnungen mit Anna und Judith in so kurzer Zeit nacheinander bestanden offenbar die größten Gefahren für sein Ich, vom Es überflutet zu werden. Ungehörige Wellen, Fluten und Dämme bestimmen auch den Morgen nach dem Tell-Fest[429]. Die Unwetterkatastrophe, die in der Nacht über das Dorf hereinbricht, symbolisiert Heinrichs Körpergefühl. Sein Ich, das in sinnlicher Erregung überflutet zu werden drohte, muss eingedämmt werden. Ebenso wie die Dorfbewohner von den Fluten bedroht sind, stand Heinrichs Ich kurz vor der Überflutung:

> *„[...] als ich erwachte, wehte noch immer der warme Südwind und es regnete in einem fort. Ich sah aus dem Fenster und erblickte das Tal auf und nieder wie Hunderte von Männern am Wasser arbeiteten, um die Wehren und Dämme herzustellen, da in den Bergen aller Schnee schmelzen mußte und eine große Flut zu erwarten war. Das Flüßchen rauschte schon ansehnlich und graugelblich daher; für unser Haus war gar keine Gefahr, da es an einem sicher abgedämmten Seitenarme lag" (388).*

Graugelblich ist auch Heinrichs Ejakulat, das nicht fließen darf. Er findet Schutz im Hause des Oheims, welches sicher an einem abgedämmten Seitenarm liegt und in dem es keine Frauen gibt, in die sich Heinrich verlieben könnte. Dort muss er bleiben, während die Männer „bis über die Knie in Schlamm und Wasser" herumwaten und „wie die Teufel" darin hantieren. Heinrich kann mit „Faschinen und Balken" (388) - den Phallussymbolen - nicht so umgehen wie die Männer; denn die Fluten bedrohen den Adoleszenten. Doch so sicher scheint das Haus des Oheims für Heinrich nicht abgedämmt zu sein. Er flieht nach Hause zur Mutter,[430] um dort in Ruhe Dammbauarbeiten zu verrichten. Askese dient ebenfalls der Triebabwehr,[431] und somit lässt eine „asketische Laune [...] [ihm] diesen Gang [nach Hause] als eine Wohltat erscheinen" (389).

---

429 Inspiriert wurde die Interpretation der folgenden Passagen wiederum durch K. Theweleit: Männerphantasien, Bd. 1, S. 235 ff.

430 A. Brenner erkennt, dass sich Heinrich im elterlichen Dorf überflüssig und nicht mehr in das Gemeinwesen integriert fühlt. Er sei zwischen einem regressiven Rückzug aus dem öffentlichen Tätigkeitsfeld und dem Vorsatz zum selbstständigen Handeln hin- und hergerissen. Vgl. A. Brenner: Leseräume, S. 69.

431 Vgl. A. Freud: Das Ich und die Abwehrmechanismen, in: Die Schriften der Anna Freud. Zehnbändige Ausgabe, Bd. 1, München 1980, S. 335.

Auf dem „Lotterbettchen“[432], das die Mutter bereitgestellt hat, beginnen seine „Dammbauarbeiten“. Als Baumaterial für die Dämme dient ein „Stoß Bücher, an die fünfzig Bändchen [...]. Es waren Goethes sämtliche Werke“ (389). Dreißig Tage dauert der „Wiederaufbau“; erst danach kann Heinrich erneut ins Freie (vgl. 390). Ein Damm wird auch auf formaler Ebene gebaut. Nach den Bedrohungen, denen er während des Tell-Fests ausgesetzt war, endet der zweite Band. Das Ich des Protagonisten ist nun wieder starr wie der Panzer eines Ritters, als der er sich fühlt: „Widersacher, Weiber, Schulden - / Ach kein Ritter wird sie los!“ (280)[433] Heinrich hat ein vertrocknetes Herz wie der aus schwarzem Marmor herausgehauene Ritter aus der Sakristei des Grafenschlosses, der später zum Identifikationsobjekt wird (vgl. 743). Der Unterschied zwischen beiden liegt darin, dass ein Ritter den Panzer von außen angelegt bekommt, während der Protagonist sich von innen heraus verhärten muss.[434]

Längere Zeit sucht Heinrich das Dorf jetzt nicht mehr auf. Erst als die inzwischen todkranke Anna und ihr Vater in der Stadt einen Arztbesuch machen müssen und die Jugendliebe Heinrich mitteilt, dass die Tante schon böse sei, weil er nicht mehr komme, entschließt er sich, mit ihnen zu reisen. Auf dem Weg erinnert er sich an das Versprechen, das er Judith gegeben hat, sie zu besuchen, wenn er in das Dorf zurückkehrt. Seine Angst vor ihr bekämpft er durch „einen sehr klugen Ausweg“ (411); statt im Dorf will er beim Schulmeister wohnen, sodass er nicht gezwungen ist, sein Versprechen zu brechen. Im „dichten Nebel“ (414) - einem Symbol für sein herabgesetztes Bewusstsein - findet er aber später öfter den Weg zu ihr.

---

432 Nach A. Brenner referiert das „Lotterbettchen“ auf einen zentralen Diskurs in der Poetik und Rezeptionsästhetik des 18. Jahrhunderts, die sog. „Lesesucht“-Debatte. Vgl. ebd., S. 69. Brenner übersieht allerdings, dass die Mutter das „Lotterbettchen“ für den Sohn gekauft hat. Mit dem Hinweis auf das „Lotterbettchen“ bestreitet sie auch den asketischen Charakter des Liegens. Vgl. ebd., S. 70. Der Heimweg ist aber von einer „asketische[n] Laune“ geprägt, und auch im Bett kann man Triebwünsche abwehren.

433 Dazu passt der Wunsch Kellers, der ein ähnliches Körpergefühl ausdrückt: „Starr, wie ein Fels steht der Mann [...]“ (Brief an Müller vom 29. Juni 1837).

434 Bei K. Dörner/U. Plog heißt es in Bezug auf das Gefühl in einem „Panzer“ zu stecken, der vom Umgang mit Angst kommt: Es gebe gelungene und verfehlte Lösungen des Umgangs damit. Gelungene schaffen einen größeren Handlungsspielraum, verfehlt sind solche, die einen einengen oder „panzern“. Damit abgespaltene Gefühle (z. B. Wünsche nach Nähe) nicht mehr irritieren, bildet man einen Panzer. Vgl. K. Dörner/U. Plog: Irren ist menschlich, S. 135 f.

In den verschiedenen Zusammentreffen mit Judith wird auch die Bedeutung einer Liebeserklärung durch das „Ich liebe dich" deutlich, die den Roman durchzieht. Genau so wie das Küssen leitet das Aussprechen dieser Worte nach den Vorstellungen Heinrichs den Beginn einer Beziehung ein. Einmal ausgesprochen, müsste er fürchten, sich aus einer Bindung nicht mehr zurückziehen zu können, ohne verletzt zu werden. Judith, die Heinrichs diesbezügliche Ängste sehr genau kennt, vermeidet deshalb auch die Frage nach seiner Liebe, sondern erkundigt sich mit „Nun sag: bin ich dir lieb?" (415). Diese Frage muss man im Sinne von Sympathie hegen oder jemanden gernhaben verstehen. Solche Art Zuneigung empfindet Judith für Anna: „sie ist mir auch lieb" (416), und im Sinne dieser Bedeutung fragt Judith den grünen Heinrich, sodass er angstfrei mit Ja antworten kann (vgl. 415). Sie weiß auch genau, dass sie ihn mit einem Liebesgeständnis in Bedrängnis bringen und necken kann: „Dies sollst du mir jeden Tag sagen!" (415)

Einige Tage später traut sich Judith beim gemeinsamen Spiel im Garten bezüglich einer Liebeserklärung weiter vor und will wissen, ob Heinrich sie „lieb hätte" (418). Auch diesmal kann er die Frage bejahen; das gelingt aber nur, weil er „gleichsam aus den Wolken" spricht, denn er ist auf einen hohen Apfelbaum - die Paradiesszene wiederholt sich - geklettert, wo sie ihn des Nebels wegen nicht mehr sehen kann. Aus sicherer Distanz kann er angstfrei ein Geständnis wagen, was Judith wohl erkennt, denn sie redet ihn mit „junger Vogel" an (vgl. 418), der die Freiheitswünsche Heinrichs symbolisiert. Den Unterschied zwischen den beiden Zuneigungserklärungen reflektiert der Erzähler im Rückblick, denn ihm ist bewusst, dass durch die Dauer der Beziehung, auch wenn man nur seinen Triebwünschen nachgeht, aus dem Gernhaben Liebe entstehen kann:

> *„[...] und doch sah ich wohl, daß sie nur meine sinnliche Hälfte anlockte, und wenn sie auch ahnte, daß mein Herz mehr dabei war als ich selbst wußte, so hütete sie sich wohl, es merken zu lassen, und ließ mich ihre tägliche Frage in dem guten Glauben, daß es nicht so viel auf sich hätte." (419)*

Das vorsichtige Herantasten Kellers an eine Liebeserklärung und die Schwierigkeit, das „Ich liebe dich!" zu äußern, wird auch in einem Brief vom 16. Oktober 1847 an Luise Rieter deutlich, die Vorbild für Judith gewesen sein soll.[435] Er zweifelt noch an ihren Gefühlen und spekuliert,

435 Vgl. B. Neumann: Gottfried Keller, S. 23.

„ob Sie mir gut sind oder nicht?" Keller seinerseits hätte sich geärgert, wenn er sich nicht zu einem Liebesgeständnis, über dessen mangelnde Ernsthaftigkeit ich in Kapitel III.2 eingehe, überwunden hätte und immer hätte denken müssen, „daß Sie mir doch ernstlich gut gewesen wären [...]".

Judith erweist sich in dieser Beziehung ebenfalls als ideale Pädagogin, die das „Geheimnis aller Erziehung" kennt und auch anzuwenden versteht. Als Heinrich von seinen Schuldgefühlen befreit werden möchte, die sich aufgrund eines durch seine Erzählungen hervorgerufenen Anfall Annas (vgl. 437) und durch den Tod Römers entwickelt haben, zeigt sich Judiths erzieherische Bewusstheit. Sie bietet dem Helden Widerstand:

> *„Daraus wird nichts! Die Vorwürfe deines Gewissens sind ein ganz gesundes Brot für dich, und daran sollst du dein Leben lang kauen, ohne daß ich dir die Butter der Verzeihung darauf streiche!" (439)*

Heinrich macht die Erfahrung, dass Grenzen setzende Zurückweisungen nicht zwangsläufig in Liebesverlust münden müssen:

> *„Übrigens fühle ich leider nicht, daß du mir irgend widerwärtig geworden wärest; wozu wäre man da, wenn man nicht die Menschen, wie sie sind, lieb haben müßte?" (439)*

Der grüne Heinrich fühlt sich durch ihre Worte „tief betroffen", und nach einem „lange[n] Nachsinnen" ist er sich gewiss, „daß Judith das Rechte getroffen" (439) hat. Sie kennt zweifelsohne die richtige Mischung aus Zuwendung und notwendiger Versagung. Diese hätte sie auch für den im Wahnsinn endenden Römer gehabt. Judith ist überzeugt davon, dass sie ihn „kuriert" hätte, denn sie hätte ihn „ausgelacht und ihm geschmeichelt, bis er klug geworden wäre!" (438) Durch das Schmeicheln hätte sie ihm gezeigt, ihn zu lieben, und durch das Auslachen hätte sie ihm Grenzen gesetzt. Nicht nur ein Vater, sondern auch eine Frau kann ein Ich durch Versagungen formen; das ist dem Erzähler offenbar bewusst. Ob er während des „langen Nachsinnen[s]" auch an die Erziehungspraxis der Mutter gedacht hat? Warum erzählt er im Roman plötzlich von den „großen Beispielen der Geschichte" und von Philipp dem Zweiten (439 f.)? Soll der Leser von einem Analogieschluss abgelenkt werden?

Die „Badeszene" beleuchtet noch einmal die Gefahren für Heinrich, die aus sinnlicher Erregung entstehen, als es wie ein „weißes Feuer" in seinem „Gehirne und [...] Blute" umgeht (446). Bezeichnenderweise findet sie wieder am tiefen Wasser an der „Heidenstube" statt. Heinrichs Panzerung wird auf Judith projiziert, indem er sie zu einem „überlebensgroßen alten Marmorbilde" (445) verwandelt.[436] Unter „heißkalten" Schauern weicht er zurück, wobei er sie immer kontrollierend im Auge behält, und verfängt sich in „Brombeerstauden", die erneut die Mutterbindung symbolisieren.

Aufschlussreich ist Heinrichs Reaktion auf die bald stattfindende Trennung von Anna bzw. Judith, durch die seine Ängste nochmals offengelegt werden. Aus Schutz vor dem Trennungsschmerz hat er Anna in die „Höhe und Weite" gerückt, sodass er eine engere Beziehung zu ihr vermeiden konnte. Schonungslos offen beschreibt er seine Gefühle bei ihrem Tod. Als sie stirbt, versinkt er bloß in ein „tiefes Nachdenken darüber, ohne Schrecken oder heftigen Schmerz zu empfinden", obgleich er das „Ereignis" mit seinen „Gedanken nach allen Seiten durchfühlte." (449) Als er die Totenwache halten muss, kann er nicht sagen, was er „gedacht und empfunden" (452) hat; er hätte am liebsten laut geschrien. Weil er keine tiefere Beziehung eingehen konnte, ist sie ihm fremd geblieben. Das wird deutlich in seinem unterdrückten Ausruf, den er beinahe von sich gegeben hätte: „Was hab ich mit dir zu schaffen?" (452)

Der grüne Heinrich beobachtet sich genau und reflektiert erneut seine Wirkung auf andere; er ist sich bewusst, „teilnahmslos und verhärtet" (449) zu wirken. Erst als ihm bei der Beerdigung die Endlichkeit des Lebens vor Augen geführt wird und ihm bewusst wird, Anna nie wieder zu sehen, erfasst ihn eine „große Traurigkeit" (456). Zusammenfassend beschreibt er sein „Gefühl" beim Anblick der toten Jugendliebe mit dem „kalten Worte ‚objektiv'" (457). Dass sie ihm in dieser Beziehung nur zur narzisstischen Spiegelung diente, ist Heinrich ebenso bewusst: „Und doch tat ich so schön mit meinen Gefühlen!" (733)

Auch das Streitgespräch beim Abschied von Judith lässt ahnen, dass der Protagonist vermeidet, Bindungen einzugehen, um sich vor dem Trennungsschmerz zu schützen. Immer wieder schiebt er daher seine Treue zur toten Anna als Rechtfertigung der Trennung von Judith

436 Brenner untersuchte die intertextuelle Referenz zu Eichendorffs Marmorbild, in dem es um Verschmelzungswünsche mit der Gestalt des Marmorbildes geht. Vgl. A. Brenner: Leseräume, S. 115 ff.

vor. Er habe sie bis zu ihrem Tod „wahrhaft geliebt", was nach seinen Reflexionen an ihrem Grab nicht stimmen kann. Als Judith nach seinen Ausführungen fragt, ob er sie nicht auch wenigstens „etwas" liebe, zeigt sich in Heinrichs Erwiderung die Angst vor dem Trennungsschmerz: „Gerade deswegen, [...] weil ich wohl fühle, daß ich heftig an dir hange, muß ein Ende gemacht werden!" (459) Dass die Bindung eine wichtige Voraussetzung für eine Liebesbeziehung ist, weiß Judith: „Nein, gerade deswegen mußt du erst anfangen, mich recht und ganz zu lieben!" (459) Als Ausflucht schiebt Heinrich wieder die tote Anna vor, und Judith - und damit auch der Erzähler und der Autor - durchschaut Heinrichs Neigung zum Selbstbetrug, die sie „Teufelei" nennt: „Welche Teufelei steckt in den Köpfen dieser Menschen! Und dazu behaupten sie und machen sich selber weis, daß sie nach ihrem Herzen handeln." (459 f.) Judith ist auch optimistisch in Bezug auf Heinrichs Liebesfähigkeit:

> *„Fühlst du denn gar nicht, daß ein Herz seine wahre Ehre nur darin finden kann, zu lieben, wo es geliebt wird, wenn es dies kann? Du kannst es und tust es heimlich doch, und somit wäre alles in der Ordnung!" (460)*

Um seiner Bindungsangst entgegen zu kommen, macht sie Heinrich das Angebot, wohlweislich das Wort Liebe vermeidend, dass er sie verlassen könne, sobald er sie nicht mehr „leiden" mag, um wenigsten ein oder zwei Jahre glücklich sein zu dürfen (vgl. 460). Doch der grüne Heinrich hält ein „rasches Scheiden" für notwendig; gerade jetzt sei es „höchste Zeit, es ohne spätere Reue zu tun". Der Held flüchtet in Ausreden, als er vorbringt, das Andenken an ihre Liebe als „so rein und schön als möglich retten" zu wollen, und wenn Judith auch Annas gedenke, könne sie an jener „tieferen Art der Liebe" beteiligt sein (460). Doch die ältere Geliebte durchschaut sein Ausweichen: „O alles Luft und Schall! [...] Ich will nicht deine Achtung, ich will dich selbst haben, solange ich kann!" (460) Zum Schluss äußert sich ihr Bindungswunsch körperlich; sie fasst ihn bei den Händen und zieht ihn zu sich heran, sodass er vergeblich versucht, sich ihr zu entziehen. Judith erkennt aber die Vergeblichkeit ihres Tuns und macht einen letzten Vorschlag, der Heinrichs Freiheitswünschen entgegenkommt: „Laß es gehen, wie es will, sag ich dir! Auch an mich darfst du dich nicht binden, du sollst frei sein wie der Wind! Gefällt es dir - „ (461). Der grüne Heinrich lässt sie nicht ausreden, sondern reißt sich mit dem Versprechen los, sie nie wieder sehen zu wollen, und ergreift die Flucht. In ihrer Abschiedspose symbolisiert Judith die Angst des Protagonisten vor der symbiotischen Beziehung: „Ich [...] sah sie in ihrer Rede unterbrochen dastehen, die Hände noch ausgestreckt von dem Losreißen der meinigen" (461).

Zurückgekehrt ins mütterliche Haus, gerät Heinrich in eine tiefe Krise. Er zieht sich von allen zurück und malt nicht mehr. Immer wieder nimmt er sich vor, an die Arbeit zu gehen, aber Stunden, Tage und Wochen verrinnen, ohne dass er irgendeine „Lust" verspürt, aktiv zu werden. In dieser Situation wird er zum Militärdienst einberufen, den er als „kräftige Erlösung" empfindet (vgl. 461 f.). Endlich bekommt er Widerstände gesetzt, und die anstrengende Abwehrarbeit, seine Ich-Grenzen aufrechtzuerhalten, nimmt ihm nach der Badeszene das Militär ab. Von außen werden ihm in „eiserner Ordnung" Grenzen gesetzt, und er empfindet „einen wahren Durst", sich der „Strenge hinzugeben", sodass er sich dort behaglich fühlt (vgl. 462 f.). Beim Militär braucht Heinrich keine Angst vor dem Zerfließen des Ich zu haben; dort muss er eine stramme Haltung einnehmen, wovon er bisher verschont geblieben war:

> *„Ich war bisher aufgewachsen wie ein Gras, mich biegend und schmiegend, wie jedes Lüftchen der Lebensregungen und der Laune es wollte; niemand hatte mir gesagt, mich grad zu halten" (141).*

Während des Exerzierens sieht der grüne Heinrich die auf einem Auswandererwagen davonfahrende Judith zum letzten Mal, und der Trennungsschmerz wird aufs Neue belebt. Heinrich fühlt sich, als ob sich ihm „das Herz in der Brust wenden wollte." (464) Zum Glück löst sich die Soldatenformation bald auf, sodass er die „Einsamkeit" suchen kann, um seinen Schmerz vor den anderen Rekruten verbergen zu können (vgl. 464). Nach dem Militärdienst setzt Heinrich, das Dorf ist nach dem Ende seiner Beziehungen zu Anna und Judith uninteressant geworden, seine Hoffnung darauf, nach Deutschland zu gehen.

Kaiser erkennt in Anna und Judith „die Schwester-Geliebte und die Mutter-Geliebte, letzte Spielfiguren im Feld einer frühkindlich geprägten Erwartungshaltung".[437] Demnach müssten sich Sexualängste als Konflikt zwischen Ich und Über-Ich äußern, denn das Über-Ich ist die Instanz, die das Inzestverbot speichert. Angebote der Erfüllung seiner sexuellen Wünsche erfahre Heinrich als geheime Strafandrohung,

437 G. Kaiser: Gottfried Keller, S. 13.

so die These Kaisers.[438] Der Text lässt an keiner Stelle deutlich werden, dass der grüne Heinrich beim Zusammensein mit Anna bzw. Judith Verboten unterliegt. Im Übrigen verkennt Kaiser die positive Wirkung, die die Militärpflicht für Heinrich hat. Im Militärdienst kehre die Gesellschaft das Tyrannische nach vorn, das in ihrem unväterlichen, unvermittelten Zugriff auf den Muttersohn Heinrich liege. Sie schneide ihm den Zugang zu Judith ab.[439] Das Positive des Dienstes liegt darin, dass dem Protagonisten dort Grenzen gesetzt werden, die seinem Ich Konturen zu geben scheinen.

### II.6.2 Agnes und Rosalie

In der deutschen Kunststadt, der grüne Heinrich hat seine Adoleszenz längst hinter sich, werden mit Agnes und Rosalie seine Erfahrungen bezüglich Anna und Judith repetiert. Agnes lässt schon im Anlaut ihres Namens die Entsprechung zu Anna erkennen, und als Diana - die Anna - erscheint sie später auf dem Künstlerfest.[440] Auch Heinrichs Malerfreunde Erikson und Ferdinand Lys sind nach Keller frei erfunden und als „Parallel- und Kontrastfiguren zum Helden“[441] angelegt, sodass zunächst deren Liebeskonzepte untersucht werden.

#### II.6.2.1 Ferdinand und Agnes

Bevor der Roman von dem Liebesabenteuer des Helden in der Kunststadt erzählt, wird zunächst einmal Agnes als mögliche Partnerin Ferdinand Lys' - „in korrekter Aussprache übrigens ein Lee im Plural“[442] - eingeführt. An der Entwicklung der Beziehung zwischen den beiden erkennt man, dass Ferdinand, der beim Künstlerfest bezeichnenderweise im grünen „Hubertusgewande“ (518) auftritt, ähnliche Verhaltensweisen und Beziehungsängste gegenüber Frauen zeigt wie Heinrich. Ferdinand, der offenbar nicht so tiefgehend wie der Erzähler über die Gefahren reflektieren kann, die entstehen, wenn man eine Beziehung eingeht, „glaubte überhaupt nicht an seine Liebe, er bildete sich ein, nicht dauernd lieben zu können oder zu dürfen“, sodass er nicht weiß - so lässt der Erzähler den Leser wissen -, „daß Liebe im Grunde leichter zu erhalten als auszulöschen ist; und gerade dieser verzweifelte Zweifel an sich selbst ließ keine tiefere Neigung in ihm reif werden.“ (487) Er „glaubte zu erschrecken bei dem Gedanken, sich für

438 Vgl. ebd., S. 100.
439 Vgl. ebd., S. 88.
440 Zum Namensspiel vgl. auch G. Kaiser: Gottfried Keller, S. 86.
441 R. Selbmann: Gottfried Keller, S. 41.
442 Ebd., S. 41.

immer [...] [mit Agnes zu] verbinden", d. h., wenn er eine ernsthafte Beziehung einginge, fiele es ihm schwer, sich wieder zu lösen, ohne verletzt zu werden. Trotz seiner Bindungsangst besucht er sie täglich. Aber auch Ferdinand wird keine Beziehung zu Agnes eingehen, um sich vor einem möglichen Trennungsschmerz zu schützen. Statt sein Handeln dem „freien Willen" zu unterwerfen und sich mit ihr zu vereinigen, versucht er, Eriksons Freundin Rosalie mit der „größten Tollheit [...] den Hof zu machen" (521), um sich seiner Bindungsangst nicht bewusst werden zu müssen.

Zu Anfang ihrer Bekanntschaft kann Ferdinand sich nicht überwinden, eine Beziehung zu Agnes einzugehen, sodass er in „seiner passiven Stellung" (487) verbleibt. Immer wenn er sie trifft, gibt er seinem Verhalten einen „brüderlich freundschaftlichen Anstrich"; er „behandelte sie mehr als Kind und nahm scheinbar ihre Liebkosungen als diejenigen einer kleinen Freundin hin, suchte sie zu unterrichten und nahm hin und wieder ein kaltes und ernsthaftes Ansehen an." (487 f.) So kann er ihre Nähe genießen, hält sich aber die Möglichkeit offen, sich jederzeit wieder aus der Beziehung zurückziehen zu können. Diese Chance zum Rückzug gäbe es nicht - so muss man das dahinterstehende Liebeskonzept wohl verstehen -, wenn er ihr seine Liebe gestehen würde: „Ängstlich vermied er, das Wort Liebe auszusprechen oder es zu veranlassen, und vermied mit dem Mädchen allein zu sein." (487) Denn dann begänne das Spinnen und Weben der Frauen, und er wäre gebunden. Während der Erzähler Ferdinands Verhalten genau durchschaut und so auch an dieser Textstelle ein hohes Maß an Problembewusstsein zeigt, ist sich Ferdinand seiner Ängste nicht bewusst: „So glaubte er als ein Mann zu handeln und seiner Pflicht und Ehre zu genügen und ahnte nicht, daß er echt weiblich zu Werke ging." (487 f.) Der Erzähler erkennt den Abwehrmechanismus der Rationalisierung: Ferdinand braucht sich selbst gegenüber seine Schwächen und Ängste nicht einzugestehen, sondern wähnt sich in einer Position der Stärke, wobei er sich einredet, sich ehrenhaft und moralisch zu verhalten. Er empfindet das Handeln „männlich"; der sensible Erzähler hingegen kennzeichnet dieses zögernde Verhalten als „weiblich". Was es heißt, eine Beziehung „männlich" aufzubauen, wird an Erikson demonstriert, auf den ich weiter unten noch zurückkomme.

Der Erzähler lässt auch in Bezug auf Agnes hohe empathische Fähigkeiten erkennen. Da sie sich Ferdinands Verhalten nicht erklären kann, leidet sie unter dessen Ambivalenz:

*„Auch wußte das ärmste Kind ihm keinen Dank dafür [für seine brüderlich-väterliche Art]. Sie achtete nicht auf seinen Unterricht und wurde traurig oder unmutig, wenn er die väterliche Art annahm. Hundertmal suchte sie das Wort auf Liebe und verliebte Dinge schüchtern zu lenken; allein er stellte sich, als kennte er dergleichen nicht, und der erwachende Trotz verschloß ihr den Mund. Hundertmal liebkoste sie ihn jetzt und hielt sich dann ein Weilchen geduckt und still, damit er das Kosen erwidern solle, und sie war nicht mehr bereit, zornig davonzufliehen […]" (488).*

Doch Ferdinand vermeidet das Liebesgeständnis. Er „rührte sich nicht und ertrug das ungeduldige Spiel des schmalen schlangenähnlichen Körpers mit größter Standhaftigkeit" (488). Darüber hinaus zeigt er ebenfalls Abwehrmechanismen, die bereits an Heinrich in seiner Beziehung zu Anna erkennbar waren, nämlich die Überhöhung der Frau: Ferdinand „war beflissen, ihre Gestalt vollends zu einem Feenmärchen zu machen" (489). Agnes fühlt zwar, dass Ferdinand sie liebt, sie kann sich aber seine zunehmend spröde Art - er „verhärtete sich immer mehr" (532) - nicht erklären. Beide Künstlerfreunde verraten die gleiche Neigung, in Liebesbeziehungen zu „gefrornen Christ[en]" zu werden, was auch Agnes spürt, die wegen der spröden Art Lys' zunehmend trauriger wird:

*„Dennoch sah die Arme recht gut, daß er mit ganz anderen Gefühlen zu ihr kam als mit denen eines Bruders oder schulmeisterlichen Freundes, und sah wohl das verhaltene Feuer in seinen Augen, wenn sie ihm nahe trat, und das unablässig betrachtende Wohlgefallen, wenn sie umherging; und sie war nur bekümmert, den Grund seines Betragens nicht zu kennen […]" (488).*

An dieser Stelle muss zu Kaiser und Muschg angemerkt werden, dass das Inzesttabu vollständig verinnerlicht ist. Weder Ferdinand noch der Erzähler scheinen unbewusste ödipale Wünsche ausleben zu wollen, wenn erzählt wird, dass Ferdinand sich Agnes in einer Vater- oder Bruderrolle nähert. Der Inzest ist ein Tabu, an dem kein Zweifel besteht!

In dem unbestimmten Zustand, in dem sich Ferdinand befindet, „wuchs [seine] Verlegenheit; denn er sah nun ein, daß er nicht länger sich so verhalten durfte." (488) Aber „der Unselige" kann sich noch immer nicht entschließen, „seine Selbstherrlichkeit mit einem anderen Wesen für immer zu teilen und noch für eine zweite Hälfte zu leben." Hochambivalent verharrt er in seiner Unentschlossenheit, die der Erzähler ebenfalls im Verhältnis zwischen seinem Protagonisten und Dorothea beobachten wird und die vielleicht auch in Kellers berühmter Schreibtischunterlage, auf die ich im nächsten Unterpunkt eingehen werde, sichtbar wird: „Beide Waagschalen standen sich vollkommen gleich und das Zünglein seiner Unentschlossenheit schwebte still in der Mitte, als das Künstlerfest herannahte" (488 f.), bei dem er seinen Zwiespalt lösen möchte (vgl. 489). Ebenso wie beim Tellfest sind auch beim Künstlerfest die Hemmschwellen, eine Beziehung einzugehen, geringer als im Alltag. Dort kann es leichter zum Küssen kommen, das in seiner Vorstellungswelt dieselbe Bedeutung wie bei Heinrich hat; es besiegelt eine Bindung und lässt keinen Rückzug mehr zu: „Wenn er aber das Mädchen nur ein einziges Mal geküßt habe, gab er sich das Wort, so solle sie unverbrüchlich die Seinige sein." (489) Sollte es trotz dieser festen und freien Willensentscheidung erneut misslingen, eine Beziehung einzugehen? Damit wirklich nichts mehr schiefgehen kann, ist eine Wunschpartnerin hilfreich, die keinen Zweifel daran lässt, ebenfalls zu lieben, sodass eine Wunschkonstellation vorliegt:

> *„Agnes aber hatte einen ähnlichen Plan in ihrem Herzchen ausgesponnen, der indessen sehr einfach war. Sie gedachte, in einem geeigneten günstigen Augenblick ohne weiteres mit ihren Armen den Geliebten zu umstricken und zum Geständnis seiner Neigung zu zwingen und, falls dies noch nicht hülfe, die Aufregung der Festfreude benutzend, ihn so mit Liebesschmeicheln zu berauschen und förmlich zu verführen, daß er das Opfer ihrer Unschuld nähme. [...] Sie war in ihrer Unschuld fest überzeugt, daß Ferdinand, wenn ihr Plan gelänge, alsdann für immer der Ihrige würde." (489)*

Unter solch günstigen Voraussetzungen müsste es Ferdinand eigentlich gelingen, seine Bindungsangst zu überwinden und eine Beziehung zu Agnes einzugehen. Doch als das Künstlerfest beginnt und sofort nachdem alle Malerfreunde erschienen sind, lässt Ferdinand von Agnes ab und fängt an, heftig um Rosalie zu werben, ohne sich den Grund dafür erklären zu können:

> *„Ferdinand aber [...] betrachtete sie [Rosalie] wie ein Träumender unverwandt und wich keinen Schritt von ihrem Wagen, ohne sich dessen inne zu werden; denn kaum hatte er Rosalien beim Beginne des Festes gesehen, so ließ er Agnes, die er geschmückt und soeben*

*auf den Wagen gehoben, wie sie war, und folgte jener gleich einem Nachtwandler."* (513)

Der Erzähler weiß genau wie der Leser, dass Ferdinand in der Rivalität mit dem „männlich" werbenden Erikson den Kürzeren ziehen wird, und eigentlich müsste sich auch Ferdinand dessen bewusst sein, der mit „größter Tollheit" (521) versucht, ihr den Hof zu machen. Für das vom Erzähler mit „Tollheit" bezeichnete Verhalten Ferdinands kennt die Psychologie den Terminus „agieren"; darunter versteht man den Versuch des Klienten, seine unbewussten Konflikte aus Angst vor ihnen nicht bewusst werden zu lassen, sondern Scheinlösungen für sie in der Wirklichkeit zu finden.[443] Ferdinand kann folglich seine Beziehungswünsche gegenüber Rosalie angstfrei ausleben, weil er unbewusst weiß, dass sie sich nicht erfüllen.

Weil Ferdinand sich so auffällig benimmt, versuchen die außenstehenden Beobachter vergeblich, Erklärungen für sein Verhalten zu finden. Auch Heinrich wird „aus Ferdinands Betragen nicht klug", und Erikson hofft, dass sein Rivale bald „zur Vernunft kommt" (526), aber in der Liebe existiert sowohl für Ferdinand als auch für Heinrich der „freie Wille", über den der Protagonist bald Vorlesungen hören wird, offenbar nicht. Im Angesicht Ferdinands nimmt Heinrich sich zum wiederholten Mal vor, selbst „nichts Törichtes" (526) mehr anzustellen. Das vernunftwidrige Werben des Malerfreundes wird schließlich, als es in einen Skandal zu münden droht, von Rosalie abrupt beendet (vgl. 537). Im Bewusstsein der Unmöglichkeit der Erfüllung der Liebe zu ihr steigern sich seine Gefühle noch einmal und seine Bindungsangst scheint sich völlig aufgelöst zu haben:

*„[Rosalie erschien] [...] ihm nun, da sie liebte und verlobt war, noch schöner und wünschenswerter [...]. Er glaubte überzeugt zu sein, daß er sie dauernd geliebt hätte, und sah sich die schöne Frau wie ein guter Stern entschwinden, der nie wiederkehrt."* (548)

Der Erzähler durchschaut den Selbstbetrug Ferdinands allerdings. Dass Gottfried Keller Verhaltensweisen von sich kannte, die sich hinter dem Abwehrmechanismus des Agierens verbergen, wird bei der

443 Vgl. Lexikon der Psychologie: Hg. von W. Arnold u. a., Freiburg im Breisgau 1980, S. 36. Hier wird der Begriff an einem anschaulichen Beispiel erläutert. Ein Mädchen, das aufgrund traumatischer Erfahrungen Angst vor Männern hat, will seine Angst nicht erfahren und beginnt, mit Männern zu flirten.

Analyse seiner Liebesbriefe (Kapitel III.2) deutlich. In Ferdinand modelliert der Autor eigenes Erleben, dessen „Narrheit" (533) gestaltete er jedoch lieber in einer anderen Figur als in seinem Alter Ego.

### II.6.2.2 Erikson und Rosalie

Wie man eine Beziehung „männlich" aufbaut, demonstriert der Erzähler an Erikson. Rosalie hatte eines seiner Bilder gekauft, ohne den Maler zu kennen, und er möchte es für wenig Geld zurückkaufen, damit er es, weil das Malen ihn so viel Mühe kostet, noch einmal an andere Personen verkaufen kann. Weniger Mühe kostet es ihn, ein „Liebesverhältnis" einzugehen, obwohl auch er nicht „ohne die nötige Behutsamkeit" vorgeht (vgl. 489 f.). Als die beiden sich beim Versuch des Rückkaufs das erste Mal begegnen, verlieben sie sich ineinander. Die Verhandlungen um den Rückkauf ziehen sich dahin, weil Erikson „wohlweislich" (491) vergisst, das Maß des Bildchens zu nehmen, und so immer wieder einen Vorwand sucht, Rosalie besuchen zu können; aber er geht in seinem Werben nicht „weiblich zu Werke", sondern er

> *„betrug sich ruhig und bescheiden, und wie ein Jäger auf ein edles Wild ging er auf sein schönes Ziel los mit klopfendem Herzen, aber ohne einen Schritt zu viel noch zu wenig zu tun, und zwar nicht aus allzutiefer Berechnung, sondern aus natürlicher Klugheit."(492)*

Erikson kann so vorgehen, weil er nicht wie Heinrich und Ferdinand unter Bindungsängsten leidet. Auf dem Künstlerfest zeigt er sich selbstsicher; er nimmt zwar zur Kenntnis, dass Ferdinand um Rosalie wirbt, „ohne indessen stark aus seiner Gemütsruhe zu geraten." (413) Als Ferdinand im Laufe des Festes immer zudringlicher wird, ergreift Erikson die Initiative. In dieser Szene soll er gerade den Laokoon - die Laokoongruppe symbolisiert ebenfalls Bindungen - darstellen, der durch „mächtige Papierschlangen" gefesselt ist. Erikson scheint gefangen zu sein. Die Zuschauer erkennen jedoch, dass „seine kräftigen Muskeln alle in wunderschönem Spiel seiner Bewegung gehorchten" (520) - er gleicht also dem borghesischen Fechter -, sodass er sich problemlos aus den Bindungen befreien und wie „ein erfahrener Jäger" (521) die Verfolgung aufnehmen kann. Schließlich überwindet er sein „Phlegma" (538) und macht Rosalie einen Heiratsantrag. Offenbar ist aber auch ihm die Angst, eine Beziehung einzugehen, nicht ganz fremd. Deshalb schiebt er orale Verschlingungsphantasien und letzte Bedenken gegen eine Verbindung mit ihr, die die Ungleichheit der sozialen Lage betreffen, beiseite:[444]

> *„Hole der Henker das Geld! Ich glaube, ich wäre nicht halb so blöde, wenn sie nicht so reich wäre! Aber was tut das zur Sache? Sie ist ein Weib, ich ein Mann, Himmel! sie wird mir den Kopf nicht abbeißen!“* (538)

Tatkräftig geht er zu Werke, „ergriff ihren Arm so fest, daß es sie schmerzte, und gab nun seinen Gefühlen und Meinungen Worte“ (539). Eriksons Selbstbewusstsein und seine Entschlossenheit schlagen sich in Körpergefühlen nieder, die so ganz verschieden von denen Heinrichs sind.

### II.6.2.3 Heinrich und Agnes

Bis zum Künstlerfest lebt Heinrich hinsichtlich möglicher Beziehungen zu Frauen in einem Zustand, in dem „von dem Verkehr mit Weibern keine Rede war“ (617). Er und seine Zechgenossen gefallen sich darin, diese Dinge „unberührt“ zu lassen oder „höchstens einer Neigung sich bewußt zu sein, welche heilig gehalten und unbesprochen sein wollte.“ Heinrich „vergaß gänzlich, daß er jemals nach schönen Gesichtern gesehen hatte und daß es solche überhaupt in der Welt gab [...]. Er fühlte diese ganze Seite des Lebens wohltuend in sich ruhen und schlummern“. So poetisch beschreibt der Erzähler den Prozess der Verdrängung, der bestens funktioniert. Wenn von „Mädchen“ die Rede ist, dann zieht man über sie her, wie er es als junger „Zecher und Prahler“ machte, als er den „Mädchenfeind“ (617) spielte.

Gefahren, die seine Verdrängungsmechanismen durchbrechen könnten, drohen auf Festen. Da Heinrich bereits auf dem Tell-Fest in seiner Heimat erfahren hat, dass auf solchen Veranstaltungen „die Mädchen ihre Herrschaft unbefangener“ (372) ausüben, muss er sich besonders schützen: Er verkleidet sich als Narr, der eine Dornenkrone trägt (vgl. 513). Der Narr ist asexuell, distanziert, beziehungslos und nicht ernst zu nehmen; niemand erwartet von ihm, dass er sich ernsthaft verlieben könnte. Heinrichs Freiheitswünsche verkommen zur Narrenfreiheit. Bittere Selbstironie ist der in diesem Bild zum Ausdruck kommende Christusvergleich. Der „wie ein wahrer König“ (23) in die Welt

---

444 Die soziale Lage als Vorwand gegen eine Beziehung vorzubringen, benutzt im Übrigen auch Keller im Brief an Luise Rieter vom 16.10.1847 (siehe Kapitel II.6.3).

hinausgezogene Heinrich trägt nun die Dornenkrone. Unschuldig wie Christus, der für die Sünden der Menschheit geopfert werden musste, leidet der unschuldige Heinrich für die „Sünden" der Mutter.

Anfangs erfüllen sich Heinrichs Überlegungen bezüglich seiner Verkleidung, die ihn vor einer Beziehung schützen soll, und er bleibt während der Zurückweisungen Agnes' durch Ferdinand distanzierter Beobachter. Als sich die in ihrer Seele verletzte Agnes neben Heinrich setzt, muss er an die tote Anna denken, sodass ihn „eine große Verliebtheit erfüllte [...], wie er sie lange nicht empfunden" (519) hatte. In ihrer Verzweiflung fordert Agnes Heinrich zum Tanz auf. In der Rolle des Narren kann er sich ihr angstfrei nähern, ohne in Verdacht zu kommen, an einer Beziehung interessiert zu sein: „[...] jedermann lachte voll Vergnügen, als der grüngekleidete Narr mit der elfengleichen Diana dahinwalzte"; sie werden dabei gegrüßt, „wie man Kinder grüßt, welche sich gut zu unterhalten scheinen" (519). Als sie dann zum zweiten Male miteinander tanzen, geht wieder „ein heftiges Begehren [...] durch seinen ganzen Körper, daß der äußerste Zipfel an seiner grünen Kappe erzitterte und die Schelle daran leise erklang." (521) Zum Glück nimmt niemand seine körperliche Reaktion wahr, denn sein Werben darf nicht öffentlich werden. Die Narrenverkleidung scheint ihren Zweck zu erfüllen.

Heinrichs bekannte Ambivalenz setzt sich in dieser Situation fort. Als er von Agnes aufgefordert wird, Ferdinand zu bitten, mit ihr zu tanzen, läuft er „gehorsam, ja eifrig hin" und ist „halb erzürnt und halb erfreut" (522), dass Ferdinand sich verweigert, weil der Freund aus Angst vor Agnes um Rosalie wirbt. Heinrich kann seine Hemmung gegenüber Agnes hinter der Erzürnung über Ferdinands Verhalten verstecken. Andererseits zeigt er die gleichen Abwehrmechanismen, die der Erzähler vorher bei Ferdinand offengelegt hatte: Eigentlich spürt er „die dämonische Lust, eine schlimme Sachlage zu benutzen" (522), und sich der enttäuschten und traurigen Agnes zu nähern und sie zu erobern; „doch bis er zu dem harrenden Mädchen gelangte, siegte das Mitleid und die natürliche Artigkeit, und er hinterbrachte ihr nicht Ferdinands harte Worte, sondern suchte sie zu vertrösten." (522) In Wirklichkeit siegt die Angst, eine Bindung einzugehen. Diese Art und Weise, sich ehrenhaft zu verhalten, hatte der Erzähler noch kurz zuvor bei Ferdinand durchschaut: „So glaubte er als ein Mann zu handeln und seiner Pflicht und Ehre zu genügen und ahnte nicht, daß er echt weiblich zu Werke ging." (587 f.)

Schließlich wird Heinrich von Ferdinand aufgefordert, Agnes nach Hause zu begleiten. In „freundlich väterlichem Wohlwollen" (522) verabschiedet sich der Malerfreund von ihr. Heinrich erfüllt seine Pflicht und begleitet die tieftraurige Agnes nach Hause, wo sie ihren ursprünglichen Plan, durch Küssen eine Beziehung zu erzwingen, doch noch durchführt:

> *„ [...] als er den Schlüssel in ihrer Hand entdeckte [...], legte sie ihm langsam die Arme um den Hals und küßte ihn, aber wie im Traume und ohne ihn anzusehen. Sie zog hierauf die Arme enger zusammen und küßte ihn heißer und heißer, bis Heinrich unwillkürlich sich regte und sie auch in die Arme schließen wollte." (523)*

Das oben dargestellte Liebeskonzept funktioniert selbstverständlich nur, wenn beide aus freiem Willen handeln. Agnes ist in dieser Szene in einer psychischen Ausnahmesituation, aus der sie im selben Moment erwacht: „Da erkannte sie ihn, eilte wie wahnsinnig ins Haus und schlug die Tür zu"; Heinrich bleibt „von seltsamen Empfindungen und Gedanken erfüllt" (523) zurück.

Welcher Art Heinrichs inneres Erleben ist, wird am Morgen nach dem Fest deutlich. Gemeinsam mit anderen fährt er in ein nahe gelegenes Wirtshaus außerhalb der Stadt, wo er sich abseits hält. Als er auf den Einfall eines Einzelnen gemeinsam mit Hunderten auf Bäume klettert – das Motiv aus der Beziehung zu Judith wiederholt sich – und später allein dort sitzen bleibt, fühlt er zum ersten Mal „die Flucht des Lebens" (525). Heinrich wird sich der Einsamkeit des frei fliegenden Vogels bewusst, sodass er in einen aggressiven Wutanfall gerät. Seine Fehlentwicklung erkennend, glaubt er, in sein Zimmer zurücklaufen und alle „unschuldigen Sachen vernichten zu müssen. Denn sie kamen ihm nun ganz unerträglich vor. Er sah auch seine Jugendgeschichte vor Augen, ihren Einband, den er selbst verfertigt, das Geschreibsel, alles würde er sogleich zerrissen und vernichtet haben, wenn er es in Händen gehabt hätte." (526) Auf die „unschuldigen Sachen" richtet er seine Aggressionen, die eigentlich der Mutter gelten. Die Psychologie kennt diesen Abwehrmechanismus und bezeichnet ihn als Verschiebung.[445] Hätte der Erzähler den Terminus der Verdrängung schon gekannt, hät-

445 „Der Begriff Verschiebung bezieht sich auf die systematische Verlagerung einer Quelle der Befriedigung von ihrem ursprünglichen Objekt auf ein ungefährlicheres, weniger angstauslösendes Objekt. Aggression wird häufig nicht gegen die Person [...] gerichtet, die einen frustriert, sondern statt dessen auf ein schwächeres Ersatzobjekt." D. Krech/R. S. Crutchfield: Grund-

te er ihn benutzt, um zu beschreiben, was mit Heinrichs Wut passiert; sie muss schnell wieder verdrängt werden: „Aber alles dies geschah mit reißender Schnelligkeit in wenig Augenblicken, und er ließ sich, schon von anderen Gedanken ergriffen, von der Birke herunter" (526). Am liebsten würde er seine Kindheitsentwicklung ausmerzen und einen Neuanfang ohne Sozialisationsschäden beginnen: „Auch nahm er sich vor, von diesem Augenblicke an ganz klug zu sein und durchaus nichts Törichtes mehr anzustellen." (526)

Selbmann sieht den grünen Heinrich hier in einer Situation von erhöhter Selbstreflexion, wirft ihm aber vor, daraus keine Konsequenzen zu ziehen.[446] Dass sich Heinrichs Vorsatz nicht erfüllt und er sich nicht verändert, liegt wohl daran, dass das Handeln des Menschen nicht nur vom „freien Willen" - hier kündigt sich schon das übernächste Kapitel „Vom freien Willen" an - gesteuert wird.

Im Gespräch mit Erikson, der eigentlich Grund hätte, über Ferdinands Verhalten empört zu sein, zeigt sich, dass Heinrich in Lys zunächst ein Objekt sucht, auf das er seine aggressiven bzw. autoaggressiven Wünsche richten und in dem er sich gleichsam selbst bekämpfen kann. Der grüne Heinrich schimpfte „mit großer Beredsamkeit [...], wie jener [Ferdinand] ein solches Wesen, wie Agnes sei, also behandeln könne. Er ergoß sich in den bittersten Tadel, und um so lauter, als er selbst in das schöne Kind verliebt war und sein Gewissen ihm sagte, daß das nichts weniger als in der Ordnung sei." (526)

Als Erikson Heinrich auffordert, die von Ferdinand verlassene Agnes am nächsten Tag zu einem Fest bei Rosalie abzuholen, sieht Heinrich die Chance - „ [...] ließ sich nicht zweimal auffordern" (527) -, wieder in Beziehung zu ihr zu treten, ohne in Verdacht zu geraten, in sie verliebt zu sein. Folglich wird er von Agnes und der Mutter als „allerliebster Narr" (527) empfangen. Trotzt dieser Sicherheit, nicht als ernsthafter Bewerber um Agnes angesehen zu werden, hebt Heinrich, nachdem er mitgeteilt hat, in Ferdinands und Rosaliens Namen zu kommen, noch „einige Gründe hervor, warum *er* und nicht jener selbst komme" (527 f., Hervorhebung im Original). Auf der gemeinsamen Kutschfahrt zu Rosalie kann Heinrich eine selten erlebte Nähe herstellen. Als er ihr erzählt, wie es zu der Einladung gekommen ist, wird Agnes „immer ver-

lagen der Psychologie in 8 Bänden, Bd. 6, Persönlichkeitspsychologie und Psychotherapie, Weinheim und Basel 1985, S. 39.

446 Vgl. R. Selbmann: Gottfried Keller, S. 25 f.

traulicher, sah ihm freundlich lächelnd in die Augen und ergriff seine Hand; denn er war ihr wie ein guter Engel erschienen, der sie zum Glücke führen sollte." (528 f.) Ähnlich wie Ferdinand sich gleichsam als Vater oder Bruder Agnes genähert hat, schlüpft Heinrich nun in die Rolle eines Helferhelden, eines Retters, sodass er sich ihr unbefangen nähern und die gemeinsame Fahrt genießen kann:

> *„Weil Heinrich nun wieder mit einem reizenden und ungewöhnlichen Mädchen, in schöner Tracht in vertrautem Zusammensein unter dem blauen Himmel dahin fuhr wie vor Jahren, als er mit einem wirklichen Liebchen über den Berg geritten, erklärte sich sein Herz zufrieden und verlangte nichts Besseres." (529)*

Dieses Gefühl hatte er bereits kurz vorher empfunden, während die Mutter Agnes frisiert hatte: „Er hätte gewünscht, ein Jahr in dieser Ruhe zu verharren und keinen anderen Anblick zu haben als diesen." (528) Dass es bei der Interpretation sinnvoll ist, zwischen narzisstischer und libidinöser Besetzung von Objekten zu unterschieden, zeigt sich erneut. Das in der Beziehung zur Mutter angestrebte Ziel der „Ruhe" taucht auch im Verhältnis zu Agnes wieder auf, die Heinrich nur soweit interessant erscheint, als sie zur Befriedigung seiner narzisstischen Bedürfnisse dient. Erst während seines Werbens um Dorothea wird ihm bewusst werden, dass damit nur ihm und nicht der Liebespartnerin gedient ist.

Nach der Erfahrung dieses Glückszustandes muss Heinrich seine Bindungsangst erneut rationalisieren, denn die jetzige Position bietet Nähe und die Sicherheit, nicht in den Verdacht zu geraten, Agnes zu lieben:

> *„Er faßte sich also zusammen und nahm sich vor, ordentlich zu sein. Zwar fühlte er sich noch mehr als gestern in Agnes verliebt, aber er fühlte nun auch, daß er ihr herzlich gut war und nur Gutes wünschte. Daher entschloß er sich, ihr als treuer Freund zu dienen und alles daran zu setzen, daß ihr kein Unrecht geschähe." (529)*

Der Humor des Erzählers zeigt sich, als die beiden an einer am Wegrand stehenden Kapelle vorbeikommen und Agnes beten möchte. Nachdem sie ihr Gebet inbrünstig gesprochen hat, betrachtet sie ihn und erkennt „an seiner Haltung, daß er ein Ketzer sei." Ängstlich taucht sie den Weihwasserwedel in den Kessel und „wusch ihm förmlich das Gesicht und besprengte ihn über und über mit Wasser, indem sie mit dem Wedel unaufhörliche Kreuze schlug." (530) Es muss doch möglich sein, den Teufel namens Bindungsangst auszutreiben! Als der Held sich abtrocknen will, geraten sie sogar in Neckereien. „Agnes [...] zog ihm das Tuch weg, und indem sie so in einen Streit gerieten, der zuletzt zum mutwilligen Scherz wurde, vergaßen sie ganz, daß sie bereits [...] angekommen waren." (530) So viel angstfreie Nähe herzustellen, gelingt dem grünen Heinrich nur in der Helferrolle.

Bei Rosalie ankommen, muss Agnes aber bald enttäuscht feststellen, dass sich Ferdinands Verhalten nicht geändert hat. Im Laufe des Abends gerät sie immer tiefer in eine psychische Krise, die in ihrer Ausformung an Heinrichs Erleben erinnert. Sie versinkt „in eine tiefe Erstarrung, alles vergessend, was um sie war" (541), beginnt Wein zu trinken und endet in einem regredierten Zustand: „Mit durchdringender, klagender Stimme rief sie, vom Schluchzen unterbrochen, nach Ferdinand, nach ihrer Mutter." (542) Agnes empfindet, um es in der Terminologie des Romans auszudrücken, eine Art „reuiger Sehnsucht" (21) nach ihr. Ebenso wenig wie beim Protagonisten lassen sich diese Regressionen triebtheoretisch erklären; auch Agnes sucht mit ihrem „verlassenen Selbst" (556), der einem Ich-Verlust gleichkommt, den Schutz und die Geborgenheit der Mutter.

Nach Agnes' Zusammenbruch und der Erkenntnis, dass Ferdinand nicht mehr an ihr interessiert ist, stehen Heinrich alle Türen offen, aus seiner Helferheldenrolle herauszutreten und partnerschaftlich um sie zu werben. Doch er wagt es nach dem Fest nicht mehr, Agnes zu Hause zu besuchen. Dass man auch als Helfer die Gunst der Frauen, die in eine Ehe mündet, gewinnen kann, zeigt der „Gottesmacher", ein weiterer Künstler aus der städtischen Kunstszene. Dieser hatte sich zusammen mit Heinrich auf dem Fest um Agnes gekümmert. Der „Gottesmacher", der „treulich besorgt" um die „kranke Schöne" (551) gewesen ist, hat sie mit der Kutsche nach Hause gefahren, und auch an den folgenden Tagen sorgt er sich um sie, indem er um sie wirbt. Agnes droht nämlich, ausgelöst durch „Gerüchte", die sich durch ihr Verhalten während des Festes gebildet haben, ins gesellschaftliche Abseits zu geraten. Der Ersatzliebhaber erlöst Agnes aus ihrer unangenehmen Lage, sodass sich ihr psychischer Zustand schnell bessert. Zu ihrem „Leid um Ferdinand mischt sich Dankbarkeit gegen den wohlgesinnten Gottesmacher" (553), aus der in naher Zukunft Liebe werden soll:

> *„Ja, ich will dein sein, mein lieber Freund! Du hast mir Ehre erwiesen und Trost gebracht [...]. Und indem ich überlege, wie ich es dir am besten und wahrsten danken kann, fühle ich wohl und fühle es gern, daß es am besten mit meinem verlassenen Selbst geschieht, das nun nicht mehr verlassen ist! Ohne zu forschen, [...] will ich mich mit all der Sehnsucht meiner verschmähten Liebe unter den Schutz deines fröhlichen Herzens flüchten [...]. Sollte es mir geschehen, daß ich einmal den Namen des Verschwundenen statt des deinigen ausspreche, so sei mir nicht böse, ich will dich dafür zweimal ans Herz drücken!" (556)*

Bevor es zur endgültigen Besiegelung kommt, muss Agnes dem Gottesmacher allerdings gestehen, dass sie Atheistin ist, weil Beten ihr in der Not nicht geholfen hat:

> *„Aber noch eines muß ich sagen. In die vielen Kirchen und Kapellen am Rheine werde ich nicht eintreten! Ich habe in meiner Not um den Ungetreuen zu der fabelhaften Frau im Himmel gefleht, und sie hat mir nicht geholfen!" (556)* [447]

Liebe aus Dankbarkeit - ein Liebeskonzept, das offenbar weder dem auktorialen Erzähler noch Heinrich gefällt.[448] Die Kritik daran ist aber vermutlich gleichzeitig ein Vorwand, sich seine Angst vor einer Bindung nicht eingestehen zu müssen. In Bezug auf Agnes dürfte deutlich geworden sein, dass Selbmanns Urteil, sie werfe sich zuerst Ferdinand, dann Heinrich und schließlich dem Gottesmacher „an den Hals", nicht sehr tiefgründig ist.[449] Auch Kaisers Deutung - als das Geschlechtswesen in Heinrich erwacht, ordnet es sich alsbald wieder der Mutter zu[450] - bleibt wenig überzeugend.

Interpretationsbedürftig ist das Duell zwischen dem grünen Heinrich und dem Malerfreund Lys. Auf dem Weg zu Agnes Mutter trifft der

447 So profan können Ursachen dafür sein, zur Atheistin zu werden. Der Autor muss Feuerbach heranziehen, um seine Skepsis in religiösen Dingen zu begründen.

448 Die Phantasie, aus einer Position der Stärke heraus um die Liebe der Frauen zu werben, gestaltet Keller in verschiedenen Novellen. Brandolf ist ein Helfer, der *Die arme Baronin* vor dem Hungertod rettet und heiratet. In *Regine* und *Don Correa* sind es gestandene Männer, die jeweils eine arme Frau erretten.

449 Vgl. R. Selbmann: Gottfried Keller, S. 43.

450 Vgl. G. Kaiser: Gottfried Keller, S. 87.

Protagonist auf Ferdinand, „dessen weiter seidener Mantel sowie der Saum des batistenen langen Rockes sich unablässig in den Sträuchern und Dornen verwickelten und zerrissen und so sein Fortkommen erschwerten. Fluchend schlug er sich mit dem Gestrüpp herum, als Heinrich zu ihm stieß." (543) In diesem Bild wird dessen Gefangenschaft in Bindungsängsten ausgedrückt, als der Malerfreund sich im Kulminationspunkt hinsichtlich seines Werbens um Agnes befindet. Nachdem Ferdinand sich endlich „aus den Dornen losgewickelt" (544) hat, versucht Heinrich in der Projektion auf den Malerfreund eigenes Versagen zu verarbeiten. Zunächst klagt er Ferdinand vehement an, dem es nicht gelingt, den freien Willen walten zu lassen und eine Bindung einzugehen:

> *„Ist es denn so schwer [...], seinen Neigungen einen festen Halt zu geben und gerade dadurch die Gesamtheit der Weiber recht zu lieben und zu ehren, daß man einer treu ist?" (544)*

Lys, der seine Probleme lieber verdrängen möchte, versucht einer Auseinandersetzung mit Heinrich auszuweichen. In seiner Wut steigert sich der grüne Heinrich jedoch in immer stärkere Anklagen und deutet Ferdinands „Sinnes- und Handlungsweise" als „die trivialste und nüchternste Selbstsucht und Rücksichtslosigkeit", die „leicht erkennbar und verabscheuenswert" sei. Wenn er wüsste, „wie tief" ihn diese Art „entstellt und befleckt", würde er sich „ändern und diesen häßlichen Makel" (544) von sich tun. Von außen betrachtet, scheint Ferdinands Handlungsweise so einfach erklärbar zu sein, wie Heinrich das versucht. In seinen Projektionen fordert er die Steuerung des Verhaltens durch die Vernunft. Da Ferdinand die Jugendgeschichte des Helden gelesen hat, weiß er, dass dessen Verhalten ebenso wenig dem freien Willen gehorcht und gleichfalls von dunklen Mächten beherrscht wird, und so geht er schließlich seinerseits zum Angriff über: „Denn du hast getan, was du nicht lassen konntest, du tust es jetzt und du wirst es tun, solange du lebst –" (544).

Hellsichtig erkennt Ferdinand schon zu diesem Zeitpunkt, dass der grüne Heinrich sich nie ändern wird, dass er keine Entwicklung durchläuft. Was für Heinrich bzw. den außenstehenden Betrachter wie „Selbstsucht" bzw. „Rücksichtslosigkeit" aussieht, ist aber die Angst, eine Bindung eingehen zu können, die beider Handeln bestimmt. Noch aber ist der Protagonist des Romans in Bezug auf eine Änderung seines Verhaltens hoffnungsvoll, und er weist Ferdinands Anklage zurück:

> *„[Ich] hoffe wenigstens, daß ich immer weniger das tue, was ich lassen kann, und daß ich zu jeder Zeit etwas lassen kann, das schlecht und verwerflich ist, sobald ich es nur erkenne!" (544)*

Aber unerbittlich wiederholt Ferdinand sein „Todesurteil", d. h. Heinrichs Unfähigkeit, sich zu ändern und eine Beziehung eingehen zu können: „‚Du wirst zu jeder Zeit', erwiderte Ferdinand kaltblütig, ‚das lassen, was dir nicht angenehm ist!'" (544) Ferdinand lässt sich nun nicht mehr von Heinrich unterbrechen und analysiert seinerseits das Verhalten des Protagonisten, ohne auf den Punkt bringen zu können, dass die Angst vor Bindungen dessen Handeln bestimmt. Lys beschreibt, welche Befriedigung Heinrich in der Beziehung zu Agnes erzielt, und wirft ihm vor, einerseits „sinnlich verliebt in das eigentümliche Mädchen" zu sein, aber weil er „kein rechtes Herz" habe, nicht in seinem „eigentlichen Sinne" zu lieben, so verbinde er mit der angenehmen sinnlichen Erregung andererseits, sich moralisch überlegen fühlen zu können, indem er sich zum „uneigennützigen Beschützer" (545) mache. Eigentlich dürfte es für Heinrich auch keinen Grund geben, nicht um Agnes zu werben:

> *„Wisse aber, wenn du einen Funken eigentlicher Leidenschaft verspürtest, so würdest und müßtest du allein darnach trachten, deinen Schützling meinem Bereiche ganz zu entziehen und dir anzueignen." (545)*

Am Ende seiner Ausführungen idealisiert Ferdinand Rosalie, die er endgültig nicht mehr erreichen kann. Er überhöht sie und weiß gleichzeitig, dass er seinen Bindungswunsch – durch Rosalie „kann ein kluger Mann für immer gefesselt werden." (545) – nicht umzusetzen braucht:

> *„Dann richtete er seine Gedanken auf Rosalien, die ihm nun, da sie liebte und verlobt war noch schöner und wünschenswerter erschien. Er* glaubte überzeugt zu sein*, daß er sie dauernd geliebt hätte". (548, Hervorhebung CT)*

Der Erzähler zweifelt wohl an dieser Überzeugung. Offenbar hat Ferdinand aber auch den jungen Helden durchschaut. „Vielfach beleidigt schwieg Heinrich eine Weile; er war tief gereizt und es kochte und gärte gewaltig in ihm; denn er war in seinem besten Bewußtsein angegriffen und fühlt sich umso verletzter und verwirrter, als in Ferdinands Worten etwas lag, das er im Augenblick nicht zu erwidern wußte." (546) Der Malerfreund weist noch einmal zurück, Agnes' Hoffnung je erweckt zu haben und stellt sich als „frei und [s]eines Willens Herr, gegen ein Weib sowohl wie gegen alle Welt" (546) dar. Als der grüne Heinrich einen weiteren aussichtslosen Angriff startet und Ferdinands Verhalten aus dem „trivialen trostlosen Atheismus" (546) herleitet, muss der grüne Heinrich sich ein letztes Mal belehren lassen. Sein Handeln sei nicht davon bestimmt, ob er an Gott glaube oder nicht. Er „würde mit oder ohne Gott ganz der gleiche sein!" Sein Verhalten sei nicht vom „Glauben, sondern von [s]einen Augen, von [s]einem Hirn, von [s]einem ganzen körperlichen Wesen" abhängig. Wiederholt dreht sich das Gespräch um den „freien Willen". Für beide scheint es keine Lösung zu geben, sodass Ferdinand schließlich „wünschte, daß Heinrich ihn träfe und sein Blut vergösse" (548). Beim finalen Duell beider zeigt sich, dass das Innere des grünen Heinrich sowohl voller aggressiver als auch autoaggressiver Phantasien ist. Ein Suizid wird ebenfalls ins Kalkül gezogen:

> *„Er sah jetzt nur das Kreuzen der glänzenden Klingen, mit welchem er das Dasein Gottes entweder in die Brust des liebsten Freundes schreiben oder es mit seinem eigenen Blute besiegeln wollte. Beides reizte ihn gleich angenehm [...]" (548).*

Nachdem Ferdinand niedergestochen am Boden liegt, erkennt er den projizierten Suizid: „[...] der grüne Heinrich hat nur die Feder, mit welcher er seine Jugendgeschichte geschrieben hat, an meiner Lunge ausgewischt - ein komischer Kauz -" (550).

Nach dem Scheitern der Liebe zu Agnes versucht der grüne Heinrich, Erklärungen für sein Verhalten zu finden und die Beziehung zur Mutter aufzuarbeiten. Melancholisch zeichnet er die Verstrickungen mit seiner Mutter nach, sodass ein „ungeheures graues Spinnennetz" (560) entsteht. Dieses „unendliche Gewebe von Federstrichen" (560) ist in der Forschung nicht unumstritten. Selbmann fasst zusammen, dass für die einen dieses „Labyrinth" nichts anderes als Ausdruck von Heinrichs „Irrgängen einer zerstreuten, gramseligen Seele" (561)[451] oder die

451 In diesem Sinn deuten das Spinnennetz H. Laufhütte: Wirklichkeit und Kunst, S. 277 oder B. Neumann: Gottfried Keller, S. 81.

„Karikatur seiner selbst“[452] sei. Andere deuten das Spinnennetz kunsttheoretisch; Keller versuche hier den utopischen Sprung in die Abstraktion.[453] Kaiser erkennt in dieser Zeichnung ebenfalls Heinrichs Mutterbindung[454], allerdings unter triebtheoretischen Prämissen. Meines Erachtens drückt der grüne Heinrich ebenso wie bei seinen ersten Malversuchen, die in dem „formlosen, wolligen Geflecksel“ (157) endeten, „halb unbewusst“ sein „eigenes Wesen“ (180) aus und projiziert seine unauflösliche Bindung an die Mutter auf die Leinwand.

Das wird auch deutlich, als kurze Zeit später Rosalie und Erikson sowie Agnes und der „Gottesmacher“ Heinrich einen letzten Besuch abstatten, um sich von ihm zu verabschieden. Eriksons Wünsche und Ratschläge verdeutlichen, was dem Protagonisten fehlt. Einerseits will der ältere Malerfreund den grünen Heinrich „zurechtstutzen“ (561), wenn er ihn einst besuchen sollte, d. h. ihm Grenzen setzen, andererseits hofft er, dass es ihm bald gelingen werde, sich „aus der verfluchten Spinnwebe“ (564) zu befreien. In der zweiten Fassung demonstriert Erikson, der Laokoon, wie man sich befreit, indem er mit der Faust kraftvoll das Papier durchstößt. Mit einem optimistischen Ratschlag nimmt Erikson auch das Bild vom Seemann auf; Heinrich solle „die Segel“ anders stellen, sodass sich aus ihm, der „so viel jünger ist“, sicher noch etwas „hervorspinnen“ (565) werde. Dann verabschieden sich beide Paare; Rosalie „ahnte, daß Heinrich etwas fehlte“, und kurze Zeit später steht der Held einsam und allein in seinem Zimmer. Es beginnt die Phase der Beschäftigung mit der Figur des borghesischen Fechters, während der Heinrich den Gegensatz zu sich erkennt:

> *„Alles war Leben in dem von Sonne, Wind und Wetter gereiften Körper dieses abgehärteten Kriegers, der mit ehrlichem Fleiße sich seiner Haut wehrte. Den feindlichen Angriff abwehrend und zugleich selbst kraftvoll angreifend, war der ganze Mann mit allen Gliedern in der Anregung dieses Doppelzweckes gespannt; Verteidigung und Ausfall, Selbsterhaltung und Wirkung nach außen, Zusammenziehen und Ausdehnung vereinigten sich in einem Moment, in welchem das schönste Spiel der Muskeln darstellte […]“ (566).*

452 D. Schilling: Kellers Prosa, Frankfurt a. M., S. 9.
453 Vgl. R. Selbmann: Gottfried Keller, S. 44.
454 Vgl. G. Kaiser: Gottfried Keller, S. 186.

Der grüne Heinrich möchte wissen, „was unter der Haut wirkte und sich darstellte" (567). In der Auseinandersetzung mit dem borghesischen Fechter beginnt sicher auch ein „neue Epoche seiner Malerausbildung"[455], weil er Defizite beim Figurenzeichnen erkenne; vor allem aber möchte sich der Protagonist durch das Zeichnen selbst auf die Spur kommen, denn währenddessen reflektiert er unablässig sein bisheriges Leben: Bei dieser Tätigkeit „flog die Phantasie in die Vergangenheit zurück" (567), und er erkennt, „daß ihn der Zufall auf hundert andere vermeintliche Bestimmungen hätte führen können." (568) Mehrere Tage zeichnet er nun den Fechter von allen Seiten; es „drängte" ihn, „die Erscheinungen, welche sich auf dieser bewegten Oberfläche zeigten, in ihrem Grund und Wesen näher zu kennen." (568) Weil er in seiner Erkenntnis dessen, was das menschliche Handeln bestimmt, nicht weiterkommt, aber „veranlaßt" durch die „kleine Figur des borghesischen Fechters" (596), treibt es ihn an die Universität, wo er „Kenntnis vom Charakteristischen und Wesentlichen der Dinge" (574) erlangen möchte. Besonders interessiert zeigt sich der grüne Heinrich, als ein Professor seine Vorlesung über „die Nervenlehre mit einigen Bemerkungen über den sogenannten freien Willen abschloß." (581) Mit „auffallender Energie", die dem Helden offenbar besonders auffällt, beginnt der Professor, „die Lehre vom freien Willen des Menschen überall anzugreifen und abzutun, wo und wie er ihr nur beikommen konnte" (581). Angeregt von dieser Fragestellung reflektiert Heinrich seine Situation im Bild des Steuermanns. Er sinnt darüber, ob es eine Steuermannskunst gebe oder ob wir abhängig von zufälligen Stürmen, schlechten Fahrzeugen oder verhüllten Leitsternen seien. Nur zwei würden nicht über den Strom gelangen, nämlich der Schwache, der keine Kraft habe und sich von den Wellen fortreißen lasse, und der Träumer, der glaubt, er wolle hinüberfliegen und deshalb wartet, bis es ihm angenehm sei. Am Ende seiner Überlegungen glaubt Heinrich an die Existenz des freien Willens. Jeder müsse „seines Glückes [...] Schmied sein", und er ist überzeugt, sein Schifflein tapfer lenken" (586) zu können. Der Erzähler weiß allerdings um den Irrtum des im Windschatten der Mutter aufgewachsenen Protagonisten; diesmal erklärt er dessen Schicksal am Beispiel eines Samenkorns:

> *„Aber der freie Wille des Menschen gleicht dem Keime, der im Samenkorne liegt und des feuchten und warmen Erdreiches bedarf; um sich entwickeln und wachsen zu können. Heinrich mußte sogleich erfahren, daß dieser Keim, dieser löbliche Vorsatz des freien*

455 R. Selbmann: Gottfried Keller, S. 45.

> *Willens, auch beim besten Willen, noch über seine Meinung hinaus das bedingteste Wesen von der Welt ist und ohne die notwendige Nahrung, ohne einen gesättigten Grund von Erfahrung [...] so ruhig schläft wie das Weizenkorn auf dem Speicher." (586 f.)*

So kommt es im *Grünen Heinrich* zur Vorwegnahme der Erkenntnis Sigmund Freuds, dass des Menschen (Willens-)Freiheit nur begrenzt und er nicht Herr im eigenen Hause ist.

### II.6.3 Apollönchen und Dorothea

1855, während Gottfried Keller am vierten Band des Romans arbeitete, in der es unter anderem um die Dortchen-Episode geht, entstand seine Schreibunterlage, die für Adolf Muschg „eines der erschütterndsten Dokumente erotischer Leidenschaft [ist], auf dem die unerreichbare [...] Betty Tendering dutzende Male hintereinander beim Namen genannt wird."[456] Er erkennt darin das verbotene Liebesbegehren des Ödipus, „weil der geliebte Name Elisabeth ja auch derjenige der Mutter ist."[457] Wird diese Koinzidenz nicht überinterpretiert? Wahrscheinlicher ist, dass sich in den unzähligen Windungen, Wendungen und Girlanden die Angst des Autors spiegelt, sich zu einem Liebesgeständnis durchzuringen. Die Skelette und Kreuze könnten Kellers Gefühl wiedergeben, nicht zu leben. Seine Schwierigkeiten, sich zu einem Liebesgeständnis durchzuringen, zeigt der bereits erwähnte Brief vom 16. Oktober 1847 an Luise Rieter. Eine Überwindung gelang ihm dort nur, weil er der Zurückweisung sicher war.[458] Im unmittelbaren Kontakt zu ihr schien er spröde zu werden und sich in einen „gefrornen Christ[en]" zu verwandeln, der – wie der Autor erkennt – keine Entwicklung durchläuft:

> *„Ich möchte Ihnen so viel Gutes u Schönes sagen, daß ich jetzt gleich ein ganzes Buch schreiben könnte; aber freilich, wenn ich vor Ihren Augen stehe, so werde ich wieder* der alte unbeholfene Narr *sein und ich werde Ihnen Nichts zu sagen wissen."* (Hervorhebung CT)

Weil Keller offenbar seine Gefühle so gut vor ihr verbarg und keine zunehmende Nähe erzeugen konnte, empfand er das Gefühl, gleichsam „über Nacht zu einer so holdseligen Geliebten" zu gelangen. Au-

456 A. Muschg: Gottfried Keller, S. 50.
457 Ebd.
458 Vgl. B. Neumann: Gottfried Keller, S. 23.

ßerdem begann er den Brief mit einer Vorwarnung, aus der man nur schließen kann, dass die Empfängerin nichts von seiner Liebe ahnte und sich folglich überrumpelt fühlen musste: „Erschrecken Sie nicht, daß ich Ihnen einen Brief schreibe und sogar einen Liebesbrief [...]". Im Folgenden werden ausführlich die unzähligen Windungen des grünen Heinrich dargestellt, sich zu einem Liebesgeständnis gegenüber Dorothea durchzuringen. Sie decken sich mit denen der Schreibunterlage Kellers.

Auf dem Heimweg zur Mutter kommt es in der Begegnung mit der Grafentochter zu Heinrichs größter Enttäuschung. In der Gärtnerstochter Apollönchen und in Dorothea setzt sich der Gegensatz Anna - Judith, Agnes - Rosalie fort. Apollönchen, die das Diminutiv bereits im Namen trägt und deren Äußeres ebenfalls mit Verkleinerungsformen beschrieben wird (vgl. 690 ff.), lässt in ihrem Anlaut die Nähe zu den zierlichen Frauen erkennen, während Dorothea „in reifer Vollendung" (687) für den entwickelteren Frauentypus steht. In der zweiten Fassung des Romans wird diese Konstellation durch die Einführung Huldas und die Wiederaufnahme Judiths aufgehoben, und aus Apollönchen wird Röschen.[459] Mittlerweile ist Heinrich ein erwachsener Mann, dem es eigentlich gelingen sollte, eine Beziehung einzugehen; folglich wird ihm die reife Dorothea zugeordnet.

Der grüne Heinrich ist aber nicht gereift; er ist auf dem Entwicklungsstand des 18-jährigen nach Deutschland ziehenden Jünglings stehen geblieben. Als Dorothea den völlig ermattet „Gestrandeten" auf dem Friedhof entdeckt, kommt er ihr zunächst zwar ganz fremd vor, dann erinnert sie sich jedoch an die Szene ihrer ersten Begegnung vor sechs Jahren in dem Gasthof, als sich der im Aufbruch in die Kunststadt befindende Held dem kleinen Hündchen Kuchen über den Tisch schob. In dieser Szene verdichtet sich Heinrichs Nähe-Distanz-Problem. Ebenso wenig wie damals wird er in der kommenden Begegnung über eine „neutrale Mitte" (36) bei der Annäherung an die Grafentochter nicht hinauskommen. Bei jener ersten Episode hatte sich während des Gesprächs mit dem Grafen „zwischen Heinrich und dem jungen Dämchen ein artiger stummer Verkehr entsponnen", der sich über dem Spiel mit dem Hündchen fortsetzte, das Dorothea „mit ihren feinen Händchen *in festen Banden* hielt" (Hervorhebung CT). Erneut ist die Fadenmeta-

459 Kaiser erwähnt Apollönchen nicht, weil er der Ansicht ist, dass Heinrich aufgehört hat, die familiäre Situation in Liebesbeziehungen fortzusetzen und auszuspinnen. Vgl. G. Kaiser: Gottfried Keller, S. 108.

phorik einer Frauenfigur zugeordnet. In dieser Situation blickte das Hündchen beständig auf ein Stück Kuchen, das „unerreichbar" (36) - ebenso wie Dorothea für Heinrich - auf dem Tisch lag, sodass er ein Stück davon in ihre Richtung schob. Weil sie das Stück aber nicht zu fassen bekam, schob er es noch ein bisschen dichter zu ihr. Näher traute sich der Held offenbar nicht heran, sodass er, ohne Blickkontakt aufzunehmen, ein Stück nach dem anderen „auf die neutrale Mitte des Tisches" legte. Heinrich fühlte sich in diesem Moment narzisstisch befriedigt, denn Dorothea verhielt sich während der ganzen Zeit so, „daß er sich wohl als zur Gesellschaft gehörig betrachten durfte" (37). Der Held erlebte sich eingebunden, er blieb jedoch ungebunden.

Obwohl es sechs Jahre später auf dem Heimweg zur Mutter Zeichen der Hoffnung gibt, dass Heinrich sein Glück findet - es hat etwas zu regnen nachgelassen und ein schmaler feuriger Streifen Abendrot ist am Himmel sichtbar (Vgl. 684 f) –, deutet sich sein erneutes Scheitern schon frühzeitig an. Dorotheas „auffällige Nähe zu Gräbern"[460], bezieht sich nicht auf die Grafentochter, sondern auf Heinrich, der das Gefühl hat, ein Toter zu sein. Mit bitterer Selbstironie erkennt er in der schönen Dorothea „eine liebevolle Freundin und Pflegerin der Toten" (691). Auf dem Friedhof findet sie den heruntergekommenen Helden, den sie mit ins Schloss nimmt, wo er von einer Gabel essen muss, „welche fast noch eine Kindergabel war" (690). Damit wird zum Ausdruck gebracht, dass der grüne Heinrich in seiner Entwicklung stehen geblieben ist und das „ewige Kind"[461] bleibt. Bereits in dieser Situation, als er gemeinsam mit Dorothea das Essen einnimmt, wird seine Bindungsangst aktiviert: Es „schnürte ihm irgendeine Befangenheit das Herz zu"; er überlegt deshalb, ob er nicht lieber „frei und frank seinem Lande" zuschreiten sollte (690), d. h. zu flüchten. Heinrich, „der eben noch kaum seine Glieder zusammenhalten konnte", muss schon wieder mit Abwehrarbeiten beginnen. Er gerät sogleich in „Opposition [...], als müßte er sich seiner Haut wehren, wo niemand denkt, ihn in Unruhe zu versetzen." (690)

Nach einem langen Gespräch mit dem Grafen und Dorothea wagt Heinrich sich in der Sympathiebekundung gegenüber Dorothea für seine Verhältnisse ungewöhnlich weit vor. Sobald man sie sehe, so gesteht er, „bedauert man sich sogleich selbst, wenn man so vor Ihnen dasitzt" (710), womit er ausdrücken möchte, man könne sich bemit-

460 R. Selbmann: Gottfried Keller, S. 36.
461 Diese Wendung benutzt G. Kaiser: Gottfried Keller, S. 65.

leiden, nicht in engerer Beziehung zu ihr zu stehen. Dieses Geständnis löst Schamgefühle aus, und er blickt verlegen auf seinen Teller. Nachdem er erkannt hat, „daß er der Schönen am Ende wohl gefallen müsse" (710), zeigt sich wieder seine bekannte Ambivalenz. Zunächst phantasiert er eine gemeinsame Zukunft mit ihr und ist „im höchsten Grade glückselig", als er auf dem „obersten Gipfel dieser schönen Einbildung" (710) urplötzlich den Kopf sinken lässt und seine Bindungsängste deutlich werden. Diese rationalisiert er anfangs noch; es kommt ihm als ein „Kennzeichen der Grobheit und Ungezogenheit" vor, die Gastfreundschaft des Grafen auszunutzen, wenn er in dieser Situation um Dorothea werben würde. Daher beschließt er, sich Größe abgewinnend, „die Schönste gegen sich selbst in Schutz zu nehmen", sodass er sich entscheidet, „nicht zu lieben". Er will sie nur mit seiner „uneigennützigsten Ehrerbietung und guten Freundschaft umgeben." (711) Nach diesem Entschluss ist ihm „wohl und weh" zugleich; es tue immer gut, redet er sich ein, jemandem Gutes zu erweisen, andererseits fällt es ihm schwer, „eine junge Neigung so ohne weiteres abzuwürgen und eine ganze werdende mögliche Welt im Keime zu zertreten." (711) Im nächsten Augenblick rationalisiert er aber wieder seine gleichzeitig aufkommende Angst damit, dass er noch keine bürgerliche Existenz aufgebaut hat:

> *„Im Grunde - ein Mädchen zu lieben ist nie eine Unhöflichkeit, wenn man nur etwas Rechtes ist! Aber von mir würde es jetzt unhöflich und grob sein, weil ich ja nichts, ach so gar nichts bin und erst alles werden muß?" (711)*

Solche Windungen und Bedenken kennt auch der Autor des *Grünen Heinrich*:

> *„Ich bin noch gar nichts und muß erst werden, was ich werden will, [...] also habe ich keine Berechtigung, mein Herz einer so schönen und ausgezeichneten jungen Dame anzutragen, wie Sie sind, aber wenn ich einst denken müßte, daß Sie mir doch ernstlich gut gewesen wären und ich hätte nichts gesagt, so wäre das ein sehr großes Unglück für mich [...]" (an Luise Rieter, 16. Oktober 1847).*

Zweifel, ob man um eine Frau werben dürfe, wenn man beruflich noch nichts erreicht hat, konnte Heinrich ebenfalls bei dem als Künstler gescheiterten Erikson beobachten, der sie allerdings „männlich" überwand. Zudem erkennt man den Abwehrmechanismus der Rationalisierung darin, dass der Protagonist in dem ausführlichen Gespräch mit dem Grafen und Dorothea zuvor mit beiden übereingestimmt hat, dass man Menschen nicht nach Herkunft und Besitz beurteilen soll, also nach dem, was sie schon sind. Der Graf seinerseits hat mit seiner Herkunft gebrochen, und er hat durch die Adoption Dorotheas, die er auf der Straße gefunden hat und die deshalb Schönfund heißt, gezeigt, dass er auf Abstammung keinen Wert legt. Alle drei stimmen darin überein, dass man andere um ihrer selbst willen als Menschen „betrachten und gelten" lassen sollte (vgl. 706 ff). Dem Erzähler scheint bewusst gewesen zu sein, dass es sich bei Heinrichs Erklärung, beruflich noch nichts erreicht zu haben, bloß um einen Vorwand handelt, sich nicht zu einer Liebeserklärung durchzuringen. Im Übrigen ist in dieser Situation sein berufliches Versagen auch bereits weitgehend aufgehoben, denn der Graf hat ihm für seine Bilder einen ordentlichen Preis bezahlt (vgl. 702 f.). Da jener Zuneigung für Heinrich empfindet, könnte der Protagonist außerdem ein zweiter „Schönfund" und in den Bund aufgenommen werden. Ganz am Schluss kommt er zudem noch in den Besitz einer Erbschaft, die ihm der Trödler Joseph Schmalhöfer hinterlassen hat. Einer Verbindung mit der Grafentochter stünde folglich nichts entgegen - wenn man es rational betrachtete.

Während Heinrich noch grübelt, ob er um die Grafentochter werben dürfe, erinnert er sich seines fehlenden Hutes, des Zeichens der Freien. In der Zwischenzeit hat ihm aber Dorothea „einen Hut zurechtgezimmert" (712) und ihm so zu verstehen gegeben, das Symbol zu kennen. Zudem hat sie ihn mit „Herrchen" - das Diminutiv drückt seine mangelnde Reifung aus - angeredet und ein grünes Band um den Hut gewickelt, damit die Gastgeber „noch ein bißchen grünen Heinrich hier haben!" Sein Scheitern deutet sich durch die beiden Hinweise erneut an. Seinen alten Hut hat Heinrich ins Feuer geworfen, statt ihn in einer Zeremonie zu verbrennen, zum Zeichen, dass er, seinem „freien Willen" gehorchend, entschlossen ist, „es sich von nun an recht wohl gehen zu lassen!", d. h. mit der belastenden Vergangenheit zu brechen (vgl. 712 f.). All seine Grübeleien vergessend, überlässt sich Heinrich schließlich - narzisstisch befriedigt - „ganz gedankenlos dem Vergnügen, an der Seite der schönen Jungfrau zu sein" (713). So viel Nähe ist erträglich.

Nachts verscheucht allerdings das Bild Dorotheas seinen Schlaf, und er rationalisiert weiter, dass Dorothea ihn „von dem harten und schmalen Wege seines guten Instinktes wegziehen und in die Irre führen möchte.“ (714) Als er erkennt, „wirklich verliebt“ zu sein, wird er sich seiner Angst vor einem Ich-Verlust bewusst und erkennt in seinem „Instinkt“ eine rettende Flucht:

> *„Eine frohe Bangigkeit durchschauerte ihn, Furcht und Lust zugleich, sich selbst zu verlieren, und so gefährliche Dinge schienen sich da ankündigen zu sollen, daß er doppelt beschloß, sich am anderen Tage zu flüchten.“ (715)*

Vorläufig überwiegt jedoch Heinrichs Lust; er bleibt und fährt mit dem Grafen in die Hauptstadt. Als er Dorothea versprechen muss, sich dort wieder einen grünen Rock anzuschaffen, wird er sich an dieser zentralen Textstelle, die erneut sein Scheitern andeutet, seiner Aggressionen gegen die Mutter bewusst, die allerdings durch den Irrealis gemildert werden:

> *„Als er das versprach, [...] war es ihm als ob er böse wäre auf seine arme Mutter, die da im Vaterland säße und in ihrem Schweigen die unerhörtesten Ansprüche erhöbe, alles zu lassen und stracks ein ungeteiltes Herz zu ihr zu bringen; denn in seiner Konfusion und bei der Neuheit der Empfindungen glaubte er, daß es jetzt um die Liebe zu seiner Mutter geschehen sein müsse, da er eine Fremde mit solchen Augen ansah, wie er noch nie eine angesehen.“ (715)*

Kann das symbiotische Ich seine Liebe nur einer Person geben? Heinrichs symbiosegeschädigtes Ich hat offenbar das Gefühl, dass es seine Liebe nicht teilen kann; wenn das Ich die Liebe auf eine andere Frau richtet, hat es Angst vor dem Verlust der Mutter. War der Autor Keller gegenüber Mutter und Schwester deshalb so bemüht, die Liebesgeschichten in dem Roman als frei erfunden darzustellen (siehe Kapitel I.4.2)? Die Angst vor der Eifersucht der Mutter lässt sich also auch anders verstehen, als sie als Zeichen inzestuöser Fixierung zu deuten.[462]

Im Laufe des Aufenthalts wächst Heinrichs Liebe zu Dorothea, die er inzwischen mit dem angstabwehrenden Diminutiv zum Dortchen gemacht hat:

> *„Die Welt sah er schon durch Dortchens Augen an, [...] und ein süßes Weh durchschauerte ihn, wenn er sich nur die Möglichkeit*

462 Vgl. E. Hitschmann: Gottfried Keller, S. 43.

*dachte, für dies kurze Leben mit Dortchen in dieser schönen Welt zusammen zu sein."* (723)

Die Verse des Angelus Silesius „Blüh auf, gefrorner Christ! Der Mai ist vor der Tür:/ Du bleibest ewig tot, blühst du nicht jetzt und hier" (729), die Heinrichs Körpergefühl in der Begegnung mit Frauen zum Ausdruck bringen, lösen seine nächste Krise aus. Angeregt durch die Verse, findet er keinen Schlaf und erkennt, sich in einer entscheidenden Lebensphase in Bezug auf seine Liebeswünsche zu befinden. Wieder ist es Frühling geworden und seine Verschmelzungssehnsucht wird durch die Beschreibung der Wetterlage ausgedrückt:

*„Ein lauer Südwind wehte über das Land, der Schnee schmolz an seinem Hauche und tropfte unablässig von allen Bäumen im Garten und von den Dächern, so daß das melodische Fallen der unzähligen Tropfen eine Frühlingsmusik machte zu dem, was in dem Wachenden vorging."* (729 f.)

Das „Gattungsmäßige im Menschen erwachte in ihm mit aller Gewalt und Pracht seines Wesens", und die „Vergänglichkeit des Lebens" löst „eine beklemmende Angst" (730) aus. Erneut zeigt sich der Wunsch, seine Ambivalenz zu überwinden und Dorothea seine Liebe zu gestehen. Wohl zwanzigmal wechseln „Furcht" und „Hoffnung", sich zu einem Liebesbekenntnis durchringen zu können; wieder endet der Wechsel in Hoffnungslosigkeit. Stiller als gewöhnlich sitzt er am nächsten Morgen erneut neben Dorothea am Tisch und fragt sich, ob die anderen nichts von seinem veränderten Wesen merken (vgl. 730 ff.). Diesmal erkennt er jedoch, dass die Nähe, die er bis dahin im Zusammensein mit Frauen genoss, nur seine narzisstischen Wünsche befriedigte, nicht aber die potenzielle Partnerin:

*„[...] wenn Dortchen zugegen war; alsdann war es ihm wohl und er verlangte nichts weiter und sprach auch wenig mit ihr. Damit war ihr jedoch, als einem Weibe, nicht gedient."* (731)

Als Dorothea beginnt, Heinrich zu necken, „sonnte" er sich „an diesen Spielereien", und abermals wird „ein neues Licht" auf sie geworfen; er entdeckt, „daß die Geliebte nicht nur schön, gut und huldvoll, sondern auch gescheit und nicht auf den Kopf gefallen sei" (721). Dorothea wäre eine ideale Partnerin. Heinz Kohut spricht in solchen Fällen von einer idealisierenden Beziehung. Bei dieser Form sucht sich der

Betroffene ein großartiges Gegenüber, mit dem er verschmelzen kann. Beide sind dann eins wie in der allmächtigen Einheit von Mutter und Kind. Er vermutet, dass die Phantasien über einen harmonischen Idealzustand mit dem Wunsch nach einer Wiederherstellung der omnipotenten Mutter-Kind-Einheit zusammenhängt.[463]

Der Druck, „sein schweres Geheimnis" (732) endlich zu verraten, wird so groß, dass der grüne Heinrich glaubt, sich nur heilen zu können, wenn er flüchtet. Vorerst zieht es ihn jedoch nicht ganz so weit weg, sondern nur in den nahe gelegenen Wald, wo er sich – hier wird das Motiv des sich Verhedderns und Verwirrens erneut aufgenommen – „unter ein hohes Gebüsch" (732) legt und über seine vergangenen Lieben zu Anna bzw. Judith nachgrübelt. Er erinnert sich, beim Tode Annas nicht getrauert zu haben. Bei Dorothea wäre es, da ist er sich sicher, anders, und er bringt nochmals seine Angst vor dem Ich-Verlust zum Ausdruck:

> *„Wenn diese schwer erkranken oder gar sterben sollte, würde ich alsdann imstande sein, dem traurigen Ereignis so künstlerisch zuzusehen und es zu beschreiben? O nein, ich fühle es! Es würde mich brechen wie einen Halm und die Welt würde sich mir verfinstern, selbst wenn ich bestimmt wüßte, daß sie mich gar nicht leiden mag! […] Dortchens goldenes hartes Bild lag so schwer in seinem Herzen, daß es ein Loch in selbes zu reißen drohte […]" (733).*

An die Möglichkeit, Dorothea küssen zu dürfen, wagt er gar nicht zu denken. Sich ihr wie ein Adoleszent zu nähern, wie es noch bei Anna und Judith möglich war, kann er sich nicht mehr vorstellen; zunächst müsste er seine Ängste überwinden und das „Ich liebe dich" über die Lippen bringen:

> *„Wie unverschämt hab ich da geküßt, die Kleine und die Große, zum Morgen- und Abendrot! Und jetzt, da ich so manches Jahr älter bin und diese schöne und gute Person liebe, wird es mir schon katzangst, wenn ich nur daran denke, sie in unbestimmter Zeit irgendeinmal küssen zu dürfen, o weh, und doch möchte ich lieber den Kopf in das Grab stecken, wenn dieses mir nicht geschehen kann! Nicht einmal weiß ich mehr es anzufangen, ein Sterbenswörtchen gegen sie hervorzubringen!" (733)*

463 Vgl. H. Kohut: Narzißmus, Frankfurt a. M. 1973, S. 41.

Auf diesem Tiefpunkt seines Leidens[464] beginnt Heinrichs Abwehrorganisation von neuem; er möchte seine quälende Angst endlich überwinden und beginnt, „andere Saiten aufzuziehen", indem er sich vormacht, „daß Dorothea gewiß nichts für ihn fühlte und daß ja auch gar kein vernünftiger Grund vorhanden sei, das etwa sich einzubilden." Er findet nicht das geringste Liebenswürdige an sich (vgl. 733 f.). Erst als er sich einredet, dass Dorothea sich nichts aus ihm macht, beruhigt er sich langsam. In dieser Möglichkeit, nicht von ihr geliebt zu werden, entdeckt er sogleich wieder eine Chance, sein Liebesbekenntnis loszuwerden, weil es ja nicht erhört würde. Danach phantasiert Heinrich Liebeserklärungen mit eingebauter Rückzugsmöglichkeit. Ehe er abreist, will er ihr „lachend" seine Liebe gestehen und ihr mitteilen, „welchen Rumor sie ihm angerichtet" . Sie solle sich nicht im Geringsten darum kümmern, er habe ihr nur eine kleine Freude machen wollen, die sie so sehr verdiene; „im übrigen sei nun alles wieder gut und wohl und munter!" Doch Heinrich erkennt den Selbstbetrug, und es taucht die Besorgnis auf, dass man „am Ende ein solches Geständnis doch für eine verkappte ernstliche Liebeserklärung und angelegte Schlauheit" auslegen würde (734 f.). Seine Bindungsangst lässt ihn von dem Plan Abstand nehmen. Traurig, nun doch schweigen zu müssen, beginnt er, laut in die Landschaft zu schreien, wodurch er sich überreden will, es ihr doch sagen zu wollen, was sofort wieder die gegenteilige Bekundung auslöst. In seiner Verzweiflung, endlich seine aufreibende Ambivalenz zu überwinden und zu einer Entscheidung zu kommen, wirft er mehrmals das Los. Trotz gegenteiliger Losentscheide entschließt er sich froh und hoffnungsvoll, Dorothea seine Liebe zu gestehen. „Der arme Teufel, wie er sich selbst belog!" (736), durchschaut ihn der Erzähler, der dasselbe auch vom Leser erwartet. „Der Herzenskundige" werde wohl bemerken, dass diese „Fröhlichkeit" nur von einer leisen Hoffnung herrühre, die sich in Heinrichs Vorsatz mit eingeschlichen habe. Als er schließlich wirklich unumstößlich entschlossen ist, seine „verkappte" Liebeserklärung abzugeben, muss der Held feststellen, dass Dorothea für drei Wochen verreist ist.

Einerseits ist Heinrich tieftraurig – „die Narrheiten [...] tauchten [...] unter die Flut der dunkelsten Gesinnung" (736) – und reagiert psy-

464 „Niemals sind wir ungeschützter gegen das Leiden, als wenn wir lieben", erkennt Freud: Das Unbehagen, S. 441. Heinrichs Leiden, das in Suizidwünschen seinen Höhepunkt findet, kommentiert Kaiser dagegen verständnislos-euphorisch, weil er unterstellt, der Held wolle sich mit der Mutter im Grab vereinigen: „[...] welch ein Bild, welch eine Alternative!" G. Kaiser: Gottfried Keller, S. 114.

chosomatisch mit körperlichem Schmerz, mit „Herzweh", andererseits ist er voller Aggressionen, die er auf einen „Feldlümmel" ablädt, dem er während eines Spaziergangs begegnet (vgl. 737 f.). Wie damals auf dem Künstlerfest, als er auf einem Baum saß und seine Wut gegen seine „unschuldigen Sachen" richten konnte, findet er nun wieder ein unschuldiges Objekt, auf das er ungezügelt einschlagen kann. Dieses Aggressionspotential richtet er sonst, von der Mutter weg, auf sein eigenes Ich; ihm geht es wie dem kleinen Jungen, „welcher sagt, es geschehe seinem Vater ganz recht, wenn er sich die Hand erfröre, warum kaufe er ihm keine Handschuhe?" (738). Das Ergebnis seiner Überlegungen nach diesem Wutausbruch besteht darin, dass er seine Bindungsangst erneut rationalisieren kann. In diesem Zustand könne er es Dorothea nicht zumuten, irgend etwas zu sagen. Folgerichtig müsste Heinrich jetzt das Grafenschloss verlassen; er will allerdings warten, bis sie wiederkehrt „um dann unverzüglich fortzugehen." (739) Insgeheim gibt er seine Hoffnung auf eine Verbindung nicht auf.

Als Dorothea schließlich zurückgekehrt ist, will er endlich über seine Liebe sprechen. Weil Apollönchen und die Grafentochter aber so „lustig und aufgeweckt" sind, wird der „Erznarr" wieder traurig, „da sie auch gar nichts zu merken schien von dem, was mit ihm vorging." (740) Der distanzierte Erzähler kennt seinen grünen Heinrich, der zu hohe, selbstbezogene Erwartungen hat und sich zunächst überwinden müsste, mit Dorothea über seinen Zustand zu sprechen. Heinrichs Wut wird erneut entfacht; er gerät „hundertmal in Versuchung, [...] [Apollönchen] beim Kopf zu nehmen und zu sagen: ‚Du Gänschen, was willst denn du?'" Diese Aggressionen richtet er jedoch stattdessen gegen sich, als er seine Reisekiste zunagelt. Er treibt die Nägel „mit zornigen Schlägen in das Holz, [...] als nagle er seinen eigenen Sarg zu." (740) Heinrich blüht nicht auf!

Während eines letzten Essens beim Pfarrer wiederholt sich die Hundeszene aus dem Gasthof von vor sechs Jahren. Der Hund starrt „mit feurigen Augen und offenem Maule nach der Schüssel", was Dorothea veranlasst, Heinrichs Wünsche auf den Hund zu projizieren: „Ach der arme Hund, wie es ihn gelüstet", und sie möchte ihm vom Teller des Pfarrers das „krumme Schwänzchen" eines Schweins geben. Der Pfarrer weist aber diesen Wunsch egoistisch zurück und merkt nicht, dass er sich - wie Heinrich - sinnbildlich „selbst ins Gesicht schlug" (741). Als Heinrich und Dorothea gemeinsam den Hund streicheln, erinnert sich jetzt auch Dorothea der zurückliegenden Szene aus dem Gasthof. Sie bemerkt, dass das Tier inzwischen groß und schön geworden sei, was in seiner Doppeldeutigkeit auf Heinrich zielt, der in seiner inneren Entwicklung jedoch stehen geblieben ist. Ein letztes Mal zeigt sich die idealisierende Beziehungsvorstellung des Helden, der sich den Pfarrer hinweg wünscht und davon träumt, dass „Dortchen seine junge Frau [wäre] und [...] an einem solchen Mainachmittage am weiß gedeckten Tische herzensallein ihm gegenüber [säße]. Es [...] schien ihm [...] nicht möglich [...] zu sein, [...] daß sie anders als in seinen Armen glücklich und zufrieden alt werden könne!" (742) Den Tränen nah flüchtet er in die Kirche, wo ihm bezeichnenderweise „ein altes Mütterchen" im Weg steht. Der Held muss in die Sakristei ausweichen. Dort wird sein Körpergefühl auf den Ritter projiziert, der aus schwarzem Marmor gehauen ist und an den eine Büchse aus Erz gekettet ist, die sein „vertrocknetes Herz" enthält. Ähnlich wie Heinrich war der Ritter „von wilder und heftiger, aber ehrlicher und verliebter Natur gewesen und dessen Herz, als er vor allerhand Unstern und Frauenmißhandlung flüchtig herumzog, in dieser Gegend gewaltsam gebrochen war." (743)

Zum Abschied darf sich der grüne Heinrich unter dreißig Bonbons, auf deren Umhüllung Dorothea heimlich jeweils dasselbe Sinngedicht geschrieben hat, eines aussuchen. Es handelt von der Hoffnung und endet mit „Hoffnung senket ihren Grund/In das Herz, nicht in den Mund!" (746) Heinrich behält seine Hoffnungen in Bezug auf Dorothea im Herzen; er windet sich unzählige Male, kann sich aber letztlich nicht überwinden, seinen Gefühlen Ausdruck zu verleihen.

Caroline von Loewenich lässt gegenüber dem Protagonisten eine mitleidige Haltung erkennen: Der Graf tue nichts, um Heinrich bei dem Bemühen um die Verwirklichung seiner Liebe beizustehen,[465] und Dortchen verbreite kühle Unnahbarkeit.[466] Damit wird das Problem verkannt. Andere sind nicht schuld daran, dass der Held seine Angst nicht besiegt. Ihm gelingt es während des gesamten Zusammenseins mit Dorothea nicht, seine Gefühle mitzuteilen und Nähe herzustellen. Darin, dass andere vom Gefühlszustand des Liebenden nichts oder nur wenig ahnen, liegt das Autobiographische des Romans. In Kapitel III.2 wird deutlich, dass es für den unter Bindungsangst leidenden

465 Vgl. C. von Loewenich: Gottfried Keller, S. 82. Das Ausbleiben der Hilfe des Grafen ist auch insofern autobiographisch, dass es in Kellers Leben vermutlich niemanden gab, der „Kupplerdienste" hätte leisten können. Der Autor musste sich wohl ohne Hilfe anderer zu Liebesgeständnissen durchringen.

466 Vgl. ebd., S. 84.

Keller typisch zu sein schien, Heiratsanträge nur zu machen, wenn er sicher sein konnte, zurückgewiesen zu werden. Die Schreibunterlage des Autors dagegen spiegelt die quälend-aufreibenden inneren Kämpfe wider, sich zu seiner Liebe zu bekennen, wenn er fürchten musste, sie könnte erhört werden. Diese Ambivalenzen verrät sein Alter Ego im Werben um Dorothea.

### II.6.4 Hulda

In der zweiten Fassung des *Grünen Heinrich* kommt es während Heinrichs Aufenthalt in der Fremde zu einer weiteren Liebesbegegnung. Die aus dem Proletariat stammende Hulda, die er auf einem Tanzvergnügen kennen lernt, erweckt ebenfalls seine Sehnsucht. Dass man bei der Geschichte keinen autobiographischen Hintergrund suchen müsse, erklärt sein Autor:

> *„Die kleine Episode der Hulda im IV Bande ist bei Leibe nicht erlebt; ich erfand sie plötzlich, um den Tag des Einzuges resp. das Abenteuer der Fahnenstangen besser abzurunden, und fand damit ein nicht übles Motiv, das Niedersteigen in die untern Schichten der dunklen, anspruchlosen Arbeit nicht nur mit der Sicherheit des täglichen Stückes Brot, sondern auch mit dem Reize eines lockenden Sinnenglückes im Verborgenen scheinbar zu begründen." (an Petersen, 21. April 1881)*

Trotzdem erkennt man die fiktionale Modellierung eigenen Erlebens. Kellers Bindungsangst beeinflusste auch die Schöpfung der Episode mit der Frau aus dem Arbeitermilieu.

Hulda kennzeichnet mangelnde Individuation; sie hat unter ihren fünf Vornamen nicht nach Vorliebe, sondern lediglich nach Kürze einen ausgewählt, um den Umgang mit den Behörden zu erleichtern.[467] Am Tage des Besuchs der Braut des Thronfolgers setzt Heinrich sich während der Tanzveranstaltung zu einer Gruppe von Arbeitern und Fahnennäherinnen aus Schmalhöfers Laden. Heinrich gibt sich allerdings nicht als Künstler zu erkennen:

> *„Man hielt mich offenbar für einen wackern Tünchergesellen; [...] ich [...] überließ mich der einfachen Geselligkeit, ohne meinen etwas höhern Rang zu verraten [...]" (VI, 90).*

467 Vgl. G. Kaiser: Gottfried Keller, S. 107.

Er schlüpft somit in eine neue Rolle und greift ein ähnliches Thema auf, das Keller in seiner Novelle *Kleider machen Leute* verarbeitete, nämlich die Hoffnung, Sozialisationserfahrung abstreifen zu können, wenn man nach außen als ein anderer erscheint. Allerdings kann Heinrich seine Bindungs- und Trennungsängste nicht ablegen, die sogleich in der Projektion auf die Liebespaare am Tisch deutlich werden:

> *„Der kleine Kreis bestand aus drei Liebespaaren, an der Art kenntlich, wie sie sich unbefangen umfaßt hielten. Zwischen Hoffnung und Furcht schwebend, dauernd verbunden oder wieder getrennt zu werden [...]" (VI, 90).*

Kurze Zeit später beobachtet Heinrich einen Streit zwischen zwei Paaren am Tisch, bei dem erneut das Thema Trennung in den Blick genommen wird. Hulda erklärt ihm, dass es sich um eine „Liebschaft übers Kreuz" (VI, 94) handelt, d. h., die „eine hier hatte nämlich früher den andern zum Schatz und die andere diesen jetzigen; dann haben sie alle vier [...] gewechselt, und es hat diese jenen und jene diesen zum Liebsten." Heinrich zeigt sich „verwundert über das Phänomen" (VI, 94) und erkennt, wie Beziehungen im Proletariat anscheinend ohne Trennungsschmerz - ohne Ich-Verluste, wie er sie fürchtet - durch ein kurzes „jammervolles Gewitter" bereinigt werden:

> *„[...] die ausgetauschten Paare kamen nach einem langen Tanze zurück, jedes der Mädchen am Arme seines alten Genossen; allein statt sich nun wieder zu trennen, nahmen beide neu ausgewechselten Parteien ihre Sachen zusammen und zogen, ohne ein Wort zu sagen, auf verschiedenen Wegen von dannen. Ganz verblüfft blickten wir Zurückbleibenden ihnen nach [...] und brachen dann in ein helles Gelächter aus." (VI, 95)*

Die scheinbare Unkompliziertheit der Beziehungsstrukturen im Proletariat lässt den grünen Heinrich Hoffnung schöpfen, angstfrei eine Bindung eingehen zu können. Nähe herzustellen, scheint tatsächlich unkomplizierter zu sein, denn in dieser Situation gemeinsam mit Hulda zu tanzen, kommt ihm zunächst „selbstverständlich" (VI, 95) vor. Doch bereits während des Tanzes entdeckt sie in Heinrich den „gefrornen Christ[en]": „Lassen S' schaun, haben S' wirklich ein Herz?" (VI, 96)

Als Hulda „sich ohne Bedenken" in Heinrichs Arm lehnt, zeigt sich, dass er nicht aus seiner Haut schlüpfen kann. Ängstlich zieht er seinen Arm zurück, um, wie er vorgibt, ein Glas Punsch oder heißen Wein zu holen, was Hulda allerdings verhindert (vgl. VI, 97). So wichtig scheinen dem Erzähler diese Details. Neugierig folgt Heinrich der Erzählung der erst siebzehnjährigen Hulda, die ihm ihr Lebens- und Liebeskonzept erläutert, welches sie mit „Eher sterben, als nicht lieben!" (VI, 98) zusammenfasst und mit dem sie Heinrich aus dem Herzen spricht. Obwohl sie Heinrich noch so jung vorkommt, hat sie schon zwei Liebschaften hinter sich, sodass er erstaunt fragt, was denn aus den beiden geworden sei. Offenbar kann er nicht verstehen, dass die Trennungen so schmerzlos vonstatten gingen. Nach der ersten Trennung von einem Wandergesellen, der weiterwandern musste, weil er in der Heimat ein Liebchen hatte, gab es Tränen; „aber das konnte [ihr] [...] nicht helfen. Dann kam der zweite, der wollte aber nicht arbeiten" (VI, 98), sodass sie keinen Trennungsschmerz verspürte, sondern sich nur schämte, denn „wer nicht arbeitet, soll nicht nur nicht essen, sondern braucht auch nicht zu lieben." Auf Heinrichs Frage, ob es nun wieder „angehen" könne, antwortet sie ganz pragmatisch: „Gewiß! Wer wollte sonst leben?" (VI, 99) Ebenso sachlich zeigt sie sich bereit, nachdem sie sich vergewissert hat, ob auch Heinrich „frei" sei, eine neue Liebe zu beginnen: „Nun denn, so lassen Sie uns ganz still und gemächlich eine Bekanntschaft anfangen und ruhig sehen, wohin sie uns führt!" (VI, 99) Dass der Einzelne mit seinen individuellen Charakterzügen in diesem Liebeskonzept so unwichtig zu sein scheint und eher zählt, ob er seine Rolle als Arbeiter erfüllt, gefällt dem grünen Heinrich nicht: „Freilich lag hierin auch die Sicherheit, daß sie über meinen Verlust ebenso unbeschädigt zur Tagesordnung gehen würde wie über jeden andern." (VI, 99) Deshalb antwortet er auch skeptisch, als Hulda bereits von einer gemeinsamen Zukunft träumt, in der sie während der Woche arbeiten und am Sonntag im gemeinsamen Stübchen hocken: „Woher kennst du mich denn?" (VI, 100)

Auf dem Heimweg wirkt Heinrich wieder sehr passiv und nachdenklich. Hulda übernimmt die Initiative, sie fasst seinen Arm und küsst ihn. Er träumt nun seinerseits von einem gemeinsamen Leben und davon unterzutauchen „in diese glückselige Verborgenheit, allem ideal- und ruhmsüchtigen Treiben" zu entsagen, sodass sie sich für den nächsten Samstagabend verabreden (VI, 101 f.). Doch der Held kann seine Angst nicht überwinden, versäumt die Verabredung und rationalisiert sein Verhalten erneut:

*„Durch die Nachrichten des hochzeitsreisenden Landsmannes sowie durch die erfahrenen Traumgesichte waren mir Mut und Lust zur Verwirklichung der tannhäuserlichen Glückspläne vergangen [...]" (VI, 141 f.).*

Als Heinrich das schlechte Gewissen plagt, so unzuverlässig gewesen zu sein, und er Hulda ehrlich seine wahre Identität eröffnen will, beobachtet er, dass sie bereits einen neuen Bewerber gefunden hat. Ein „Studierender oder Künstler", also jemand aus Heinrichs Sozialschicht, bringt diesmal Hulda an die Haustür und demonstriert, dass Beziehungen über die unterschiedlichen Sozialschichten hinweg möglich sind. Dem anderen gelingt, was Heinrich verwehrt ist. Der Protagonist entzieht sich nicht „im Beharren auf seine Individualität [...] und zugunsten der Heimkehr zur Mutter"[468], sondern vor allem die Angst, eine Beziehung einzugehen, bestimmt sein Verhalten aufs Neue, sodass er wütend zu sein scheint und die Flucht ergreift, um sein erneutes Scheitern schnell zu verdrängen:

*„[Ich erhob mich] [...] mit einer sehr krausen Empfindung. Ohne mich indessen weiter umzusehen oder eine Minute länger in der Stadt aufzuhalten, eilte ich dem Tore zu und wanderte [...] in der Richtung meines Heimatlandes fort." (VI, 143)*

### II.6.5 Eine Jugendfreundschaft

Symbiotische Bindungswünsche und das intensive Erleben von Trennungen charakterisieren den grünen Heinrich nicht nur in Bezug auf Frauengestalten, auch gegenüber dem eigenen Geschlecht setzt sich dieses Erleben fort, wie die Freundschaft des Protagonisten zu einem „feurigen und lebhaften" (277) Nachbarjungen zeigt. Dieser ist sehr lebenslustig und treibt sich oft in Wirtshäusern herum. Heinrich würde ihn gern begleiten, aber seine Mutter hindert ihn daran, weil sie ihn finanziell äußerst knapp hält. Einerseits wird an dieser Episode deutlich, dass Heinrich sich von der Mutter eingesperrt fühlt, andererseits zeigt er dem Freund gegenüber ein Bindungsverhalten, das dem seiner Mutter ähnelt. Als Heinrich merkt, dass er den Freund nicht an sich binden kann, rationalisiert er seinen Ärger mit dem in der psychoanalytischen Literatur oft benutzten Bild vom Fuchs und den Trauben, das diesen Abwehrmechanismus, den der Erzähler offenbar durchschaut, veranschaulicht:

468 Ebd., S. 108.

*„Deswegen sah ich dem froh sich Herumtummelnden nach wie ein gefangener Vogel einem in der Höhe fliegenden und träumte von der Freiheit einer glänzenden Zukunft [...]. Inzwischen aber mißbilligte ich, wie der Fuchs, dem die Trauben zu sauer sind, öfter die Wildheit meines Freundes und suchte ihn mehr an meine stille Wohnung zu fesseln." (277)*

Als der Freund eines Tages wegzieht, schreiben sie sich noch und tauschen sich über philosophische Fragen aus. Bald aber kommt es zum Bruch der Freundschaft, weil der Jugendfreund in seinen Briefen Gedanken von Philosophen und Schriftstellern als seine eigenen ausgegeben hat. Diese Trennung zeigt ebenfalls, wie schmerzhaft Heinrich solche Brüche erlebt:

*„Aber nicht nur seine, sondern auch meine eigenen harten Wort schnitten mir ins Herz, ich trauerte mehrere Tage lang tief und schmerzvoll, indessen ich den Geschiedenen zu gleicher Zeit noch achtete, liebte und haßte; ich empfand nun zum zweiten Male, in vorgerückterem Alter, das Weh beim Brechen einer engen Freundschaft [...]" (279).*

Diese strukturellen Ähnlichkeiten zwischen Heinrichs Liebe zu Frauen und der Freundschaft zu dem Nachbarjungen lassen sich durch das ödipale Entwicklungsmodell nicht erklären. Diese Muster stammen aus der realen Beziehung zur Mutter.

# III Biographische Implikationen und Voraussetzungen des Romans

## III.1 Biographische Parallelen - Kellers Briefwechsel mit der Mutter und seine Tagebücher

Parallelen zwischen dem grünen Heinrich und seinem Autor Gottfried Keller lassen sich im Briefwechsel mit der Mutter Elisabeth Keller und in Tagebucheintragungen entdecken. Einige Briefe zeigen, dass die Quelle der Schuld nicht in ödipalen Tötungsphantasien Gottfrieds liegt, sondern dass die Mutter Schuldgefühle erzeugte. Zudem belegen sie ihren starken Bindungswunsch sowohl in Bezug auf ihren Sohn Gottfried - besonders in der Zeit, als er in Berlin lebte - als auch auf die Tochter Regula. Ebenfalls erkennbar sind in den Briefen Kellers Regressionen, die ihn nach Hause zur Mutter zogen. Adolf Muschg behandelt diese Briefe viel zu oberflächlich:

> *„Sie handeln von Geldsachen, Sterbefällen, Krankmeldungen, sie betteln in kahlen Worten, vertrösten und entschuldigen etwas ausführlicher; allenfalls läuft etwas Klatsch über Nachbarn, Kumpane, Verwandte mit. Es fällt nicht leicht, in diesem dürren Austausch die Zeichen der ganzen Existenz zu lesen: hier das sich langsam verzehrende der Mutter, dort das kühn oder trotzig behauptete des Sohnes."*[469]

Carl Helblig, der Herausgeber der Briefe, idealisiert Elisabeth Keller und verkennt die Ambivalenz des Autors:

> *„Gottfried Keller hing mit dankbarem Herzen an seiner Mutter. Die Äußerung seiner Liebe und Verehrung ist dann und wann auf verhaltene Art in den Briefen ausgesprochen."*[470]

Schon der erste Brief vom 1. Mai 1840 aus Frauenfeld, der noch auf dem Weg nach München geschrieben wurde, gibt einen tiefen Einblick in die Mutter-Sohn-Dynamik:

> *„Ich danke Dir, liebe Mutter, nochmals für alles, was du an mir getan, und bitte Dich, nicht zu denken, daß ich es nicht anerkenne,*

469 A. Muschg: Gottfried Keller, S. 37.
470 Gottfried Keller: Gesammelte Briefe, Bd. 1, S. 14.

*weil ich eine rauhe Außenseite habe; ich kann halt keine schönen Worte machen, aber deswegen empfinde ich gewiß alles, was ein rechter Sohn empfinden muß. Ich hoffe nur, Dir einst alles vergelten zu können."*

Uwe Lemm hat den „äußerlich eher aggressiv[en] denn liebevoll[en]" Umgang mit der Mutter in den Briefen wahrgenommen, misst ihm aber wegen der triebtheoretischen Fixierung seiner Untersuchung offenbar keinerlei Bedeutung bei, wenn er schwärmend fortfährt, wie „anders [sie] dagegen in Heinrichs Träumen"[471] gezeichnet sei. Meines Erachtens verbargen sich hinter Kellers „rauhe[r] Außenseite" gegenüber der Mutter - wie im *Grünen Heinrich* analysiert - seine Loslösungswünsche und eine tief verwurzelt Aggressionshemmung, die von Schuldgefühlen begleitet war.

Mütterliche Zweifel an der Entwicklung des Sohnes gab es offenbar schon sehr früh, denn sie betrachtete sein Verhalten kritisch. Aus dem Briefwechsel mit dem Sohn, der von 1840 - 1842 in München weilte, werden gegenseitige Schuldzuweisungen deutlich. In ihrer Antwort vom 4. Mai 1840 musste Elisabeth Keller ihre Unschuld in Bezug auf die berufliche Entwicklung des Sohnes betonen:

*„[...] es freut mich, wenn Du zur Erkenntnis kommst und einsiehst, wie manches Jahr schon ich mich selbst vergessend alles an Dich gewendet und geopfert habe; daß ich Dir freilich nicht für Freuden und Vergnügungen verschaffen konnte, bin ich keine Schuld; die Hauptsache, meine mütterlichen Pflichten, habe ich gewiß getan, soviel in meinen Kräften gestanden!"*

Warum musste sie so nachdrücklich hervorheben, dass sie ihre Pflicht erfüllt hat? Hatte Keller sie schon angeklagt? Die Mutter entlastete sich mit ihren Zeilen und gab den Druck des Schuldgefühls weiter, als sie schrieb, dass er zusehen solle, „als ein rechtschaffner Sohn" wieder heimzukehren. Auf Schuldgefühle lassen auch ihre Träume schließen, über die sie in den Briefen vom August 1840 und vom 21. November 1840 berichtete. Sie handeln jeweils vom heimkehrenden Sohn. Der im August 1840 geschriebene Brief berichtete von einem Traum, in dem der Sohn in „zerrissenen Kleidern" und „mager und blaß" zu Hause ankommt, sodass sie ihn ermahnte und unter Druck setzte: „[...] daß

471 U. Lemm: Die literarische Verarbeitung, S. 127.

ich nicht so etwas erleben muß!" So gab sie den Druck des Schuldgefühls an den Sohn weiter.

In seinen Briefen versuchte Gottfried Keller immer wieder, sich aus Abhängigkeit und Schuld zu lösen, indem er wiederholt betonte, wie genügsam er lebt. Auffällig dabei ist, dass es fast immer um orale Bedürfnisse ging:

> *„[...] seit ich von Zürich fort bin, mag ich gar nichts mehr essen; wenn ich eine Wurst oder einen Braten esse, so bin ich den ganzen Tag voll [...]" (Brief vom 1. Mai 1840).*
> *„Ich nehme gar nichts zu mir bis zum Mittagessen, obgleich ich im Anfang manchmal noch Hunger bekomme. Dann geh' ich ins Speisehaus und bekomme für 7 Kreuzer (etwa 4 ½ Schilling) Suppe. Fleisch und Gemüse [...]" (Brief vom 18. Mai 1840).*
> *„Was mich betrifft, so habe ich im Anfang gewaltig gegeizt und bin nirgends hingegangen; wann ich an einem Tag etwas übers bestimmte Maß hinaus gebraucht habe, so fraß ich den anderen gar nichts [...]" (Brief vom 27. Juni 1840).*
> *„[...] wenn einer hungern will, so kann man hier schon wohlfeil auskommen; lebt man aber ein wenig ordentlich, so kommt's halt mit Zürich so ziemlich aufs gleiche heraus [...] indessen ist das Flicken [des Mantels] hier billiger als bei uns [...]" (Brief vom 14. Juli 1840).*

Am 21. November 1840 musste er nochmals erwähnen, dass das Schneidern eines Rockes billiger sei als in Zürich. Abermals ging es im Brief vom 19. September 1841 um das Essen: „Ich esse jetzt, auch wenn ich Geld habe, kaum den dritten Teil, was in Zürich." (Brief vom 19. September 1841) Aus diesen Worten spricht der Versuch, die Schuld gegenüber der Mutter möglichst gering zu halten und seine Unabhängigkeit zu betonen. „Ich bin jetzt einundzwanzig Jahre alt und endlich in die Welt getreten", schrieb er ihr am 14. Juli 1840.

Schwierig war allerdings der unterschiedliche Umgang mit dem Geld. Ein zu unvorsichtigen Geldausgaben neigender Keller und die sparsame Mutter trafen aufeinander. Gelegentlich rechtfertigte der Sohn seine hohen Ausgaben, weil er krank war. Die Mutter zweifelte an der Darstellung Gottfrieds. Sie war misstrauisch und glaubte, dass er die

Krankheit vorschiebt, um leichter Geld fordern zu können. Auch der Onkel, der Kellers Erbe verwaltete, hatte sich eingeschaltet, und die Mutter stellte dessen Sicht der Sachlage dar: „Weil Du bei Hause wenig Geld eigenhändig hattest, könntest Du nicht Herr und Meister darüber sein.“ (Brief vom 28. September 1940) Verbarg sich hinter dem Hinweis des Onkels nicht auch Kritik an der Mutter? Er wusste jedenfalls, dass ein Kind kaum selbstständig werden kann, wenn es unselbstständig gehalten wird. In seiner Antwort wies Keller die Unterstellung von der vorgetäuschten Krankheit empört zurück. Aber nicht nur die Mutter, sondern auch der Sohn verstand es, den Tod als Argumentationshilfe zu nutzen und damit zu drohen: „Es sind diesen Sommer hindurch nicht mehr als sechzig fremde Studenten und noch mehr junge Künstler hier gestorben.“ (Brief vom 19. Oktober 1940)[472] Am Tod des eigenen Sohnes wollte Elisabeth Keller dann doch nicht schuld sein, und so schickte sie ihm weiterhin Geld. Mit der Todesdrohung zeigte Keller einen Charakterzug, den man vom grünen Heinrich nicht kennt.

In den Briefen werden aber auch die Loslösungswünsche und Regressionen Kellers bzw. die Versorgungswünsche der Mutter deutlich. Auffällig bei Kellers Aufenthalten in der Fremde ist, dass er das Schreiben immer so lange hinauszögerte, bis er seine Probleme nicht mehr allein bewältigen konnte. Warum schrieb er nicht regelmäßig? Wollte er seine Unabhängigkeit betonen oder die Mutter damit bestrafen, dass er kein Lebenszeichen von sich gab? Auch der grüne Heinrich zeigt eine „Schreibhemmung“ aus ähnlichen Motiven, als er bei Dorothea weilt. Unschwer zu erraten ist, in welcher Situation Gottfried Keller wieder zur Feder griff. Im Brief vom 24.Oktober 1842 – nach über zwei Jahren Abwesenheit von zu Hause – zweifelte er an seinem Erfolg als Künstler, was regressive Wünsche auslöste, sodass er der Mutter seine Rückkehr ankündigte:

> *„Ich habe meine Not einigen älteren Herrn geklagt, welche mir den Rat gaben, einige Monate nach Hause zu gehen, dort fleißig zu arbeiten, weil mir das Leben nicht so hart ankommt, wie hier [...]. Ich fand diesen Rat ziemlich gut, besonders da ich ein wenig Heimweh verspürte und eigentlich fast keine andere Wahl ist, wenn ich nicht ärger in die Tinte kommen will [...]. Daß ich also heimkomme für*

472 Ich verkenne selbstverständlich nicht, dass das Studentenleben damals im Vergleich zu heute sehr viel schwieriger war.

*ein paar Monate, ist ziemlich nötig; und Du wirst mir Deine Tore gewiß nicht verschließen [...]" (Brief vom 24. Oktober 1842).*

Aus den geplanten „Monaten" wurden dann schließlich doch sechs Jahre, die der Autor wieder in Zürich lebte. Ihre „Tore" hatte die Mutter allerdings schon lange vorher geöffnet; etwas mehr als ein Jahr zuvor, als Gottfried wieder einmal in Geldsorgen war und zu scheitern drohte, empfahl sie ihm, Lithograph in Zürich zu werden:

*„[...] wenn Du auch wieder einmal nach Deiner Heimat gedenkst, wonach sich doch jeder sehnt, und Deiner Mutter wäre es zur Beruhigung! Was hast Du doch von Deinem Leben, wenn Du mit Not und vielen Schwierigkeiten Dich durch die weite Welt schleppen mußt, um höchstens Dir nach dem Tode ein bißchen Lob und Ruhm zu erwerben! Während Du in Deiner Heimat ein bequemes Leben und Deiner Mutter Freude und Erleichterung machen könntest." (Brief vom 26. August 1841)*

Der Sohn zeigte sich schwach, und die Mutter bot ihm regressive Verwöhnung an. Die Welt, durch die man sich „mühsam schleppen" muss, zeichnete sie feindlich. Vor dieser bedrohlichen Welt hatte sie ihn als Kind vermutlich immer beschützt. Sie schien aber nicht nur Gottfrieds Glück im Auge zu haben, sondern wohl auch ihr eigenes. In diesem Abschnitt des Briefes stehen auch der Bindungs- und der Delegationsmodus in unmittelbarer Konkurrenz zueinander. Über die narzisstische Identifikation am Ruhm des Sohnes teilhaben zu können, wog in diesem Moment nicht so schwer wie die Chance, den Sohn bei sich zu haben.

Während seines zweiten Auslandsaufenthalts, der sich von 1849 bis 1855 hinzog, kündigte Keller immer wieder seinen Abschied aus Berlin an, oder er legte Gründe dar, warum er nicht zurückkehren konnte. Erste Überlegungen zu einer Rückkehr finden sich bereits im Brief vom 21. September 1849. Aber erst sieben Jahre später, seine Liebe zu Betty Tendering wurde nicht erwidert, ertrug er das Leben in der Fremde nicht mehr:

*„Ich habe mich nun entschlossen, womöglich diesen Monat noch nach Hause zu kommen, denn ich kann es in Berlin nicht mehr aus-*

*halten [...], ich habe [...] soviel Kummer und Verdruß gehabt [...], ich kann hier nicht nichts mehr tun, sondern ich werde krank, wenn ich noch länger hier bleiben muß [...], man muß sich zu Hause fühlen; das Leben bei fremden Leuten und in Wirtshäusern ist mir zum Sterben verleidet." (Brief vom 11. November 1855)*

Nach der gescheiterten Liebe und dem darauf folgenden emotionalen Tief suchte Keller Zufluch vor der kalten Welt bei der Mutter; er schaffte es nicht, ohne mütterlichen Schutz zu leben. Wenn er so gern zusammen mit ihr leben wollte, wie die Forschung ihm und seinem Alter Ego unterstellt, warum kehrte er nicht früher zurück? Sicher lassen sich immer rationale Gründe finden, Theaterpläne, Ärger mit dem Verleger und vieles mehr. Erst nachdem seine Probleme unlösbar schienen, konnte bzw. musste er sofort heimreisen. Aus obigem Brief spricht kein Ödipus! Elisabeth Keller verstand den Sohn wohl auch nicht so und bot dem Sechsunddreißigjährigen regressive Versorgung an:

*„Nun hast Dich kein Tag länger nötig dort aufzuhalten. Wenn Du auch vorher kommst, so haben wir eine große leere Stube und ein Kämmerlein mit einem Bett darin!" (Brief vom 20. November 1855)*

Möglichst früher als geplant sollte der Sohn zurückkehren; aufschlussreich ist die Erwähnung des Bettes, mit dem sie sicher kein erotisches Begehren ausdrückte, sondern mit dem sie „regressive Verwöhnung" anbot. Die Mutter Keller gleicht darin der Romanmutter Lee; ihren Gang zu Heinrichs Wiege beim Abschied und die Aufstellung des Lotterbettchens habe ich entsprechend interpretiert. Wenn es im Traum des *Grünen Heinrich* heißt, dass die „Fasanen plötzlich schöne Bettstücke waren", die die Mutter bereitet (656), so kommen darin die Fürsorgewünsche der Mutter zum Ausdruck, nicht jedoch die (inzestuösen) Wünsche des Sohnes.[473] Abschließend lässt sich feststellen, dass in den Briefen regressive Phantasien deutlich werden, unbewusste ödipale Bestrebungen lassen sich dort nirgends entdecken.

Meine These, dass der Bindungswunsch der Mutter Ursache für das Leiden Kellers ist, das im *Grünen Heinrich* deutlich wird, erhält durch einen Blick auf Kellers Schwester Regula Bestätigung. Auch sie blieb ihr ganzes Leben an die Mutter gebunden. Hitschmann berichtet sogar davon, dass die Schwester der Mutter zuliebe mehrere Heiratsge-

473 Vgl. G. Kaiser: Gottfried Keller, S. 64.

legenheiten ausschlug.[474] Solches Wissen deutete er allerdings nicht, denn offenbar konnte er mit Phänomenen, die außerhalb seiner von ödipalen Phantasien geprägten Vorstellungswelt lagen, nichts anfangen. Meines Erachtens braucht man auch in Regulas Fall keine ödipale Fehlentwicklung zu diagnostizieren. Ihre Loslösungsversuche wurden genauso verhindert wie die des Bruders, und Keller unterstützte die Mutter dabei, um sich von eigenen Verpflichtungen zu entlasten. Im Brief vom 26. Juni 1841 berichtete Elisabeth Keller ihrem Sohn, dass Regula nicht mit ihr zur Erholung nach Glattfelden wolle und dass sie alle Sonntage statt mit ihr lieber mit einer Freundin spazieren gehe,

> *„welches ich ihm gerne gönne, aber auch gerne sähe, wenn es seiner Mutter auch suchte eine kleine Freude zu machen. Überhaupt zeigt es sehr wenig Liebe und Anhänglichkeit gegen mich, welches mir öfters wehe tut, da ich doch für beide Kinder gleich für eines wie das andere lebe und sorge! Und ach wie bald ist es aus mit dem menschlichen Leben!"*

Was verbarg sich hinter dieser Kälte und Sprödigkeit der Tochter, die bereits bei Gottfried und dem grünen Heinrich konstatiert wurde? Muss auch sie Aggressionen gegen die Mutter unterdrücken? Wie wirkten wohl der Vorwurf der mangelnden Mutterliebe und die Todesanspielung auf Gottfried Keller? Kann man Kinder noch stärker unter Druck setzen? Auf mich wirkt Elisabeth Keller sehr bedrohend und einschüchternd! Der Autor antwortete am 14. August 1841:

> *„Du hast daher gewiß auch alles Recht, Dein mütterliches Ansehen in dieser Hinsicht zu gebrauchen [...]. Daß sie nicht in eine Mäusefalle gesteckt werden darf, versteht sich von selbst [...]".*

Offenbar brachte Keller mit dem Hinweis auf die „Mäusefalle" bekannte Empfindungen zum Ausdruck und zeigte an dieser Stelle immerhin noch geschwisterliche Solidarität.

Die im *Grünen Heinrich* deutlich gewordenen Autonomiewünsche des Protagonisten korrespondieren mit den Fluchtphantasien Regulas, die aus einem Brief der Mutter vom 26. März 1842 anklingen. Elisabeth Keller berichtete dem Sohn von einer Freundin Regulas, die nach München gehen wollte:

474 Vgl. E. Hitschmann: Gottfried Keller, S. 13.

*„Deine Schwester hat auch die Lust angewandelt, als Schneiderin mitzureisen [...] allein dies sind leere Pläne! Ich würde wenigstens mein Wille nicht dazu geben, und wenn Regula dieses Unternehmen tun würde, wäre ein Beweis, wie wenig Anhänglichkeit und Sorge für eine Mutter, die sonst niemand mehr im Leben hat und unter allen Umständen nur von fremden Leuten umgeben sein muß."*

Musste die drohende Vereinsamung, mit der Elisabeth Keller vermutlich auch ihren Sohn unter Druck setzte, nicht Schuldgefühle bei Keller auslösen? Damit er fortbleiben konnte, sollte Regula unbedingt bei der Mutter in Zürich bleiben. Keller delegierte seine „Verpflichtung" auf die Schwester und gab seine geschwisterliche Solidarität auf:

*„Was die Reisepläne meiner Schwester betrifft, so rate ich als Bruder ganz ordentlich zu Hause zu bleiben. [...] Beim Manne ist es eine Notwendigkeit, daß er hinauskomme [...], aber aus Frauenzimmern, welche allein in der Fremde herumreisen, ist noch nie etwas geworden,* als was ich nicht sagen mag!" *(Brief vom 15. April 1842, Hervorhebung im Original)*

Mit der Rollenverteilung der Geschlechter rationalisierte Keller seine Angst, zur Mutter zurückkehren zu müssen. Er entledigte sich allerdings seiner „Verpflichtung" der Mutter gegenüber mit der Schilderung der Gefahren, denen Frauen in der Fremde angeblich unterlägen, sodass der Autonomiewunsch der Schwester im Keim erstickt wurde. Bereits auf dem Weg nach München, als er aus Frauenfeld schrieb, hatte er sie ganz egoistisch als Delegierte benutzt: „Regula lasse ich vielmal grüßen, und es soll bei Dir bleiben und Dir helfen, wo es kann." (Brief vom 1. Mai 1840)

Vor dem Hintergrund einer ihre Kinder so massiv mit Schuldgefühlen belastenden Mutter wird verstehbar, dass Gottfried und vermutlich auch Regula sich nie von solcher Last befreien konnten. Nachvollziehbar ist Kellers Gefühlsausbruch „O! Unabhängigkeit! wie bist du so schön!" (Tagebuch vom 20. Juli 1837), den er einen Tag nach seinem achtzehnten Geburtstag in sein Tagebuch notierte. Es ist kaum zu bezweifeln, dass diese Mutter auch Aggressionen auslöst. Einen Teil davon hat der Autor geschluckt, einen Teil im *Grünen Heinrich* verarbeitet.

Es lassen sich noch andere Parallelen zwischen Gottfried und Heinrich finden. Kellers Umgang mit dem Tod verrät sein Tagebuch. Als Henriette Keller, „das Vorbild für ‚Anna' im ‚Grünen Heinrich'"[475] starb, findet sich nur ein kühler, emotionsloser Eintrag: „den 14. Mai 1838. Heute starb Sie!" Trauer hat auch der grüne Heinrich beim Tod Annas nicht empfunden!

Interessant zu deuten ist auch Kellers im Tagebuch festgehaltener Traum vom 15. September 1847:

> *„Heute nacht besuchte ich im Traum meine Mutter und fand eine große Riesenschlange auf dem Tabouret zusammengeringelt liegen, wie früher unsre rote Katze, welche gestorben ist. Die Schlange bildete eine ordentliche Pyramide auf dem kleinen Stühlchen, auf dem obersten engsten Ringe lag der kleine Kopf, und neben ihm ragte das spitzige Schwanzende empor, welches aus dem hohlen Innern des Turmes vom untersten Ringe her aufstieg. Da ich erschrak, so versicherte meine Mutter, es sei ein ordentliches gutes Haustier, und sie weckte dasselbe. Wirklich entwickelte sich die Schlange sehr gemütlich, gähnte und reckte sich nach allen Seiten, wobei sie die schönsten Farben schimmern ließ. Dann spazierte sie in hohen Wellenbewegungen in der Stube umher, über den Schreibtisch und über den Ofen hin, stellte sich auf den Schwanz und fuhr mit dem Kopfe, da sie sich bei weitem nicht ganz aufrichten konnte, rings an der Stubendecke umher, als ob sie Raum suche. Dann folgte sie der Mutter in die Küche und auf den Estrich, wo sie hinging. Auch ich tat bald vertraut mit dem Tier und rief es gebieterisch beim Namen, den ich vergessen habe. Plötzlich aber hing die Schlange tot und starr über den Ofen herunter und nun fürchteten wir sie erst entsetzlich und flohen aus der Stube. Da wurde sie wieder munter, putzte sich, lachte und sagte: ‚So ist es mit euch Leutchen! Man muß immer tot scheinen, wenn man von euch respektiert werden soll.' Wir lachten auch, spielten mit ihr und streichelten sie. Da stellte sie sich wieder tot, sogleich wichen wir entsetzt zurück; sie machte sich wieder lebendig und wir näherten uns wieder, sie erstarrte nochmals und wir sprangen immer wieder fort. So trieb sie das Spiel, während ich mich in andere Träume verlor [...]".*

Nach Muschg, Kaiser und Lemm handelt es sich um einen Wunscherfüllungstraum:

---

475 A. Muschg: Gottfried Keller, S. 54.

*„So heftet das Traumbild die Übermacht des Triebes mit dem Schmerz über seine erzwungene Unterdrückung zusammen."*[476]
*„Ein Wunschtraum von schönen, aber auch bedenklichen Spielen mit der Mutter [...]. Doch in das Streichelspiel dringt zum Entsetzen der Sünder [...] das Verbot des Inzestes [...]: ‚Man muß immer tot scheinen, wenn man von euch respektiert werden soll', gilt auch vom Vater, der den Tod der Schlange fordert."*[477]

Sigmund Freud stand Versuchen, Träume in vermeintlicher Kenntnis von Traumsymbolen ohne die Assoziationen des Analysanden zu deuten, skeptisch gegenüber:

*„Die auf Symbolkenntnis beruhende Deutung ist keine Technik, welche die assoziative ersetzen oder sich mit ihr messen kann. Sie ist eine Ergänzung zu ihr und liefert nur in sie eingeführt brauchbare Resultate."*[478]

Der Willkür wäre Tür und Tor geöffnet. Gegen diese Einsicht verstoßend, möchte ich zeigen, dass obiger Traum bindungstheoretisch analysiert werden kann. Beeindruckende Textanalysen im Gefolge der Triebtheorie können auch anders verstanden werden. Die folgende Deutung ist zwar genauso willkürlich, sie passt jedoch zu dem in dieser Arbeit entworfenen Bild vom Autor und seinem Alter Ego.[479] Verena Kast verwirft die unter Laien weit verbreitete Vorstellung von der Schlange als Phallussymbol, die damit „eine eng gesehene sexuelle Bedeutung" bekomme. Ihr zufolge ist dieses Tier „ein Symbol von Leben und Tod"[480], und nach Freud können zum Beispiel Schränke, Öfen und Zimmer Symbole für den Mutterleib sein.[481] Auf dem Tabouret der Mutter liegt die Schlange und kriecht über einen Ofen. Heinrich ist die Schlange, die sich entfalten will, die sich nach „allen Seiten" reckt. Im Zimmer der Mutter fährt sie rings an der Stubendecke umher, als ob sie Raum suche. Steht die Schlange für Gottfried, den nicht zu Ende geborenen, der in der Symbiose mit der Mutter lebt und sich nicht entfalten kann? Die Schlange symbolisiert „Lebenskraft, eine Kraft, die

476 Ebd., S. 49.
477 G. Kaiser: Gottfried Keller, S. 44.
478 S. Freud: Vorlesungen zur Einführung, S. 152.
479 W. Schönau/J. Pfeiffer, Einführung, S. 83 ff., fassen in Bezug auf die Symboldeutung ähnliche Zweifel der literaturwissenschaftlichen Forschung zusammen.
480 V. Kast: Vom Sinn der Angst, S. 202.
481 Vgl. S. Freud: Vorlesungen, S. 157.

unverhofft ins Leben drängt."[482] Außerdem scheint der Tod im Traum eine große Rolle zu spielen. Vom Sarg, der roten Katze, die gestorben ist, und von der Schlange, die sich tot stellt, ist die Rede. Sind das Hinweise auf Suiziddrohungen?

Eine weitere Deutungsmöglichkeit: Die Schlange liegt im Schlafzimmer der Mutter und ist ihr Attribut. Sie spaziert in die von der Mutter beherrschte Küche, in der die Mutter die Kinder mit ihrem Versorgungszwang bindet. Gottfried erlebt seine dominante Mutter als Schlange, die sich riesig aufbäumen kann. Im Spiel mit ihr kommt Gottfrieds Ambivalenz zur Mutter zum Ausdruck: Man kann mit ihr lachen und spielen, aber wehe, man wird „gebieterisch", aggressiv, versucht sie zu beherrschen, sich von ihr zu lösen, dann stellt sich die Mutter tot und demonstriert ihre Macht. Mit Todesanspielungen hat sie Gottfried und Regula beherrscht: Man muss immer tot scheinen, wenn man euch zum daheim Bleiben zwingen will! Wenn die Mutter so droht, muss man sie entsetzlich fürchten. Bleibt man artig bei ihr, dann kann man wieder friedlich mit ihr spielen, dann ist sie lieb, dann ist sie fürsorglich, dann ... So treibt die Mutter das Spiel, tückisch und unberechenbar wie eine Schlange. Ihr Bindungswunsch ist erdrückend, verschlingend.

## III.2 Kellers Bindungsangst – Literatur als Wunscherfüllung

Im vorigen Kapitel wurde gezeigt, dass sich die Schuld- und Unabhängigkeitsproblematik bezüglich der Mutter in ihrem Briefwechsel nachweisen lässt. Spuren der Bindungsangst Gottfried Kellers gegenüber Frauen lassen sich in der Korrespondenz mit ihnen wiederfinden. Wie dem grünen Heinrich fiel es auch seinem Schöpfer schwer, sich zu einem Liebesgeständnis durchzuringen. Im Unterschied zu Heinrich, der mit dem „Hoffnung senket ihren Grund/In das Herz, nicht in den Mund!" (746) gesteht, sich nicht zu solchen Bekundungen überwinden zu können, gelangten Keller Liebeserklärungen – allerdings nur, wenn er sicher war, zurückgewiesen zu werden. Bernd Neumann hat in der Korrespondenz des Autors diesbezügliche Beobachtungen gemacht:

> *„Er [Gottfried Keller] offenbarte sich Luise Rieter schriftlich, in Wendungen, die – und auch dies wird sich wiederholen – die Abweisung geradezu vorwegnehmen."*[483]

482 V. Kast: Vom Sinn der Angst, S. 203.
483 B. Neumann: Gottfried Keller, S. 22.

*„Wieder nimmt Kellers schriftliche Liebeserklärung [an Johanna Kapp] die Abweisung vorweg; wieder kann man glauben, Keller hätte seine Wahl getroffen unter dem Gesichtspunkt der garantierten Unmöglichkeit jeder Erfüllung.“*[484]

Neumann fährt fort: „Freilich über Ludmilla Assing als Person und als Frau, die unter Umständen gern zu ihm in eine nähere Beziehung getreten wäre, äußert er sich abweisend und spröde.“[485] Zudem habe sich der klein gewachsene Autor oft in „ausgesprochen groß gewachsene, elegante Frauen“[486] verliebt. Zwar ging Neumann noch von einem besonderen Kleinwuchs Kellers aus und berücksichtigte in seiner Einschätzung möglicherweise auch die damalige Durchschnittsgröße nicht, er beschreibt die Frauen aber auch als angesehene, „gesuchte Gesellschaftsdame[n]“[487], die schwer erreichbar waren, und kommt zu folgendem Schluss: Gottfried Keller liebte nur die Frauen, „so muß es [...] scheinen, [...] bei denen er sich sicher sein konnte, daß sie ihn nicht wiederlieben würden.“[488] Dieses Urteil lässt den Abwehrmechanismus des Agierens erkennen, der in Ferdinand literarisch gestaltet wurde und in dem der Autor eigenes Erleben modellierte. Irgendetwas musste Keller in allen Fällen Sicherheit gegeben haben, dass seine Gefühle nicht erwidert würden, deshalb konnte er in seinen Briefen angstfrei seine Liebe offenbaren. Die Überwindung dazu fiel ihm jedoch stets schwer. So wie Dorothea kaum etwas von der tiefen Zuneigung Heinrichs ahnen konnte, ging es auch Luise Rieter, was aus dem bereits zitierten Brief vom 16. Oktober 1847 hervorgeht. Sie wusste offenbar nichts von den inneren Kämpfen des Verliebten und musste mit einer Warnung zunächst einmal auf das unerwartete Liebesbekenntnis vorbereitet werden. Mit den Worten „Erschrecken Sie nicht [...]“ eröffnete Keller daher das Schreiben.

Auch Johanna Kapp, die verehrte Professorentochter aus Heidelberger Zeiten, war ebenfalls höchst erschrocken vom überraschenden, schriftlich mitgeteilten Liebesgeständnis Kellers. Voller Schuldgefühle antwortete sie:

*„Lieber, lieber Freund! Ich bin so tief erschüttert, daß ich kaum weiß, wie ich Ihnen schreiben soll [...]. Ihr lieber Brief hat mich furchtbar*

484 Ebd., S. 24.
485 Ebd.
486 Ebd., S. 22.
487 Ebd., S. 26.
488 Ebd., S. 24.

*traurig gemacht [...]; aber es kommt mir schrecklich traurig vor, daß ich so viel Unheil anrichte. [...] In den letzten Tagen hab' ich wohl gefühlt, daß Sie mich gern hatten; aber ich hielt es für eine schöne menschliche Teilnahme und hätte mich auch gefürchtet, etwas mehr zu glauben. Nun aber liegt der Reichtum Ihres schönen Herzens* plötzlich *vor mir [...]!" (Brief vom 7. November 1849,* Hervorhebung CT*)*

Auffällig ist zunächst einmal, dass Keller, obwohl sich die beiden am Tag zuvor getroffen hatten, nicht den direkten Weg wählte, seine Liebe zu erklären. Wie schwer ihm das gefallen sein musste, verriet er im *Grünen Heinrich*. Leichter fiel ihm, sich brieflich mitzuteilen. Weil er so „schön" Anteil an ihrem Schicksal nahm und er so gut zuhören konnte, hatte sie ihm ihr Herz ausgeschüttet:

*„Ich hab's Ihnen schon gestern gesagt, daß ich ebenso glücklich wie unglücklich, weil ich getrennt bin, aber geliebt! Als ich Ihnen vor acht Tagen meine Gedichte gab, da nahm ich mir innerlich vor, Ihnen nie den Namen dessen zu sagen, in dem mein Wesen aufgegangen." (Brief vom 7. November 1849)*

Johanna Kapp liebte Ludwig Feuerbach, was Keller nicht wusste.[489] Wer ihm im Wege stand, spielte auch keine Rolle, bedeutender war, dass die Professorentochter Gottfried, von „stürmischer Freude ergriffen" (Brief vom 7. November 1849), von ihrer Gebundenheit erzählt hatte. Während er artig und ihr zugewandt zuhörte, offenbarte sie ihm ihre unglücklich-glückliche Liebe sowie die damit verbunden Seelenqualen, und er wurde vermutlich traurig, „da sie auch gar nichts zu merken schien von dem, was in ihm vorging" (740) - so hätte es Heinrich formuliert. Mit der Sicherheit, nicht wiedergeliebt zu werden, konnte Keller seinerseits brieflich gefahrlos seine Liebe gestehen. Weil Johanna nichts von Gottfrieds Bekümmernissen ahnte, fühlte sie sich ihrerseits schuldig und war „tief erschüttert", nachdem sie sein Geständnis erhalten hatte. Hätte sie bloß den Abwehrmechanismus des Agierens gekannt!

489 Vgl. C. Helbling: Gesammelte Briefe, Bd. 2, S. 23. Helbling ging vermutlich davon aus, dass Keller gar nichts von ihrer Gebundenheit wusste. Johanna Kapps Liebe zu Feuerbach war im Übrigen deshalb so unglücklich, weil er verheiratet war.

Wenn man unterstellt, dass der Autor in Ferdinand eigenes Erleben modellierte, dann war ihm auch bewusst, dass das Agieren der eigenen Psyche insofern nutzt, als dass der Agierende sich seine Angst nicht einzugestehen braucht. Darin liegt offenbar die „Selbstsucht" (489) dieses Verhaltens. Das Selbstsüchtige erkannte Keller auch in dem Brief, den er einen Monat später an Johanna Kapp schrieb. Die Vergeblichkeit schien ihn aber wenig zu bekümmern, wichtiger war, seine Zuneigung bekennen zu können:

> *„ [...] daß ich Ihnen unter allen Lebensverhältnissen gut bleiben möchte! [...] Ach, ich glaub', ich schreibe immer das gleiche, das ist ein sehr langweiliger Brief für Sie, aber ich schreibe ihn nur für mich [...]." (Brief an Johanna Kapp vom 7. Dezember 1849)*

Dem 53-jährigen Staatsschreiber Gottfried Keller gelangen, wenn es darum ging, seine Liebe direkt mitzuteilen, kaum Fortschritte. Als er der 22-jährigen Kellnerin Lina Weißert am 10. April 1873 einen Heiratsantrag sandte, leitete er seinen Wunsch mit folgenden Zeilen ein: „Sie haben Gestern Abend wahrscheinlich gemerkt, wo ich hinaus wollte mit meiner ungeschickten Ankündigung." Offenbar irrte Keller; vertraute Nähe herzustellen, gelang ihm an jenem Abend nicht; ihre Antwort lässt vermuten, dass auch sie kaum etwas von seinem Gefühlszustand ahnte:

> *„Genehmigen Sie vor allem meinen herzlichsten Dank, für Ihre überaus liebevolle Ansicht, die ebenso unerwartet, als unverhofft an mich gelangte. Der gestrige Abend war wohl derart mich verstehen zu lassen, was Sie mir hier mittheilen u. ich verhehle Ihnen keinen Augenblick, daß mich diese Nachricht <dennoch> ungemein überraschen mußte."*[490]

Kellers Unvermitteltheit in diesem Heiratsantrag - sie hätte ebenfalls ein „Erschrecken Sie nicht ..." als Vorwarnung verdient - lässt erahnen, dass ihm viel daran gelegen haben muss, seine Liebe zu bekunden. Noch bedeutsamer schien ihm aber zu sein, von Lina zurückgewiesen zu werden, denn er wirbt nicht für sich, sondern legt ihr die Ablehnung buchstäblich in den Mund:

> *„Ohne viel Worte zu machen, will ich Sie daher fragen, ob Sie nicht zu viel Widerwillen haben, meine Frau zu werden? Wenn Sie mich*

490 http://www.gottfriedkeller.ch/frameset.htm, 20.12.2007.

*nicht mögen, so wissen Sie es jetzt schon u. ich bitte Sie in diesem Falle mir dieses Briefchen mit einem darüber od. darunter geschriebenen Nein heute Abend noch zurückzustellen, damit wir dann über die Sache lachen können wenn ich zurückkomme."*

So erobert eine Frau nur derjenige, der sein Ziel nicht erreichen möchte. Die letzten Zeilen des Briefes verraten erneut seine Ungeübtheit in Liebesangelegenheiten, die er zu kaschieren versucht. Stattdessen wiederholt er seinen Heiratswunsch:

*„Alle weitern bei solchen Anläße übliche Redens Arten, will ich jetzt unterlassen einzig will ich Ihnen sagen, daß es mich sehr glüklich machen würde für Sie sorgen u leben zu dürfen. Ihr Erg. G K"*

Auf der Internetseite zu Gottfried Keller wird die Parallele zu dem Brief an Luise Rieter in Bezug auf das angelegte Misslingen des Antrags ebenfalls erkannt. Trotzdem heißt es dort:

*„Was Keller offenbar nicht wußte, war der Umstand, daß Lina mit größter Wahrscheinlichkeit schon zur Zeit seines Heiratsantrags einem andern Mann verbunden war, mit dem sie sich auch im Herbst des gleichen Jahres verlobte und der vielleicht die entschiedene Formulierung des Absagebriefes mitverantwortete."*[491]

Vermutlich machte Keller der so viele Jahre jüngeren Lina Weißert auch diesen Heiratsantrag nur, weil er sicher war, zurückgewiesen zu werden.

Kellers Briefwechsel lässt ebenfalls erkennen, dass der Autor gegenüber Frauen „spröde" war und sich vornahm, „nichts Törichtes" gegenüber Frauen anzustellen. Ein Brief von Lina Duncker, der Schwester Betty Tenderings, weist darauf hin, dass Keller gegenüber seiner Liebe aus der Berliner Zeit „stets so unartig und mürrisch wie möglich [...] gewesen" sei. Als ihm zum Beispiel einmal ein Schmuckstück heruntergefallen sei und sie es ihm aufgehoben und übergeben habe, „kratzen [Sie] es ihr ungestüm und barsch aus der Hand, und legen es an Ort und Stelle, ohne Dank ohne irgend ein schmeichelhaftes oder erstauntes Wort. - Betty steht erstarrt vor Ihnen." (Lina Duncker an Keller, 29. Februar 1856). Betty war ihm offenbar zu nahe gekommen, sodass er spröde und grob werden musste.

491 Ebd.

Zusammenfassend lässt sich feststellen, dass Keller als Agierender, d. h. mit der Sicherheit, nicht wiedergeliebt zu werden, seine Hemmungen ablegen und erobernd auftreten konnte, sodass er in manchen Briefen seine „Katzangst" vor Bindungen überwand. Die Auseinandersetzung mit dieser Bindungsangst muss für den Autor sehr belastend gewesen sein. Das verrät nicht nur die Schreibunterlage aus der Berliner Zeit, sondern auch Kommentare zum Produktionsprozess des *Grünen Heinrich* lassen darauf schließen. Er schrieb den Roman „unter den größten Leiden aller Art" (an Vieweg, 2. April 1855); weiterhin berichtet er, das letzte Kapitel „buchstäblich unter Tränen" geschrieben zu haben (an Hettner, 9. Mai 1855). Vermutlich bezeichnete er seinen Roman deshalb als eines der „schrecklichsten aller Bücher" (an Maria Melos, 26. Dezember 1879). Ungefähr zeitgleich schrieb Keller an den *Seldwyla Novellen*, was ihm offenbar sehr viel leichter fiel. Er teilte Vieweg in einem Brief mit, dass er sich „ein Bändchen heiterer Erzählungen" ausgedacht habe, welches er „zur Erholung" von der „trübseligen" Berliner Zeit schreiben wolle (an Vieweg, 15. Juli 1851). Zwar sind diese Novellen überwiegend humorvoll, doch enden fast alle Erzählungen, das gilt auch für die später verfassten *Züricher Novellen*, damit, dass der jeweilige Protagonist sein Lebensglück, das in der Eheschließung besteht, verfehlt; *Romeo und Julia auf dem Dorfe* endet sogar höchst tragisch mit dem Tod der Liebenden. Auch Adolf Muschg erkannte diese Besonderheit: Wo immer „Leute in Kellers Werk füreinander bestimmt scheinen, pflegen sich äußere Hindernisse und Mißverständnisse als unüberwindlich zu erweisen."[492] Wahrscheinlich lag die „Erholung" im Prozess des Schreibens. Bestand das Erholsame darin, dass in den Novellen die Gründe für das Scheitern der Helden in ihren Liebesbeziehungen nicht in ihrem Inneren liegt, sondern dass externe Faktoren verantwortlich dafür sind? Keiner der Protagonisten der Novellen zeigt Bindungsängste. In Bezug auf die Psychohygiene des Autors ist das sicherlich eine „gesunde" Reaktion. Es gehöre zu den „eingebauten Illusionen" des Lebens, sich für Erfolge selbst verantwortlich zu fühlen, während man die „Schuld für Misserfolge der Tendenz nach lieber auf unbeeinflussbare Faktoren oder ‚andere Leute' schiebt."[493]

Die psychoanalytische Kreativitätsforschung leistet ebenfalls einen Beitrag, den Wunscherfüllungscharakter der Novellen zu erhellen. Schönau/Pfeiffer fassen Freuds Einsichten zu diesem Phänomen zusammen,

492 A. Muschg: Gottfried Keller, S. 375.

493 R. Degen: Lexikon der Psycho-Irrtümer, Frankfurt a. M. 2000, S. 212.

der beim Schaffensakt den „Primärvorgang" und den „Sekundärvorgang" unterscheide. „Unter dem ‚Primärvorgang' verstand Freud die assoziative Funktionsweise der Psyche, wie sie sich im Traum und im Wahn manifestiert, wenn die Psyche also nicht nach den Gesetzen der Logik und den Regeln der Realitätsprüfung, sondern mit den unbewußten Mechanismen der Verschiebung und Verdichtung operiert. Im Gegensatz zum Primärvorgang, der weitgehend dem Lustprinzip gehorcht, folgt der ‚Sekundärvorgang' dem Realitätsprinzip. Das bedeutet, daß die Psyche sich im Sekundärvorgang um eine angemessene Wahrnehmung und Berücksichtigung der Wirklichkeit und ihrer beschränkten Befriedigungsmöglichkeiten bemüht, während im Primärvorgang Wunscherfüllungen halluziniert werden und eine Form der gestaltfreien Wahrnehmung möglich ist."[494] In welcher Weise beim kreativen Prozess der Schöpfung Kellers Novellen „Primär- und Sekundärvorgang" zusammenarbeiten, vermag vermutlich niemand zu bestimmen. Der hohe Anteil einer Beteiligung des „Primärvorgangs" lässt sich jedoch beobachten. Ein Blick auf Kellers Novellen bestätigt Freuds Thesen zum „Primärvorgang" und widerlegt Kaiser, der behauptet, dass Keller im „Griff nach dem novellistischen Ereignis [...] das Personal und die Motive seiner Epik von sich weg[rückt]."[495]

Besonders deutlich wird das Zerstörerische der äußeren Einflüsse[496] und zudem die Sehnsucht nach der Verschmelzung mit dem anderen Ich durch Sali in *Romeo und Julia auf dem Dorfe* zum Ausdruck gebracht:

> *„Mich dünkt, es wäre nicht übel, die ganze Welt in den Wind zu schlagen und uns dafür zu lieben ohne Hindernis und Schranken!" (SW, Bd. 6, 141)*

Die Eltern sind schuld, dass beide nicht „zusammenkommen" (SW Bd. 6, 110) können. In den Novellen, in denen es zu Verbindungen kommt, musste das jeweilige Paar vorher gegen verschiedene äußere Widerstände ankämpfen. In *Das verlorene Lachen* ist der arme Fähnrich Jukundus in Justine verliebt. Die fast deckungsgleichen Namen deuten - so auch bei Salomon und Salome im *Landvogt von Greifensee* - bereits an, dass sie füreinander bestimmt sind. Wie bei Romeo und Julia steht

494 W. Schönau/J. Pfeiffer: Einführung, S. 15.

495 G. Kaiser: Gottfried Keller. Eine Einführung von G. Kaiser, München 1985, S. 59.

496 Selbmann spricht von „Liebesharmonie in einer feindlichen Umwelt". R. Selbmann: Gottfried Keller, S. 59.

die Familie einer Eheschließung der beiden jedoch ablehnend gegenüber. Jukundus wird vom Vater und den Brüdern Justines kühl behandelt. Auch die Mutter vertritt die Ansicht, „daß ja unmöglich ein Mann aus Seldwyla in die Familie heiraten dürfe, aus dem Orte, in welchem noch nie einer auf einen grünen Zweig gekommen sei und wo niemand etwas besitze." (SW, Bd. 6, 527) Trotz aller Widerstände kommt es doch zur Ehe, die aber aufgrund kaufmännischen Mißgeschicks und religiöser Meinungsverschiedenheiten des Paares scheitert. Bald sehnen sich beide allerdings nach ihrem früheren Eheglück zurück. Justine hätte ihn gern aufgesucht, „wenn nicht immer die Verhältnisse dazwischengetreten wären." (SW, Bd. 6, 578) Schließlich führt der Zufall sie doch wieder zusammen.

*Don Correa* scheitert beinahe beim zweiten Versuch, eine Bindung einzugehen. Zambo, eine Heidin, soll in einem Kloster erzogen werden, damit sie gesellschaftsfähig wird. Als Don Correa sie wieder abholen will, hat man sie entführt, und er ärgert sich, Zambo nicht gleich geheiratet zu haben. Auf der Verfolgungsjagd gerät er nach Marseille, wo die Pest herrscht. Doch diese Gefahr wird überwunden, sodass sie am Ende zusammenkommen. Eine ganze Reihe von Zufällen, die das Zustandekommen einer Ehe verhindert haben, wird in *Die Geisterseher* geboten. Der Oheim, der seine Liebesgeschichte erzählt, steht mit einem Studenten in Konkurrenz zu Hildburg. Sie liebt beide gleich stark, sodass derjenige sie heiraten solle, der den Geist des Dachbodens stellt. Der Oheim versagt bei der Erfüllung dieser Aufgabe; nichts deutet auf innere Hemmungen hin:

> *„[...] mancher zufällige Umstand konnte auf das Ergebnis von Einfluß sein, die Verschiedenheit des Wetters, der Mondhelle, des körperlichen Befindens und der Gemütsstimmung konnte eine veränderte Urteilskraft bedingen, wie ich denn auch geschehenermaßen am Tage vor meiner Prüfungsnacht mehr Getränke zu mir genommen als der Andere [...]" (XI, 234).*

Dass sich neben der Bindungsangst auch Kellers Erziehungsvorstellungen in den Novellen wiederfinden lassen, soll im Folgenden etwas ausführlicher an einigen ausgewählten Texten gezeigt werden.

### III.2.1 *Der missbrauchte Liebesbrief* aus den Seldwyla-Novellen

Obwohl diese Novelle als Satire auf den Schriftstellerberuf[497] bzw. den Literaturvermarktungsbetrieb[498] gelesen wird, kann sich Keller nicht von „seinen" Themen lösen. Ideale Erziehung und die bekannten Bindungsprobleme werden erneut thematisiert. Viggi Störteler, der parodierte „Dichter", wird zur Randfigur. Als eigentlicher Protagonist erscheint Wilhelm, „ein Geistesverwandter des Grünen Heinrich"[499]. Er ist ein wunderlicher, zurückgezogen lebender, „armer Unterlehrer" (SW, Bd. 6, 389), der Frauen nur in der Phantasie zu lieben weiß. Nachdem er sich als Liebesbriefschreiber von der verheirateten Gritli, die später seine Frau wird, benutzen lassen hat und zum Einsiedler geworden ist, gewinnt er in den Weinbergen eines Tucherers „Arbeitslust, Verständigkeit und Ausdauer" (SW, Bd. 6, 425), mithin Eigenschaften, die einem grünen Heinrich ebenfalls fehlen. Der Weinbergsbesitzer wundert sich, „daß der träumende und verliebte Schulmeister ganz plötzlich diese Tugenden hervorkehrt, als wenn er sie auf der Straße gefunden hätte." (SW, Bd. 6, 425) Auch ohne eine ideale Mutter ist offenbar eine Entwicklung zu einem realitätsgerecht Handelnden möglich, und Wilhelm wird in der Folgezeit seinerseits zu einem erfolgreichen Erzieher und Ratgeber. Als eines Tages eine Witwe mit ihrem missratenen Sohn den Einsiedler aufsucht, gelingt es dem Unterlehrer, den Sohn durch „freundlich-ernste Worte" (SW, Bd. 6, 430) zu beeindrucken und zu kurieren. Wilhelms Gaben sprechen sich herum, sodass er bald viele Kinder, die in der Schule nicht fortkommen, „liebevoll [...] ins Geleise" (SW, Bd. 6, 431) bringt. Auch Wilhelm kennt das „Geheimnis aller Erziehung", Liebe und Strenge in Balance zu bringen.

Wilhelm scheint sich also zu einem jungen Mann mit „selbstbewußter und freier Haltung" (SW, Bd. 6, 432 f.) entwickelt zu haben; gleichwohl ist er schüchtern und gehemmt. Daher möchte die Freundin Gritlis den jungen Mann „in die Schule" nehmen. Sie ist sich sicher, „daß Gritli den Vogel festhalten würde, wenn sie ihn erst unversehrt in der Hand hielte." (SW, Bd. 6, 439) Hier wird ebenfalls das im *Grünen Heinrich* benutzte Motiv des freien Vogels verwendet, was darauf hindeutet, dass sich hinter Wilhelms Schüchternheit Bindungsangst verbirgt. Die Freundin will den Einsiedler auf eine Probe stellen, ob er Gritli wirklich treu ist, obwohl er noch gar nicht um sie geworben hat. Wilhelm besteht die Probe zunächst, weil er sich gegenüber der attraktiven Freun-

497 G. Kaiser: Gottfried Keller, S. 360 ff.
498 R. Selbmann: Gottfried Keller, S. 86 f.
499 Ebd., S. 89.

din „wie ein Stück Holz" (SW, Bd. 6, 440) verhärtet hat, durchschaut aber nach einem zweiten Versuch, ihn zum Küssen zu verführen, dass irgendein böses Spiel mit ihm getrieben wird, und flüchtet. Bei der Beschreibung der Flucht wird - wie in den *Züricher Novellen* - das Motiv benutzt, dass Liebende sich an einer engen Stelle treffen müssen, an der sie einander nicht ausweichen können; Nähe wird zwangsweise hergestellt:

> *„Wilhelm war plötzlich wie in ein Fegefeuer gesteckt und bemerkte dennoch in aller Verwirrung, daß der wohlklingende Schritt fast unmerklich zögerte. Endlich blickte er in die Höhe und sah Frau Gritli nahe vor sich, welche ihrerseits errötete und verlegen lächelnd vor sich hinsah. Beide Personen beschleunigten in der Verwirrung ihren Gang und eilten sich vorüber, wahrscheinlich um sich nie wieder zu treffen. Da zog Wilhelm doch noch seinen Hut und Gritli erwiderte den Gruß mit einer raschen Verbeugung. Wie an einem Drahte gezogen sah jedes zurück, stand still und wendete sich mit mehr oder weniger langsamer Bewegung; endlich schossen sie zusammen wie zwei Hölzchen, die auf einem Wasserspiegel dahintreiben, und stehenden Fußes gingen sie eilig nebeneinander fort." (420, SW, Bd. 6, 443)*

Solche Szenen scheinen Tagträumen zu entspringen. Aufgestaute Nähewünsche entladen sich förmlich und die Liebenden verschmelzen miteinander! Äußerst knapp wird noch von der baldigen Heirat und von wohlgeratene Kindern, die der Ehe entspringen, erzählt.

### III.2.2 Die Züricher Novellen

#### III.2.2.1 Die Rahmenhandlung

Die Rahmenhandlung sowie die Binnenerzählungen der *Züricher Novellen* erschienen 1876/77. Im Mittelpunkt der Texte stehen helle Gestalten der Geschichte Zürichs, die ihr Leben nach dem Gemeinwohl ausrichten.[500] Eigentlich hatte Keller eine Abneigung gegen historische Stoffe; was aus einer Äußerung gegenüber Conrad Ferdinand Meyer hervorgeht: „In einer historischen Erzählung bin ich wie mit Hunden gehetzt, weil ich nie weiß, ob ich in der Wahrheit stehe." (SW, Bd. 5, S. 443) In Bezug auf die Beziehungsstrukturen der jeweiligen Protagonisten steht Keller wohl nicht in der historischen „Wahrheit"; sondern er projiziert die aus dem *Grünen Heinrich* bekannten Nähe-Distanz-

500 Vgl. K.-D. Metz: Gottfried Keller, Stuttgart 1995, S. 91 f.

Probleme auf die jeweiligen Charaktere. Herr Jacques, ein „Grüner Jacques“[501], ist der junge Mann der Rahmenhandlung, der von ähnlichen Problemen wie der grüne Heinrich gegenüber Anna geplagt wird; auch Herrn Jaques fällt es schwer, Nähe zu einem Mädchen herzustellen, zu dem er sich hingezogen fühlt:

> *„Im übrigen begnügte er sich damit, dasselbe von ferne anzusehen und die Wege zu wandeln, auf denen es zur Kirche oder Schule ging, in der Nähe aber immer das Gesicht abzuwenden, so daß ihm die Gesichtszüge der Geliebten eigentlich fast unbekannt waren und er nur ein ungefähres Bild im Kopfe trug, an welchem die Locken und das Kleid die Hauptsache bildeten.“ (SW, Bd. 7, 18)*

Als das Mädchen ihm doch einmal zu nahe kommt - sie steht in einer Gruppe von Gleichaltrigen und wird von einem der Mädchen absichtlich gegen ihn geschubst -, muss er sie gewaltsam „wie ein unvorhergesehenes großes Übel“ (SW, Bd. 7, 17) von sich stoßen. In diesem Fall hilft keine Sprödigkeit und es bleibt keine Zeit, zum „gefrornen Christ[en]“ zu werden, sondern es hilft nur Gewalt, sich seiner Haut zu wehren.

Jacques entschließt sich eines Tages, ein Originalgenie zu werden, weil es „heutzutage keine ursprünglichen Menschen, keine Originale mehr gebe, sondern nur noch Dutzendleute und gleichmäßig abgedrehte Tausendspersonen.“ (SW, Bd. 7, 7) Sein Patenonkel Jakobus erkennt den abwegigen Plan jedoch und erzieht den jungen Jacques mit Hilfe der ersten drei Geschichten der *Züricher Novellen* (*Hadlaub, Der Narr auf Manegg und Der Landvogt von Greifensee*), die ihn über wahre und falsche Originale aufklären sollen. Das Ergebnis der „Erziehungsarbeit“ des Onkels besteht darin, dass Jacques „freiwillig und endgültig darauf [verzichtet], ein Originalgenie zu werden.“ (SW, Bd. 7, 229) Obendrein entwickelt er sich zu einem idealen Erzieher, zu einem „Pfleger der jungen Talente und Vorsteher der Stipendiaten“ (SW, Bd. 7, 229), der ebenfalls in das „Geheimnis aller Erziehung“ eingeweiht zu seien scheint. Er hat der Kunst entsagt und verfährt „um so strenger gegen die jungen Schutzbedürftigen“ (SW, Bd. 7, 229), sodass deren Größenvorstellungen beizeiten in „Bescheidenheit“ umgewandelt werden. Herr Jacques versteht es, Grenzen zu setzen, entweder durch ein „scharfes Wort“ (SW, Bd. 7, 229) oder indem er droht, jeden Verstoß gegen seine Vorstellungen „mit einer Kürzung der Subsidie, mit einem

501 K. Jeziorkowski: Literarität, S. 137.

Verschieben der Absendung und einem vierwöchigen Hunger zu ahnden und Wind, Wetter, Sonne und Schatten dergestalt eigentlich zu beherrschen, daß die Zöglinge in der Tat auch etwas erfuhren und zur besseren Charakterausbildung nicht so glatt dahinlebten." (SW, Bd. 7, 230) Der Erzieher muss durch Widerstände dafür sorgen, dass der Zögling nicht so „dahinlebt", sondern sich die Hörner ablaufen kann, damit sich im Lee'schen Sinn ein „seetüchtiger" Charakter herausbildet.

Herr Jacques gelingt es auch, eines Tages zu heiraten, obwohl er „fast aus seiner Bahn geworfen worden [wäre], als er nämlich nach gehöriger Ausreifung aller Verhältnisse seine vorbestimmte Braut feierlich heimführte [...]" (SW, Bd. 7, 230). Genaueres zum Prozess der Annäherung erfährt der Leser allerdings nicht; ganz knapp und, das Passiv benutzend, wird von der Eheschließung und dem weiteren Leben Herrn Jacques erzählt: „[...] so wurde denn zur längst erwarteten offenen Werbung geschritten, die Verlobung abgehalten, die Hochzeit verkündet und letztere gefeiert [...]" (SW, Bd. 7, 230). Im Gegensatz zum grünen Heinrich und zum Autor braucht Herr Jacques auch keine Angst davor zu haben, der Frau keine materielle Sicherheit bieten zu können, weil „einer nicht unbescheidenen Zahl zu erhoffender Kinder jetzt schon der Wohlstand gewährleistet schien" (SW, Bd. 7, 230).

### III.2.2.2 Hadlaub

Auch der Minnesänger Johannes Hadlaub, der Protagonist der ersten Binnenerzählung, hat einige Jahrhunderte früher, gegen Ende des 13. Jahrhunderts, ähnliche Existenzprobleme zu bewältigen wie Jacques. Wie dieser gerät auch Hadlaub durch äußeren Zwang in eine kaum zu ertragende Nähesituation, als er eines Tages Fides, seiner ersten Liebe, die er bis dahin immer auf Distanz zu halten wusste, auf einem Pfad begegnet, der so schmal ist, „daß nicht zwei aneinander vorbeigehen konnten" (SW, Bd. 7, 62). Um seine Angst vor Nähe zu bewältigen, muss er das Mädchen in „bewußtlosem Zustand" mit seinem Blick fixieren, und schon „ganz nahe bei ihr, vermochte er kaum noch schnell zur Seite zu treten, um sie vorbeizulassen. Totenbleich schlug er in diesem feierlichen Moment die Augen nieder, die Knie wankten dem zagen Jüngling, er vermochte nicht ein Wort hervorzubringen, und sie ging an ihm vorüber, ohne ihn zu grüßen [...]. Beschämt und als ob er dem Teufel entronnen wäre, setzte auch er nun seinen Weg mit der größten Eile fort, noch immer an allen Gliedern zitternd." (SW, Bd. 7, 62)

Schließlich gelingt es ihm – wie Heinrich als Rudenz beim Tell-Spiel – in der Rolle des Minnedichters, seine Gefühle für Fides auszudrücken. Dass die hohe Frau währenddessen in „Stillschweigen" verharrt und die Gefühle nicht erwidert, „beirrte ihn nicht mehr, die Sache war ja im Lauf" (SW, Bd. 7, 63). Seine Angst vor Nähe kann ruhen, sodass er weiter minnen kann. Er „sang an eine hartherzige oder spröde Schöne um Erhörung, und daß diese so lange als möglich ausblieb, mußte er eben gewärtigen und ertragen wie jeder Singer. Es genügte ihm sogar, und er warf gerade auf diesen Grund kühnlich den Anker seiner Hoffnung." (63) Fides bewahrt alle von Hadlaub geschriebenen Briefe sorgfältig auf und vertraut sich schließlich, da sie der Sache ein Ende bereiten will, dem alten Ritter Menasse an, der in Hadlaub einen neuen Minnesänger entdeckt. Bald beginnt das Spiel damit, ob Hadlaubs Gefühle echt sind oder ob er Minnedienst leistet. Angst und Lust vor der Entdeckung seiner Liebe werden in dieser Auseinandersetzung auf die Spitze getrieben. Eines Tages soll Johannes überraschend seine Minnelieder der Öffentlichkeit vorstellen, und ausgerechnet Fides wird auserkoren, „ihm den Kranz aufzusetzen" (SW, Bd. 7, 79). Beide sind sich der Wahrhaftigkeit der besungenen Gefühle bewusst und wollen fliehen, werden aber von den Anwesenden gewaltsam in dieser Situation gehalten. Während der Vorführung nimmt sie seine Hand; daraufhin regte er sich „wie ein Tierlein, das sich in der Angst totgestellt hat und nun allmählich wieder bewegt und munter wird. Er sah zu ihr auf, hielt ihre Hand mit beiden Händen fest und blickte ihr ins Antlitz, ganz nah, wie noch nie." Doch dann nimmt Hadlaub das Minnespiel ernst. „Alles um sich her vergessend, schaute Johannes, dieweil seine beiden Arme auf ihrem Schoße lagen, sie so selig und ganz verklärt an, daß unwiderstehlich ein Hauch des Glückes in ihre Seele hinüberzog [...]" (SW, Bd. 7, 81). Erst als Fides ihm in die Hände beißt, kommt er wieder zu Bewusstsein und kann ihre umklammerte Hand loslassen. Die bedrohliche Situation endet damit, dass die Freiheitswünsche auf Fides projiziert werden, die, um endlich zu entkommen, Hadlaub als Minnelohn eine Nadelbüchse hinwirft, „um nur endlich frei zu werden." Dass dieses Geschenk ein Liebesbeweis Fides' ist, ahnt niemand der Anwesenden, und die Fürstin wundert sich, „daß sie es ihm gegeben hat; denn ein Vorfahr hat es übers Meer gebracht, und sie trägt es von Kindesbeinen auf in der Tasche herum." (SW, Bd. 7, 82 f.) Nachdem einige Tage vergangen sind und die nötige Distanz wieder hergestellt ist, sehnt Hadlaub sich wieder nach mehr Nähe zu Fides; aber er verspürt keine „Fortschritt seiner Minnesachen seit dem glückseligen Jagdvergnügen." Bald zieht Hadlaub in die Welt hinaus, und als er nach langer Zeit zurückkehrt, hat sich auch Fides auf eine Burg am Rhein zurückgezogen. Eines Tages erhält Hadlaub einen Brief von ihr. „Wie so oft bei Keller nimmt in diesem Augenblick die Frau das Heft in die Hand und bringt die Heiratsangelegenheit couragiert zu einem guten Ende"[502], nachdem der Minnesänger viele Widerstände überwunden und „Leib und Leben" (SW, Bd. 7, 94) riskiert hat, kommt es „ohne weitere Störung" (SW, Bd. 7, 107) zu einem guten Ende. Bei der Schöpfung solcher Passagen scheint der „Primärvorgang" dominant zu sein. Das Lustprinzip herrscht, wenn gegen alle Widerstände um die Verwirklichung der Liebe gekämpft wird.

### III.2.2.3 Der Narr auf Manegg

Im *Narr auf Manegg* sind es wieder äußere Einflüsse, die das Zustandekommen einer Ehe verhindern. In einem Nebenstrang der Handlung der Novelle erfährt der Leser, wie die Hauptlinie der Menasse in Ital Menasse ausstirbt. Ein Zufall führt dazu, dass Ital seine Liebe nicht findet. Ausgerechnet an dem Tag, als ein Treffen der Liebenden geplant ist, erreicht ihn die Nachricht, dass Schwarzwild auf die Ackergüter des Meierhofes gebrochen sei. Sofort bricht Ital auf, um den Schaden zu beheben, bleibt aber kurz noch einmal auf der Türschwelle stehen, „weil die schöne Heimsuchung gerade heute eintreffen könnte." (SW, Bd. 7, 117) Tatsächlich kommt sie an jenem Tage; beide halten sich für „gefoppt" (SW, Bd. 7, 118), und ihre Verbindung scheitert.

### III.2.2.4 Der Landvogt von Greifensee

Im *Landvogt von Greifensee*, in dem sich die „Wunschträume eines Junggesellen"[503] spiegeln und eigenes Erleben hineinspielt,[504] wird noch einmal das ganze Repertoire von Erklärungsversuchen vorgeführt, dass zwei Liebende nicht zueinander finden können. Gleich fünfmal versucht der mit dem „Manko der Bindungsunfähigkeit"[505] behaftete Landvogt Salomon Landolt vergeblich, eine Ehe zu schließen. Nachdem er die erste der fünf geliebten Frauen zufällig bei einer Musterung

502 K.-D. Metz: Gottfried Keller, S. 99.

503 Ebd., S. 123.

504 Vgl. H. Wysling (Hg.): Gottfried Keller 1819-1890, Zürich/München 1990, S. 318.

505 R. Selbmann: Gottfried Keller, S. 123.

der Züricher Scharfschützen trifft, entschließt sich der inzwischen „verhärtete Hagestolz“ (SW, Bd. 7, 136) - er ist ein weiterer „gefrorner Christ“ - alle Damen zu sich auf sein Schloss einzuladen. Auf sein Anwesen zurückgekehrt, weiht er seine Haushälterin in seinen Plan ein, und auf ihre neugierige Frage, ob er „alle diese armen Würmer angeschmiert und sitzenlassen“ (SW, Bd. 7, 141) habe, erfährt der Leser seine Liebes- und Lebensgeschichte(n). Nicht seine Bindungsangst lässt alle Verbindungen scheitern; er hätte gern geheiratet, aber sie hätten ihn „nicht gewollt“ (SW, Bd. 7, 141), heißt es voller Selbstmitleid.

Der Reigen beginnt mit Salome; die Leute begleiten die beiden schon mit dem „unterhaltsame[n] Ratespiel [...]. Sie nehmen sich! sie nehmen sich nicht!“ (SW, Bd. 7, 145) Als sie sich eines Tages beim Pflanzen von Kirschbäumen so nahe kommen, dass eine Zukunftsentscheidung getroffen werden muss, schreibt Salomon ihr einen Liebesbrief; zum Schluss „stach ihn der Vorwitz, die Festigkeit ihrer Neigung auf die Probe zu stellen durch eine mysteriös bedenkliche Schilderung seiner Abkunft und Aussichten.“ (SW, Bd. 7, 147) Ambivalent, den Brief abzuschicken, entschließt er sich, Salomes „wirkliche Zuneigung“ (SW, Bd. 7, 150) prüfen zu wollen. Daran scheitert die Eheschließung, was den Landvogt aber nur kurz zu verdrießen scheint, denn er ist sich bewusst, „er sei einer Gefahr entronnen.“ (SW, Bd. 7, 151) Welcher Gefahr er entronnen ist, erfährt der Leser allerdings nicht.

Mit Figura Leu befindet sich Salomon hinsichtlich seiner Liebe lange in einem Schwebezustand. Als er es endlich wagt, seine Angst vor Nähe zu überwinden und über die gemeinsame Zukunft zu sprechen, schlingt sie ihre Arme um seinen Hals und küsst ihn. Im gleichen Augenblick aber stößt sie ihn wieder von sich und eröffnet ihm, dass sie der Mutter, die „geisteskrank“ war, versprechen musste, nicht zu heiraten.

Sieben Jahre später setzt Wendelgard die Reihe fort. Sie bekommt sieben Tage Bedenkzeit, über den Heiratsantrag des Landvogts nachzudenken. Mitten in der Lieblichkeit des Augenblicks, kurz vor Ablauf der sieben Tage - es wäre fast zur Hochzeit gekommen - mischt sich Figura Leu in den Liebeshandel und verhindert im letzten Moment die Ehe.

Äußerst skurril sind die Gründe für das Scheitern der Liebe zu Barbara, deren Zeichenlehrer der Landvogt wird. Harmonisch entwickelt sich die Beziehung der beiden, und als eines Tages die Familien zusammenkommen, um eine Heirat zu verabreden, besichtigen Salomon und seine Liebste sein Maleratelier. Voller Schrecken vor den ausgestellten „Seltsamkeiten" des Landvogts flieht Barbara und möchte nichts mehr mit ihm zu tun haben. Der Unwilligen gegenüber braucht er jetzt keine Bindungsängste mehr zu haben, sodass er um ihre Hand anhält, aber alles „Zureden Landolts und seiner Eltern half nichts" (SW, Bd. 7, 197 f.). Am nächsten Tag ist sie allerdings doch noch zur Ehe bereit, aber nur unter der Voraussetzung, „daß beide Teile dem Bilderwesen für immer entsagen und so alles Fremdartige, was zwischen sie getreten, verbannen würden, ein jedes liebevoll ein Opfer bringend." (SW, Bd. 7, 198 f.) In dieser Forderung sieht der Landvogt nun seinerseits wieder „eine Form der Unbescheidenheit [...], die den Hausfrieden keineswegs verbürge" (SW, Bd. 7, 198). Daher zieht er zu guter Letzt seinen Heiratsantrag wieder zurück.

Die letzte in diesem Reigen bildet Aglaja, bei der Salomon zielstrebig und angstfrei ans Werk geht; er ist sich bewusst, „daß er jetzt endlich vor die rechte Schmiede gekommen sei." (SW, Bd. 7, 201) Da auch Aglaja sehr aktiv beim Kennenlernen vorangeht, will er ihre Neigung auch nicht mehr kritisch hinterfragen:

> *„Das ist eine [...], die weiß, was sie will, und steuert offen und ehrlich, ohne sich zu zieren, auf das Ziel los; ob dieses Ziel ein kluges oder unkluges ist, bin ich nicht so töricht zu untersuchen, da es mich selbst angeht. Jeder sehe, wie er zu dem seinigen komm!" (SW, Bd. 7, 201 f.)*

Alles potenzielle Zögern und Zaudern, das einem in Kellers Werk so bekannt vorkommt, wird zunächst auf die Frau projiziert. Da Aglaja aber frei von Ängsten ist und auch er fest zu einer Ehe entschlossen ist, dürfte einer Verbindung eigentlich nichts mehr im Wege stehen. Wieder ist es der Augenblick vor der Entscheidung, den der Protagonist – wie einst Heinrich und Ferdinand –, narzisstisch befriedigt, auskostet:

> *„So wiegte er sich immer tiefer in einen Traum hinein, der süßer und lieblicher schien als alle früheren Träume, und ein rechtes neues Leben, klar und ruhig wie der blaue Himmel. Doch scheue er sich mit unbewußter Vorsicht, die Klarheit zu trüben und die Sache zu übereilen, sondern genoß den Winter hindurch diese noch nie erlebte Ruhe in der Leidenschaft [...]" (SW, Bd. 7, 201).*

Aus dieser Sicherheit heraus ist er überzeugt, nun auch die Frau mit seiner Einwilligung in eine Eheschließung warten lassen zu können: „Ei [...], lassen wir das Fischlein auch einmal ein wenig zappeln! Diese Nation hat uns schon genug geplagt!“ (SW, Bd. 7, 201) Nach einiger Zeit des Wartens zeigt der Landvogt wahre Entschlossenheit; jetzt sei die Zeit da, und „er schrieb ihr in wenigen Zeilen, wie lieb sie ihm sei.“ Er trauert auch nicht mehr den gescheiterten Beziehungen nach, denn: „Wer zuletzt lacht, lacht am besten, und Ende gut, alles gut!“ (SW, Bd. 7, 203) Doch wiederholt liegt es an der Frau, dass die Ehe scheitert, denn sie hatte ihr Herz an einen Priester gehängt und ist somit unglücklich gebunden. Natürlich ist Aglaja „von tiefgründigem Charakter“, die beharrlich an ihrer „Neigung“ (SW, Bd. 7, 205) festhält, sodass Salomon nur übrig bleibt, zum „Freunde und Helfer“ (SW, Bd. 7, 205) zu werden, dem schließlich das gelingt, was ihm verwehrt bleibt: gegen alle Widerstände den Priester und Aglaja zusammenzuführen.

# IV Resümee

Die Aufgabenstellung dieser Untersuchung bestand darin, in der Auseinandersetzung mit den Theorien Adolf Muschgs und Gerhard Kaisers zu diskutieren, ob das Scheitern des grünen Heinrich bei der Bewältigung seiner Berufs- und Beziehungsprobleme Resultat ödipaler Verstrickungen ist oder ob die symbiotische Mutterbindung des Protagonisten einen motivierenden Zusammenhang dabei bildet. Der Unterschied im Vergleich zur bisherigen Forschung liegt darin, dass die enge Beziehung zwischen Heinrich und seiner Mutter nicht triebtheoretisch betrachtet wurde. Besonders die Interpretation der Heimkehr des gescheiterten Künstlers zeigt, dass hier kein „Mutterschläfer" an seinem Begehren „verzweifelt", sondern dass der grüne Heinrich von schweren Regressionen heimgesucht wird. Er ist in dieser Situation den Anforderungen der Außenwelt nicht mehr gewachsen. Als sein Scheitern als Künstler und Liebender offensichtlich ist, muss er auf Verhaltensmodi zurückgreifen, die in Zeiten seiner Kindheit problemlösungsadäquat waren. Nur so kann er sein Leben noch erträglich gestalten. Gottfried Keller, der „distanzierte" Autor, erkennt, dass der Protagonist seines Romans keine entscheidende Entwicklung durchläuft und ohne die Mutter nicht lebensfähig ist. Vor allem dass der „gefrorne Christ" als Liebender scheitert, ist ein wichtiger Grund dafür, dass Gottfried Keller sein Alter Ego sterben lässt, während er mit Mutter und Schwester weiter leben muss.

Dass zu diesen regressiven Antrieben Heinrichs noch ein aus anderen Persönlichkeitsschichten des Autors stammendes ödipales Begehren tritt, das in seinem Alter Ego verarbeitet wurde und das sich möglicherweise, weil es unbewusst ist, nicht so einfach erschließen lässt, scheint fast ausgeschlossen. Es kann an keiner Stelle des Romans eindeutig belegt werden. Selbst in den Träumen des Helden und des Autors, die inzestuöses Begehren plausibel erscheinen lassen, wurden andere Deutungsmöglichkeiten gefunden, die – das sei zugestanden

- ebenfalls spekulativ sind. Sie passen jedoch widerspruchsfrei in die Gesamtinterpretation und erhalten so eine gewisse Evidenz. Auch wenn mit dieser Studie selbstverständlich nicht das Ziel verfolgt wurde, Freuds Triebtheorie zu widerlegen, könnte die Interpretation des Romans ein Mosaiksteinchen bilden, am Ödipuskomplex zu zweifeln. Zumindest der Literaturwissenschaft könnte sie dienen, vorsichtiger bei der Anwendung des ödipalen Konfliktmodells zu sein.[506] Zurückhaltender hätte schon Freud damit sein sollen; seine Interpretation des Dramas *Rosmersholm* von Ibsen beweist eher Verdrängungsmechanismen des Psychoanalytikers, als dass ein ödipales Begehren der Protagonistin bestätigt wird.

Diese Untersuchung hat außerdem gezeigt, dass einem Interpreten die ambivalente Einstellung des Erzählers zur Mutter entgeht, wenn er im Protagonisten des Romans einen Ödipus sieht bzw. wenn das Verhalten der Mutter aus mangelnder Reflexion der Gegenübertragung idealisiert wird. Durch die Offenlegung der negativen Seite dieser Ambivalenz wurden dem Roman Seiten abgewonnen, die in der Forschung bisher weitgehend unentdeckt geblieben sind. So lässt sich der *Grüne Heinrich* als Kritik an der überfürsorglichen Erziehung der Mutter lesen. Ihre Bindungswünsche lösen Aggressionen aus, die in vielen Textpassagen belegt werden konnten. Scheinbar überflüssige Details des Romans - wie beispielsweise die „närrische Kleidung", die die Mutter als Kind trug - erhalten plötzlich eine wichtige Bedeutung. Sie belegen Bestrafungsphantasien des Erzählers. Die mehr oder weniger versteckten Aggressionen sind so zahlreich in den Text eingeflochten, dass man dahinter den Autor vermuten muss. Dessen diesbezügliche Phantasien stammen nicht aus seinem Unbewussten, sondern sie müssen ihm bewusst gewesen sein.

Der Roman und der Briefwechsel Kellers mit seiner Mutter belegen, dass dieses Verhältnis nicht so unproblematisch war, wie es in Teilen der Forschung gesehen wird. Aus beiden Quellen spricht der Wunsch,

506 Wenn Peter von Matt: Literaturwissenschaft und Psychoanalyse, Freiburg 1972, zum Beispiel Schillers *Wilhelm Tell* als Ausdruck ödipaler Konflikte erkennt, frage ich mich, ob mit solchen Kategorisierungen nicht berechtigte Kritik an ungerechter Herrschaft verschleiert wird. Schillers Vatertötungswünsche, wie sie auch in den Jugenddramen sichtbar werden, haben ihre Ursache - um im Sinne Kellers zu sprechen - in schwersten realen Versagungen durch Vaterfiguren. Sie als infantilen Neid auf den Vater, der die Mutter besitzt, zu deuten, nimmt der Psychoanalyse und der Literaturwissenschaft ihren kritischen Charakter.

sich von diesen bindenden Müttern zu lösen; auch die Schreibhemmungen Gottfrieds/Heinrichs sind Ausdruck von Autonomiebestrebungen. Da Keller seine Aggressionen gegenüber der Mutter nicht direkt, sondern nur in seinem Roman ausleben konnte, steigerten sie sich zu Bestrafungs- und Todeswünschen gegen sie, die ihrerseits Schuldgefühle erzeugten, unter denen er besonders litt. Denn die Wut richtete sich gegen eine Mutter, die schuldig wurde, weil sie sich grenzenlos für den Sohn opferte. Die Person strafen zu wollen, die buchstäblich alles für ihn tat, muss die Schuldgefühle noch gesteigert haben. Daher gab es einen weiteren Grund, sein Alter Ego zu verdammen und sterben zu lassen. Bei allem Verständnis für das übermäßig ausgeprägte Bindungsverhalten Elisabeth Kellers, das ein Interpret zeigen sollte, ist offensichtlich: Dieser Mutter wollte Gottfried Keller mit dem *Grünen Heinrich* kein Denkmal setzen. Das gilt vor allem für die erste Fassung des Romans, in dem die Aggressionen unverhüllter dargestellt sind. Die zweite Fassung sollte diese Spuren verwischen.

Um zu den Ursachen der Lebensschwierigkeiten des Romanhelden zu gelangen, hat es sich als fruchtbar erwiesen, nicht Freuds Triebtheorie auf die Figur zu übertragen, sondern dem im *Grünen Heinrich* sichtbar werdenden, ausgeprägten Selbstreflexionsvermögen des Autors zu folgen. Kellers im Roman und den Novellen erkennbar werdenden Erziehungsvorstellungen waren ein Schlüssel zum Verständnis des *Grünen Heinrich*, der auf dieses Konzept hin ausgerichtet zu sein scheint. Die Erkenntnis, dass der Mensch „Reibung" braucht, um Ich-Stärke zu gewinnen, wird dort fiktional gestaltet. Ob Keller den *Grünen Heinrich* in Anlehnung an Hegel geschrieben hat oder nicht, mag dahingestellt bleiben, der grüne Heinrich jedenfalls ist im Windschatten der Mutter aufgewachsen und hat sich folglich nicht die „Hörner" ablaufen können. Deutlich geworden ist, dass der Erzähler nach solchen Widerständen unabhängig vom Geschlecht des Erziehenden sucht. Rollenklischees mögen dazu führen, dass die versagende Instanz im Allgemeinen eher Vaterfiguren zugeordnet wird.[507] Im *Grünen Heinrich* hat

507 Wenn G. Kaiser im Helden des Romans - hervorgerufen durch die „vaterlose Gesellschaft" - einen modernen Gesellschaftstypus sieht, wäre ich mit solchen Urteilen vorsichtiger. Auch allein erziehende Mütter können Grenzen setzen. Dass heutzutage kein autoritärer Charaktertyp, sondern „weichere" Typen vorherrschen, liegt wohl eher daran, dass sich auch die Rollenvorstellung in Bezug auf den Mann verändert hat und autoritär-versagende Väter auf dem Rückzug sind. Sicher führt das Vorherrschen von Familien mit ein bis zwei Kindern zu intensiveren Bindungen, dass aber von väterlicher bzw. mütterlicher Seite keine Grenzen gesetzt werden und

nicht nur die Mutter versagt, sondern auch die Ersatzväter sind - bis auf den Grafen - an ihrer Aufgabe gescheitert.

Durch den Mangel an Widerständen hat sich ein Ich mit bestimmten Funktionsstörungen herausgebildet, welche man als „Grundstörung" kategorisieren kann. Heinrichs Ich zeigt zum einen eine besondere Neigung zur Verdrängung und zu einer passiven Erwartungshaltung, die dem Protagonisten nicht hilft, Anstrengungen zu unternehmen, um beruflich erfolgreich zu sein. Diese Charakteristika seiner Persönlichkeitsstruktur lösen sich unter dem Einfluss des Grafen auf, sodass sich der grüne Heinrich zumindest in beruflicher Hinsicht weiterentwickelt. Zum anderen hat sich in der Beziehung zur Mutter ein Ich entwickelt, das alles vermeiden muss, wieder in symbiotische Abhängigkeit zu geraten. Auch diese Erkenntnis wurde in enger Anlehnung an den Romantext gewonnen. Heinrichs Angst äußert sich in der Liebe zu Frauen. Die Rückseite der Medaille besteht aus übersteigerten Wünschen nach Nähe zu einem anderen Ich, die in Männerfreundschaften zum Ausdruck kommen. Offenbar lösen solche Bindungen weniger Ängste aus. Das ödipale Konfliktmodell bietet für die Beobachtung, dass die mütterliche Beziehung eine Matrix seiner sonstigen Bindungen bildet, keine Erklärung.

Das Kellerbild, in dem davon ausgegangen wird, der Autor und sein Alter Ego würden in ihrer Liebe scheitern, weil das Begehren auf die Mutter bzw. Schwester fixiert bleibt, ist nicht mehr haltbar. Kellers Bindungsangst, die - auch wenn sie nicht so bezeichnet wurde - bereits von Bernd Neumann erkannt wurde, wird im *Grünen Heinrich* fiktional modelliert. Der Wunsch nach Nähe und die gleichzeitige Angst vor ihr sind das treibende Motiv der literarischen Produktion des Autors. Dieser innere Konflikt wird in seinem Alter Ego, dem grünen Heinrich, verarbeitet. Abhängig von dessen Lebensalter und den verschiedenen Frauentypen gestaltet sich dieser Konflikt unterschiedlich. Der erwachsene Heinrich kann diesen Konflikt schließlich nicht auflösen und sich zu einer Bindung durchringen. Die festgelegten Bahnen von Verhaltensmustern lassen sich nicht durchbrechen; sie scheinen festzuliegen, was ebenso für seinen Autor gilt. Obwohl beide, wie der Roman beweist, eine erstaunliche Fähigkeit zur Selbstreflexion auszeichnet, welches mehr Handlungsflexibilität erwarten lässt, bleibt ihr Verhaltensrepertoire erstaunlich begrenzt. Der Romanheld ist jeden-

Kinder in der Symbiose gehalten werden, bleibt wohl eher der (pathologische) Ausnahmefall.

falls kein Akteur; dessen freier Wille unterliegt bei den Anstrengungen, seine Bindungsangst zu überwinden, sodass er in Melancholie endet. Erkenntnisse aus der Psychoanalyse und der Hirnforschung scheinen sich zu decken. Der Hirnforscher Gerhard Roth hat ähnliche Erkenntnisse gewonnen.[508] Er sieht genetische Ursachen oder Prägungen in den ersten Lebensmonaten und -jahren, die zu einem Aufbau des Gehirns führen, der verhindert, dass der Mensch sein Verhalten grundlegend ändern kann. Dass Heinrichs/Gottfrieds Depressionen genetischen Ursprungs sind und nicht aus der Mutterbindung stammen, scheint mir allerdings unwahrscheinlich zu sein.[509]

Spekulativer sind die Ergebnisse der Deutung in Bezug auf die Angst des Ich des Romanprotagonisten vor den Bedrohungen durch das Es, der Angst vor der Triebüberflutung. Da diese Sichtweise sich jedoch sinnvoll in die Gesamtinterpretation einfügt und die durch Empathie gewonnenen Erkenntnisse ergänzt, erlangt sie einige Überzeugungskraft. Es erscheint wahrscheinlich, dass das in seinen Grenzen unsichere Ich des grünen Heinrich solchen Gefahren unterliegt.

Zum autobiographischen Charakter des Romans lässt sich festhalten, dass der *Grüne Heinrich* tatsächlich tief in Kellers Lebensgeschichte gründet und dass das innere Erleben des Helden in Bezug auf die Mutter bzw. die Angst, eine Beziehung einzugehen, mit dem des Autors korrespondiert. Was hinsichtlich der Frauengestalten wirklich erlebt ist, an welchen Stellen Tagträume zu Literatur werden, wird wohl immer ein Geheimnis bleiben. Die Keller-Forschung wird aber auch in Zukunft nicht umhin kommen, aus Werk und Biographie ein Persönlichkeitsbild des Autors zu entwerfen. Als Nebenprodukt dieser Arbeit ist in ersten Ansätzen ein modifiziertes Kellerbild entstanden, das durch die Biographie-Forschung vertieft werden müsste.

Abschließend bleibt festzustellen, dass Selbmanns Skepsis im Hinblick auf die Interpretationen Adolf Muschgs und Gerhard Kaisers bestätigt werden konnte und dass mit dieser Arbeit die psychologische Deutungslücke ausgefüllt wurde. Das letzte Wort soll jedoch Gerhard Kaiser behalten, dem – auch wenn er seine Aussage anders meint – mit

508 Vgl. G. Roth: Persönlichkeit, Entscheidung und Verhalten. Warum es so schwierig ist, sich und andere zu ändern, Stuttgart 2007.

509 Auch wenn ich mich als naturwissenschaftlicher Laie in Bezug auf die Gehirnforschung zurückhalten sollte, bin ich überzeugt davon, dass es in einer symbiotischen Beziehung zu anderen Synapsenbildungen im Gehirn kommt, als wenn ein Kind eine autoritär-versagende Erziehung erfährt.

seinem Urteil über den Roman zuzustimmen ist, dass „man aus Kellers Werk eindringlicher erfahren [kann], was Mutterbindung heißt, als aus jeder psychologischen Abhandlung."[510]

510 G. Kaiser: Gottfried Keller. Eine Einführung, S. 118.

# Literaturverzeichnis


## A. Ausgaben

Der grüne Heinrich. Erste Fassung, hg. von Clemens Heselhaus, München 1978 [nach dieser Ausgabe wird unter der Seitenangabe aus der ersten Fassung zitiert].

Der grüne Heinrich. Zweite Fassung. Historisch-kritische Ausgabe, hg. von Jonas Fränkel und Carl Helbling, Erlenbach-Zürich und München 1926-1948, Bd. 3-6 [nach dieser Ausgabe wird unter der Angabe des Bandes und der Seiten aus der zweiten Fassung zitiert].

Gottfried Keller: Sämtliche Werke in acht Bänden, Berlin 1961 [nach dieser Ausgabe wird unter Angabe des Bandes und der Seitenzahl aus den Novellen zitiert].

Gesammelte Briefe, hg. von Carl Helbling. 4 Bde., Berlin 1950-1954 [nach dieser Ausgabe wird unter Angabe von Empfänger und Datum zitiert].

Internetseite zu Gottfried Keller: http://www.gottfriedkeller.ch.

## B. Untersuchungen

Adamczyk, Rosemarie: Die realitätsbezogene Konstruktion des Entwicklungsromans bei Gottfried Keller, Frankfurt a. M. 1988.

Baechtold, Jakob: Gottfried Kellers Leben. Seine Briefe und Tagebücher, Bd. II Berlin 1894.

Boeschenstein, Hermann: Gottfried Keller, Stuttgart 1969.

Böschenstein, Renate: Der Schatz unter Schlangen, Euphorion 77, S. 176-199.

Böschenstein, Renate: Kellers Glück, in: Wysling, Hans (Hg.): Gottfried Keller. Elf Essays zu seinem Werk. München 1990, S. 163-184.

Brenner, Anne: Leseräume. Untersuchungen zu Lektüreverfahren und -funktionen in Gottfried Kellers Roman „Der grüne Heinrich", Würzburg 2000.

Enayat, Edda: Gottfried Keller: Der grüne Heinrich. Versuch einer literaturpsychologischen Werkanalyse, Diss. Freiburg 1985.

Ermatinger, Emil: Einleitung des Herausgebers. Die Entstehung des Grünen Heinrich, in: Der grüne Heinrich. Hg. von E. E., Stuttgart, 1914.

Ders.: Gottfried Kellers Leben, Zürich 1950.

Detering, Heinrich: Zur Fiktionalisierung homoerotischer Erfahrungen. Methodische Überlegungen. In: Härle, Gerhard / Maria Kalveram / Wolfgang Popp (Hg.): Erkenntniswunsch und Diskretion. Erotik in biographischer und autobiographischer Literatur. 3. Siegener Kolloquium Homosexualität und Literatur, Berlin 1992, S. 51-68.

Ders.: Das offene Geheimnis. Zur literarischen Produktivität eines Tabus, 2. Aufl. Göttingen 2002.

Hamburger, Käte: Ibsens Drama in seiner Zeit, Stuttgart 1989.

Heckendorn, Thomas: Die Problematik des Selbst in Gottfried Kellers Grünem Heinrich, Bern 1989.

Heitmann, Annegret: Selbst schreiben. Eine Untersuchung der dänischen Frauenautobiographik, Frankfurt a. M. (u. a.) 1994. (Beiträge zur Skandinavistik, 12)

Hitschmann, Eduard: Gottfried Keller. Psychoanalyse des Dichters, seiner Gestalten und Motive, Leipzig 1919.

Hörisch, Jochen: Gott Geld und Glück. Zur Logik der Liebe in den Bildungsromanen Goethes, Kellers und Thomas Manns, Frankfurt a. M. 1983.

Jannidis, Fotis / Gerhard Lauer / Matias Martinez / Simone Winko (Hg.): Die Rückkehr des Autors. Zur Erneuerung eines umstrittenen Begriffs, Tübingen 1999. (Studien und Texte zur Sozialgeschichte der Literatur. Bd. 71. Hg. von Wolfgang Frühwald u. a.)

Jeziorkowski, Klaus: Literarität und Historismus. Beobachtungen zu ihrer Erscheinungsform im 19. Jahrhundert am Beispiel Gottfried Kellers, Heidelberg 1979.

Kaiser, Gerhard: Gottfried Keller. Das gedichtete Leben, Frankfurt a. M. 1981.

Ders.: Gottfried Keller. Eine Einführung von Gerhard Kaiser, München 1985.

Laufhütte, Hartmut: Wirklichkeit und Kunst in Gottfried Kellers Roman „Der grüne Heinrich“, Bonn 1969.

Ders.: Gottfried Keller: ‚Der grüne Heinrich‘. Zur Problematik literaturwissenschaftlicher Aktualisierung, in: Steinecke, Hartmut (Hg.): Zu Gottfried Keller, Stuttgart 1984, S. 18-39.

Lemm, Uwe: Die literarische Verarbeitung der Träume Gottfried Kellers in seinem Werk, Bern 1982.

Loewenich, Caroline von: Gottfried Keller. Frauenbild und Frauengestalten im erzählerischen Werk, Würzburg 2000.

Manthey, Jürgen: Wenn Blicke zeugen könnten. Eine psychohistorische Studie über das Sehen in Literatur und Philosophie, München 1983.

Menninghaus, Winfried: Artistische Schrift. Studien zur Kompositionskunst Gottfried Kellers, Frankfurt a. M. 1982.

Metz, Klaus-Dieter: Gottfried Keller, Stuttgart 1995.

Muschg, Adolf: Gottfried Keller, München 1977.

Muschg, Walter: „Umriß eines Gottfried Keller-Portraits." In: W. M.: Gestalten und Figuren, Bern 1968.

Neumann, Bernd: Gottfried Keller. Eine Einführung in sein Werk, Königstein i. Ts. 1982.

Preisendanz, Wolfgang: Humor als dichterische Einbildungskraft. Studien zu Erzählkunst des Poetischen Realismus, München 1963.

Ders.: Gottfried Keller: „Der grüne Heinrich", in: W. P.: Wege des Realismus, München 1977, S. 127-180.

Rohe, Wolfgang: Roman aus Diskursen. Gottfried Keller: „Der grüne Heinrich" (Erste Fassung; 1854/55), München 1993.

Rothenbühler, Daniel: „Der grüne Heinrich 1854/55. Gottfried Kellers Romankunst des „Unbekannt-bekannten", Bern 2002.

Sautermeister, Gert: Gottfried Keller: „Der grüne Heinrich", in: Denkler, Horst (Hg.): Romane und Novellen des bürgerlichen Realismus, Stuttgart 1980.

Schilling, Diana: Kellers Prosa, Frankfurt a. M. 1998.

Selbmann, Rolf: Der deutsche Bildungsroman, Stuttgart 1994.

Ders.: Gottfried Keller. Romane und Erzählungen, Berlin 2001.

Swales, Erika: Gottfried Kellers (un)schlüssiges Erzählen, in: Wysling, Hans (Hg.): Gottfried Keller. Elf Essays zu seinem Werk. München 1990, S. 91-108.

Swales, Martin: Das realistische Reflexionsniveau. Bemerkungen zu Gottfried Kellers „Der grüne Heinrich", in: Wysling, Hans (Hg.): Gottfried Keller. Elf Essays zu seinem Werk, München 1990, S. 9-22.

Voris, Renate: Biographie - Roman - Autobiographie. Adolf Muschgs *Gottfried Keller*, in: Jahrbuch der deutschen Schillergesellschaft 27, 1983, S. 283-302.

Wiesmann, Louis: Gottfried Keller. Das Werk als Spiegel der Persönlichkeit, Frauenfeld 1967.

Winko, Simone: Einführung: Autor und Intention, in: Jannidis, Fotis u. a.: Die Rückkehr des Autors. Zur Erneuerung eines umstrittenen Begriffs, Tübingen 1999. (Studien und Texte zur Sozialgeschichte der Literatur. Bd. 71. Hg. von Wolfgang Frühwald u. a.), S. 39-46.

Würgau, Rainer: Der Scheidungsprozeß von Gottfried Kellers Mutter. Thesen gegen Adolf Muschg und Gerhard Kaiser, Tübingen 1994.

Wysling, Hans: Und immer wieder kehrt Odysseus heim. Das „Fabelhafte“ bei Gottfried Keller, in: H. W. (Hg.): Gottfried Keller. Elf Essays zu seinem Werk, München/Zürich 1990, S. 151-162.

Ders.: Gottfried Keller. 1819 – 1890, Zürich/München 1990.

Zhang (Choi), Yun-Young: Verschwiegene und schweigende Individuen im realistischen Roman. Eine Untersuchung zum „Grünen Heinrich“ und zur „Effi Briest“, Bonn 1995.

## C. Weitere Literatur

Arnold, Wilhelm u. a. (Hg.): Lexikon der Psychologie, Freiburg im Breisgau 1980.

Balint, Michael: Therapeutische Aspekte der Regression. Die Theorie der Grundstörungen, Stuttgart 1970.

Brisch, Karl Heinz: Bindungsstörungen. Von der Bindungstheorie zur Therapie, Stuttgart 1999.

Bowlby, John: Verlust, Trauer und Depression, Frankfurt a. M. 1983.

Degen, Rolf: Lexikon der Psycho-Irrtümer, Frankfurt a. M. 2000.

Dornes, Martin: Infantile Sexualität und Säuglingsforschung, in: Sigusch, Volkmar / Ilka Quindeau (Hg.): Freud und das Sexuelle. Neue psychoanalytische und sexualwissenschaftliche Perspektiven, Frankfurt a. M. 2005, S. 112-134.

Dörner, Klaus / Ursula Plog: Irren ist menschlich oder Lehrbuch der Psychiatrie/Psychotherapie, Wunstorf/Hannover 1978.

Duden: Das Herkunftswörterbuch, 3. völlig neu bearbeitete und erweiterte Auflage, Mannheim 2001.

Elias, Norbert: Über den Prozeß der Zivilisation (1936). Bd. 2, Frankfurt a. M. 1978.

Ferenczi, Sándor: Entwicklungsstufen des Wirklichkeitssinnes, in: Schriften zur Psychoanalyse I. Hg. von Michael Balint, Frankfurt 1970.

Freud, Anna: Das Ich und die Abwehrmechanismen, in: Die Schriften der Anna Freud. Zehnbändige Ausgabe, Bd. 1, München 1980.

Freud, Sigmund: Studien über Hysterie (zus. mit J. Breuer). GW Bd. I, London 1940-1952.

Ders.: Der Dichter und das Phantasieren. GW Bd. VII.

Ders.: Familienroman der Neurotiker. GW Bd. VII.

Ders.: Formulierungen über die zwei Prinzipien des psychischen Geschehens. GW Bd. VIII.

Ders.: Einige Charaktertypen aus der psychoanalytischen Arbeit. GW Bd. X.

Ders.: Trauer und Melancholie. GW Bd. X.

Ders.: Zur Einführung in den Narzißmus. GW Bd. X.

Ders.: Vorlesungen zur Einführung in die Psychoanalyse. GW Bd. XI.

Ders.: Das Ich und das Es. GW Bd. XIII.

Ders.: Das Unbehagen in der Kultur. GW Bd. XIV.

Ders.: Aus den Anfängen der Psychoanalyse 1887-1902. Briefe an Wilhelm Fließ, Frankfurt a. M. 1975.

Grimm, Jacob und Wilhelm: Deutsches Wörterbuch, Bd. 10, München 1984.

Hegel, Georg Friedrich Wilhelm: Vorlesungen über die Ästhetik (Theorie-Werkausgabe), Bd. 2, Frankfurt a. M. 1970.

Ibsen, Hendrik: Dramen in zwei Bänden, Winkler Verlag, München 1973.

Jacobson, Edith: Das Selbst und die Welt der Objekte, Frankfurt a. M. 1973.

Jervis, Giovanni: Kritisches Handbuch der Psychiatrie, Frankfurt a. M. 1983.

Kast, Verena: Vom Sinn der Angst. Wie Ängste sich festsetzen und wie sie sich verwandeln lassen, 2. Aufl., Freiburg i. B.1996.

Kernberg, Otto F.: Borderline-Störungen und pathologischer Narzißmus, Frankfurt a. M. 1978.

Kohut, Heinz: Narzißmus, Frankfurt a. M. 1973.

Krech, David / Richard S. Crutchfield: Grundlagen der Psychologie in 8 Bänden, Bd. 6, Persönlichkeitspsychologie und Psychotherapie, Weinheim und Basel 1985.

Mann, Thomas: Der Tod in Venedig, GW VIII, 1974.

Ders.: Der Erwählte, Frankfurt a. M. 1974.

Masson, Jeffrey Moussaieff: Was hat man dir, du armes Kind, getan? Reinbek b. Hamburg 1984.

de Mause, Lloyd: Hört ihr die Kinder weinen: eine psychogenetische Geschichte der Kindheit, Frankfurt a. M. 1980.

Miller, Alice: Du sollst nicht merken. Variationen über das Paradies-Thema, Frankfurt a. M. 1981.

Dies.: Das verbannte Wissen, Frankfurt a. M. 1988.

Nagera, Humberto (Hg.): Psychoanalytische Grundbegriffe. Eine Einführung in Sigmund Freuds Terminologie und Theoriebildung, Frankfurt a. M. 1974.

Pietzcker, Carl: Lesend interpretieren. Zur psychoanalytischen Deutung literarischer Texte, Würzburg 1992.

Redlich, Frederick C. / Daniel X. Freedman: Theorie und Praxis der Psychiatrie, Bd. 1 und 2, Frankfurt a. M. 1970.

Richter, Horst E.: Eltern, Kind und Neurose, Reinbek b. Hamburg 1969.

Ders.: Patient Familie, Reinbek b. Hamburg 1972.

Ders.: Die Chance des Gewissens, Reinbek b. Hamburg 1986.

Ders.: Das Ende der Egomanie. Die Krise des westlichen Bewusstseins, Köln 2002.

Riemann, Fritz: Grundformen der Angst. Eine tiefenpsychologische Studie, 12. Überarbeitete und erweiterte Auflage, München 1977.

Roth, Gerhard: Persönlichkeit, Entscheidung und Verhalten. Warum es so schwierig ist, sich und andere zu ändern, Stuttgart 2007.

Rühling, Lutz: Verfahren der Textanalyse. Psychologische Zugänge, in: Arnold, Heinz

Ludwig / Heinrich Detering (Hg.): Grundzüge der Literaturwissenschaft, 6. Auflage, München 2003, S. 479-497.

Rogers, Carl R.: Eine Theorie der Psychotherapie, der Persönlichkeit und der zwischenmenschlichen Beziehungen, 3. Auflage, Köln 1991.

Schiller, Friedrich: Wilhelm Tell, in: ders.: Sämtliche Schriften. Histor.-kritische Ausgabe, Bd. XIV, hg. von H. Oesterlein, Stuttgart 1872.

Schönau, Walter / Joachim Pfeiffer: Einführung in die psychoanalytische Literaturwissenschaft, zweite Auflage, Stuttgart 2003.

Sigusch, Volkmar / Ilka Quindeau (Hg.): Freud und das Sexuelle. Neue psychoanalytische und sexualwissenschaftliche Perspektiven, Frankfurt a. M. 2005.

Spitz, René: Übertragung und Gegenübertragung, in: Mitscherlich, Alexander (Hg.): Entfaltung der Psychoanalyse, Stuttgart 1966, S. 63-81.

Stierlin, Helm: Eltern und Kinder, Frankfurt a. M. 1980.

Theweleit, Klaus: Männerphantasien, Bd. 1 und 2, Reinbek b. Hamburg 1980.

Watzlawick, Paul u. a.: Menschliche Kommunikation, Bern 1969.

Willi, Jörg: Die Zweierbeziehung, Reinbek b. Hamburg 1975.

## Danksagung

Herrn Prof. Dr. Heinrich Detering (Direktor des Seminars für Deutsche Philologie, Göttingen) danke ich für seine unkonventionelle und ermutigende Art bei der Betreuung der Arbeit. Für die Übernahme des Zweitgutachtens danke ich Frau Prof. Dr. Claudia Stockinger.

Außerdem bedanke ich mich für Korrekturarbeiten bei Joachim Tanzmann, Jens Tanzmann und Michael Conrad.

Diese Dissertation ist auch möglich geworden durch die Arbeit mit den Menschen in der Psychiatrie, denen ich wertvolle Einsichten in Bezug auf die menschliche Psyche verdanke.

Zeitfracht Medien GmbH
Ferdinand-Jühlke-Straße 7
99095 Erfurt, Deutschland
produktsicherheit@kolibri360.de